博士论文
出版项目

司法裁判中的道德判断
——德沃金整全法理论辩护

Moral Judgments in Judicial Decisions:
A Defense of Dworkin's Law as Integrity

王 琳 著

中国社会科学出版社

图书在版编目(CIP)数据

司法裁判中的道德判断：德沃金整全法理论辩护 / 王琳著. —北京：中国社会科学出版社，2020.7
ISBN 978-7-5203-6378-5

Ⅰ.①司⋯　Ⅱ.①王⋯　Ⅲ.①审判—法伦理学—研究　Ⅳ.①D915.182.04

中国版本图书馆 CIP 数据核字（2020）第 068200 号

出 版 人	赵剑英
责任编辑	梁剑琴
责任校对	王　龙
责任印制	郝美娜
出　　版	中国社会科学出版社
社　　址	北京鼓楼西大街甲 158 号
邮　　编	100720
网　　址	http://www.csspw.cn
发 行 部	010-84083685
门 市 部	010-84029450
经　　销	新华书店及其他书店
印　　刷	北京君升印刷有限公司
装　　订	廊坊市广阳区广增装订厂
版　　次	2020 年 7 月第 1 版
印　　次	2020 年 7 月第 1 次印刷
开　　本	710×1000　1/16
印　　张	20.25
字　　数	282 千字
定　　价	118.00 元

凡购买中国社会科学出版社图书，如有质量问题请与本社营销中心联系调换
电话：010-84083683
版权所有　侵权必究

出版说明

为进一步加大对哲学社会科学领域青年人才扶持力度，促进优秀青年学者更快更好成长，国家社科基金设立博士论文出版项目，重点资助学术基础扎实、具有创新意识和发展潜力的青年学者。2019年经组织申报、专家评审、社会公示，评选出首批博士论文项目。按照"统一标识、统一封面、统一版式、统一标准"的总体要求，现予出版，以飨读者。

全国哲学社会科学工作办公室

2020年7月

摘 要

法官在司法裁判过程中能否进行道德判断？包含此种判断的司法裁判还能否在某种意义上获得唯一正确答案？这两个问题长期困扰着法律实践，法理学家们对此也莫衷一是、纷争不断。德沃金为此提供了一套备受关注同时又极具争议性的回答方案——整全法裁判理论。整全法理论认为：（1）法官在具体案件中确认法律是什么的时候，需要依赖道德判断；（2）包含道德判断的司法裁判仍然可以追求唯一正确答案。对于德沃金的这两项主张，法学界出现了多种不同批评意见。其中，有一类批评是从对共同体道德生活的某些特征的观察出发，来思考法律对于共同体生活的独特价值，并进一步在裁判问题上推导出与整全法理论针锋相对的结论。通过本书的分析可以看到，借助德沃金现有自身理论资源，这些批评都能够得到有力反击。

首先，基于外在道德怀疑论对整全法提出的批评不能成立。在驳论方面，德沃金通过质疑一阶道德命题和二阶道德命题之区分的有效性，否定了形而上学争议在回答道德问题上的相关性，从而有力地回应了外在怀疑论。在立论方面，德沃金通过将"真理"作为诠释性概念来理解，阐释了一种适合于道德领域的真理观：价值命题由于更好地实现了对相关价值判断的整体反思平衡而暂时性地为真。

其次，波斯纳基于法律实用主义立场以及孙斯坦基于未完全理论化协议学说对整全法理论的批评也不成功,因为他们未能将自己的立场同德沃金的立场真正相区分。普通法官所从事的法律推理虽然与理想法官"赫拉克勒斯"的推理方向相反,但是两者在性质上并不存在真正差异,都是通过对整全性政治理想的促进来追求正当法律权威。

再次,夏皮罗基于法律规划理论以及沃尔德伦基于立法机构之多元性的分析对整全法展开的批判,也能够根据整全法的内在逻辑得到有效回应。法律规划理论在寻求中立的概念分析与有效指导实践这两个理论目标上存在内在冲突。为了使法律规划理论具有夏皮罗所期望的实践意义,我们应当将之作为同整全法一样的法律诠释理论来理解。作为一种法律诠释理论,夏皮罗的规划理论对法律价值本旨的说明存在缺陷。

沃尔德伦论证的不足首先在于混淆了道德实在论与道德判断客观性两个不同问题。德沃金对道德判断客观性的坚持并不依赖于道德实在论。虽然道德实在论与法官是否能够进行道德判断没有关系,但是道德判断客观性的有无仍然与法官从事道德判断的正当性有重要关联。我们完全可以在道德实在论之外寻求对道德判断客观性的辩护,法官的道德判断并不必然是任意的。此外,沃尔德伦基于民主的论证也不能构成对整全法理论的威胁,德沃金提出的伙伴式民主对政治权威正当性的说明优于沃尔德伦所阐释的绝对多数民主观。

最后,菲尼斯基于价值之不可通约性对德沃金的唯一正解命题的批判也不能成立。我们应当区分价值之不可通约性的主张在伦理和道德领域的不同意涵。在道德问题上,不同答案在逻辑上不能共存,我们不能说有若干不同答案都是正确的。菲尼斯立场中所预设的公平观实际上是一种基于互利的契约主义,它对道德动机的说明存在缺陷。而德沃金的平等观是作为相互尊重的契约主义,它对政治权威正当性的说明更为成功。

整全法对于我国的法律理论与法律实践有借鉴意义。在法律理论方面有两点启示：第一，对于疑难案件的研究，应从因果分析模式走向理由分析模式；第二，法律方法应当追求从"合理化"到"证立"的功能回归。在法律实践方面，它可以改变我们对法律原则性质的理解，并为法律原则适用的时机和适用方式提供可操作性指引。

关键词：整全法；德沃金；道德判断；唯一正解

Abstract

Can judges make moral judgments in judicial process? Is it possible that adjudication involving such judgments could have the right answer in a certain sense? This is a very complex jurisprudential question. Dworkin offers an attractive but controversial answer: law as integrity theory. Law as integrity theory argues that: (1) the judges need to rely on moral judgments to identify what is law in specific cases; (2) adjudication involving moral judgments can have the right answer. Against both of Dworkin's propositions, there are various criticisms, one of which explores the role of law based on the observation about the characteristics of communal moral life. Through analysis, we can see that all these criticisms can be answered by Dworkin's own theoretical resource effectively.

Firstly, is the criticism based on the typical external skepticism against law as integrity tenable? Through questioning the distinction between first - order and second - order moral propositions, Dworkin excludes the relevance of metaphysical controversy in moral issues and then responds to the external skepticism effectively. In addition, through understanding "truth" as an interpretative concept, Dworkin introduces a truth conception suitable for moral domain: a value proposition is temporarily true if it can provide a better integral reflective equilibrium of the related value judgments.

Secondly, Posner's criticism based on legal pragmatic position, as well as Sunstein's criticism based on incompletely theorized agreements theory also failed, owing to their inability to distinguish their positions with Dworkin's position validly. Although the legal reasoning that ordinary judges practice is in a different direction from the ideal judge "Hercules", this does not mean that there are real differences between them, since they both pursue the legitimate legal authority through the pursuit of integral political ideal.

Thirdly, Shapiro's criticism based on the planning theory of law, and Waldron's criticism against law as integrity based on the analysis of the diversity of the legislature can also be rebutted by the internal logic of against law as integrity. There is an inherent conflict between seeking neutral concept analysis and effective guidance on legal practices these two objectives of the planning theory of law. To endow this theory with the practical significance Shapiro expects, it should be understood as a legal interpretation theory, just as law as integrity. By this standard, planning theory of law is flawed in its explanation of essential value of law. The drawbacks of Waldron's arguments lie in his confusion between moral realism and moral objectivity two different issues. Dworkin's proposition on moral objectivity does not depend on moral realism. Although moral realism is not related to whether the judge can make moral judgments, moral objectivity still matters for the legitimacy of the moral judgments of judges, which is not necessarily arbitrary. Additionally, Dworkin's partnership democracy is superior to Waldron's absolute majority democracy in explaining the legitimacy of political authority.

Finally, the Finnis' critique on Dworkin's right-answer-thesis based on the incommensurability of value also does not hold. We should distinguish the different implications of the incommensurability of value proposition between ethical and moral domains. On moral issues, there cannot be several different correct answers, since they cannot coexist logically. Besides, Finnis' conception of justice is indeed a contractualism built upon mutual benefit, which fails to account for moral motives. Whereas, as a contractualism based on mutual respect, Ronald Dworkin's conception of justice offers a more successful explanation of the legitimacy of political authority.

So far, to some degree we can conclude that these above examined current criticisms, which are based on philosophical reflections on human moral life, against Dworkin's two propositions can be disproved with the help of Dworkin's own theoretical resource. However, since Dworkin's theory are fighting against the powerful legal positivism tradition, the final position on moral judgments in adjudication still cannot be determined based on my limited analysis in this thesis.

Dworkin's law as integrity have important implications for legal research and legal practice. In the aspect of legal research, there are two main inspirations: firstly, the research of hard cases should change from causal analysis mode to reason analysis mode; secondly, the legal method should pursue the functional regression from "rationalization" to "justification". In the aspect of legal practice, the enlightenment is to change our understanding of the nature of legal principles and to provide operational guidance for the application of legal principles.

Key words: law as integrity, Dworkin, moral judgment, the right-answer thesis.

目　　录

引　言 ……………………………………………………………（1）
　一　本书研究的问题和意义 …………………………………（1）
　二　文献综述 …………………………………………………（4）
　三　研究范围的限定与论证结构 ……………………………（7）

第一章　德沃金整全法裁判理论概述 …………………………（10）
　第一节　德沃金整全法裁判理论初探 ………………………（10）
　　一　整全法裁判理论要回答什么问题 ……………………（10）
　　二　整全法裁判理论如何理解司法难题的性质 …………（14）
　　三　整全法裁判理论对司法难题的解决方案 ……………（21）
　第二节　整全法裁判理论的学术贡献 ………………………（23）
　　一　提出建构裁判理论的方法论 …………………………（23）
　　二　深度回应司法实践困惑 ………………………………（25）
　　三　对司法裁判中道德判断问题的深化阐释 ……………（26）
　第三节　整全法裁判理论中两个备受争议的命题 …………（29）
　　一　道德判断命题 …………………………………………（29）
　　二　正确答案命题 …………………………………………（39）
　　三　对诸种批评的初步观察 ………………………………（50）
　第四节　整全法裁判理论的道德哲学根基 …………………（53）
　　一　道德在什么意义上具有客观性 ………………………（53）

二　道德原则的认识方法……………………………………（58）
　　三　法官的道德推理：一种有限度的追求…………………（61）

第二章　道德怀疑论与司法裁判……………………………（64）
第一节　麦凯对整全法理论的批评………………………（65）
　　一　总体评价：根基可疑的第三种法律理论………………（65）
　　二　整全法裁判理论在描述维度上存在缺陷………………（66）
　　三　整全法裁判理论在规范维度上存在缺陷………………（68）
第二节　麦凯对道德判断客观性的拒绝…………………（70）
　　一　一阶与二阶道德命题的区分……………………………（70）
　　二　误差理论…………………………………………………（72）
第三节　麦凯对整全法理论的批判并不成功……………（75）
　　一　内外怀疑论的区分以及外在怀疑论的两难……………（76）
　　二　质疑外在怀疑论之中立性与朴素性……………………（79）
　　三　外在怀疑论真理观之批判………………………………（92）

第三章　对法官进行道德理论探究的怀疑论……………（99）
第一节　德沃金的理论内置型法律推理方法 ……………（100）
　　一　"内置型"与"实践型"裁判方法………………………（100）
　　二　"由内而外"与"由外而内"的法律推理………………（103）
　　三　法官的道德理论建构任务 ………………………………（105）
第二节　基于实用主义对整全法理论的批判 ……………（106）
　　一　我国法学界的法律实用主义 ……………………………（107）
　　二　波斯纳与德沃金的第一次论战 …………………………（111）
　　三　波斯纳与德沃金的第二次论战 …………………………（118）
第三节　基于未完全理论化协议对整全法理论的批判……（135）
　　一　孙斯坦的未完全理论化协议理论 ………………………（135）
　　二　德沃金对孙斯坦的回应 …………………………………（141）

三　未完全理论化协议并非更优选项 …………………… （142）

第四章　道德分歧与法律的功能 …………………………… （147）
　第一节　基于规划理论对整全法理论的批判 ……………… （147）
　　一　基于规划理论的法律实证主义辩护 ………………… （148）
　　二　规划理论视野下的法律解释 ………………………… （154）
　　三　法律规划理论对整全法理论的批判 ………………… （160）
　　四　基于整全法理论立场的回应 ………………………… （163）
　第二节　基于现代立法机构之多元性对整全法
　　　　　理论的批判 ……………………………………… （176）
　　一　沃尔德伦对文本主义的辩护 ………………………… （177）
　　二　沃尔德伦论道德判断客观性与法律解释的
　　　　不相关性 ………………………………………………… （186）
　　三　基于整全法理论立场的回应 ………………………… （191）

第五章　价值之不可通约性与法律的功能 ………………… （205）
　第一节　菲尼斯论价值之不可通约性 ……………………… （206）
　　一　社会合作难题 ………………………………………… （206）
　　二　法律权威正当性难题 ………………………………… （210）
　　三　法律权威正当性的证成 ……………………………… （211）
　第二节　菲尼斯论"符合"与"证立"的不可
　　　　　通约性 …………………………………………… （213）
　第三节　基于整全法理论立场的回应 ……………………… （216）
　　一　价值之不可通约性与道德问题的正确答案 ………… （217）
　　二　作为互利的公平观与作为相互尊重的平等观 ……… （225）
　　三　关于"符合"与"证立"的关系问题 ……………… （234）

第六章　结论与意涵 (239)
第一节　本书观点与论证回顾 (239)
第二节　整全法的理论意涵：直面理由与价值争议的法律方法 (242)
　　一　我国当前法律方法研究的理论困境 (243)
　　二　整全法理论对破解理论困境的启示 (249)
第三节　整全法的实践意涵——以我国司法中法律原则适用为例 (257)
　　一　法律原则适用的传统理论及其批判 (258)
　　二　整全法理论视角下法律原则性质及适用 (276)
　　三　重访我国法律原则适用的经典疑难案例 (279)

参考文献 (290)

索　引 (299)

后　记 (302)

Contents

Introduction ··· (1)

   1. The problem ··· (1)

   2. Literature review ··· (4)

   3. Research scope and structure ····························· (7)

Chapter 1 Overview of Law as Integrity ···················· (10)

   Section 1 Preliminary exploration ···························· (10)

      1.1 The problem law as integrity answers ············· (10)

      1.2 The nature of adjudication problem ················ (14)

      1.3 The solutions ·· (21)

   Section 2 The academic contributions of law as integrity ······ (23)

      2.1 The methodology ·· (23)

      2.2 The responses to the adjudication problem ······ (25)

      2.3 Explanation of moral judgment in adjudication ······ (26)

   Section 3 Two controversial theses ························ (29)

      3.1 The moral judgment thesis ····························· (29)

      3.2 The correct answer thesis ······························· (39)

      3.3 Preliminary observation on criticisms ··············· (50)

   Section 4 The Moral philosophy of law as integrity ······ (53)

      4.1 Moral objectivity ··· (53)

4.2　Understanding moral principles ……………… (58)

4.3　Judge's moral reasoning ……………………… (61)

Chapter 2　Moral Skepticism and Adjudication ……………… (64)

Section 1　Mackay's criticisms ……………………………… (65)

1.1　The third legal theory with dubious foundation ………… (65)

1.2　Defects in the descriptive dimension …………………… (66)

1.3　Defects in the normative dimension …………………… (68)

Section 2　Mackay's rejection of the moral objectivity ………… (70)

2.1　First-order and second-order moral propositions ……… (70)

2.2　Error theory …………………………………………… (72)

Section 3　Mackay's criticisms fail ………………………………… (75)

3.1　Internal and External skepticism ……………………… (76)

3.2　Neutrality and austerity of external skepticism ………… (79)

3.3　Criticism on external skepticism' conception of truth …………………………………………………… (92)

Chapter 3　Skepticism on Judges' Investigation on Moral Theory ……………………………………… (99)

Section 1　Dworkin's theory-embedded method ……………… (100)

1.1　"theory-embedded" method and "practical" method ……………………………………………… (100)

1.2　"from inside to outside" and "from outside to inside" …………………………………………………… (103)

1.3　The construction task of judges ………………………… (105)

Section 2　Criticism based on pragmatism ……………………… (106)

2.1　Legal pragmatism in China …………………………… (107)

2.2　Posner and Dworkin's first debate …………………… (111)

 2.3 Posner and Dworkin's second debate ················ (118)

Section 3 Criticism based on incomplete theorized agreement ··· (135)

 3.1 Sunstein's incomplete theoretical agreement ············ (135)

 3.2 Dworkin's response to Sunstein ························ (141)

 3.3 Incomplete theorization agreement is not better ········· (142)

Chapter 4 Moral Differences and the Function of Law ······ (147)

Section 1 Criticism based on the planning theory ············· (147)

 1.1 The defense of legal positivism ························ (148)

 1.2 Legal interpretation ··································· (154)

 1.3 Criticisms on law as integrity ·························· (160)

 1.4 Responses from law as integrity ······················· (163)

Section 2 Criticism based on the pluralism of modern
     legislature ··· (176)

 2.1 Waldron's defense of textualism ························ (177)

 2.2 Waldron's theory on moral judgment ····················· (186)

 2.3 Responses from law as integrity ······················· (191)

**Chapter 5 Incommensurability of Value and the Function
     of Law** ··· (205)

Section 1 Incommensurability of value ·························· (206)

 1.1 Social cooperation problems ··························· (206)

 1.2 The problem of legitimacy of legal authority ············ (210)

 1.3 Justification of legal authority ························ (211)

Section 2 The incommensurability of "fit" and "justify" ······ (213)

Section 3 Responses from law as integrity ······················ (216)

 3.1 Incommensurability of value ··························· (217)

 3.2 Equality as mutual respect ····························· (225)

3.3　The relationship between "fit" and "justify" ……… (234)

Chapter 6　Conclusions and Implications ……………… (239)
　Section 1　Claims and Augments ………………………… (239)
　Section 2　Implications on legal theories ………………… (242)
　　2.1　The problem of legal method research ………… (243)
　　2.2　Implications of law as integrity on the problem ……… (249)
　Section 3　Implications on legal practices ……………… (257)
　　3.1　The traditional theory on legal principle …………… (258)
　　3.2　legal principle from the view of law as integrity …… (276)
　　3.3　Revisiting a classic hard case …………………… (279)

References ………………………………………………… (290)

Index ………………………………………………………… (299)

Postscript …………………………………………………… (302)

引　言

一　本书研究的问题和意义

法官在司法裁判中能否进行道德判断？包含道德判断的司法裁判还能否在某种意义上追求唯一正确答案？这是我国司法裁判实践所提出的亟待解答的理论难题。一方面，如果不允许法官作出道德判断，则法官有可能违反情理地机械司法，进而导致普通民众对判决难以接受的情况出现。另一方面，如果允许法官作出道德判断，则有可能导致法官权力任意独断、不受约束，同样会对司法公信力造成伤害。此两难让法官在司法实践中备感困惑，无法确定和坚持某种一以贯之的裁判立场，迫切需要法学界提供理论反思与行动指引。

在这个问题上，罗纳德·德沃金（Ronald M. Dworkin）的"整全法"（law as integrity）裁判理论以其独特鲜明的立场和精致系统的论证引起不少学者的关注。该理论提出了一个极具争议性的主张：法官在确定法律是什么的时候可以包含道德判断；即使包含道德判断，法官也能够追求法律上的唯一正确答案。本书希望通过考察德沃金与其批评者之间的论战，分析这背后涉及的哲学议题与代表性论证，从而深化我们关于司法中的道德判断问题的思考，为我国司法裁判理论与实践的发展提供借鉴。

通过观察整全法理论在西方法哲学与我国法学研究中的地位与

影响，可以了解本研究的意义。首先，参照西方法哲学上自然法与实证主义两大法学传统来看，德沃金的理论因独具特色而被有的学者称为"第三种理论"①。一般认为，法律实证主义立场包含如下两项主张：第一，法官对"法律是什么"这个问题的回答是通过考察某些社会事实来确定的，同道德考量没有关系；② 第二，在疑难案件中，没有既存的法律条文决定何种结论是正确的，此时法官应运用自由裁量权作出判决。③ 德沃金对这两项主张都予以拒绝，他的理论是在对实证主义这两项主张批判的基础上发展起来的。自然法传统的内部立场较为复杂，在确定"法律是什么"是否需要道德考量这一问题上，自然法学者有不同立场。④ 和一些自然法立场学者一样，德沃金认为确定法律的内容是需要作出道德考量的，但是对于这样做的理由则给出了一套独特的论证方式。因此，从立场的独特性和论证的新颖性上看，我们有理由对这一"第三种理论"予以关注。

其次，研究德沃金的整全法理论有益于丰富与充实我国的法治研究。我国法学界当前关于我们究竟要追求什么样的法治理想，以及与法治理想相适应的司法裁判是怎样的这些问题上仍然存在很多分歧，主要体现为形式法治与实质法治之争。关于形式法治与实质法治之争，可以区分为立法层面上的争论和司法层面上的争论。立法层面上的形式法治与实质法治并不存在真正的分歧，它们只不过分别强调了法律体系建设的不同方面。而司法层面上的形式法治与

---

① See Mackie John, "The Third Theory of Law", *Philosophy & Public Affairs*, Vol. 7, No. 1 (Autumn, 1977).

② [英] H. L. A. 哈特：《实证主义及法律与道德的分离》，载哈特《法理学与哲学论文集》，支振锋译，法律出版社 2005 年版，第 55—94 页。

③ [英] H. L. A. 哈特：《法律的概念》（第二版），许家馨、李冠宜译，法律出版社 2018 年版，第 240 页。

④ [英] 约翰·菲尼斯：《自然法：古典传统》、《自然法：现代传统》，朱振译，载 [美] 朱尔斯·科尔曼、斯科特·夏皮罗主编《牛津法理学与法哲学手册》（上册），杜宴林、朱振、韦洪发等译，上海三联书店 2017 年版，第 1—75、76—119 页。

实质法治则是针锋相对的，涉及的是两种不同的裁判风格，对当事人的命运也有截然不同的影响。① 但是，无论是司法上的形式法治论者还是司法上的实质法治论者，他们大都对德沃金所建议的裁判方法之正当性与可行性持怀疑态度。形式法治论者担心法官对法条本身进行实质考量会带来司法任意性危害。② 而实质法治论者虽然赞同法官基于实质合理性上的考虑来解释法律，但是主要建议法官补充经验方面的认知，而非德沃金所推荐的道德考量。③ 对德沃金的整全法这一当前尚不受欢迎的学说加以考察，进而消除对于它的重大误解，将有益于丰富与充实我国的法治研究。

最后，研究整全法对于我们审视当前的法教义学与社科法学之争也是一个很好的指引和参照。自从我国法学理论将目光转向"方法"之后，④ 旨在解决司法实践难题的法教义学发展迅速，⑤ 我国学者从欧陆法学方法论和英美法律推理理论中吸收、借鉴了不少智识成果。我国法教义学者在借鉴西方学说的基础上，尝试系统地提出法律方法来指引中国的司法实践，比如字义解释、体系解释和历史解释等法律解释方法和客观目的探究、法律修正和正当违背法律等法律续造方法。这些成果体现了一般法学理论研究者为法律实践提供智力支持的努力，扭转了法学理论对实在法的轻视倾向，体现了由"立法定向"的法学向"司法定向"法学进行转换的智识追求。

---

① 参见王琳《我国形式法治论诸版本区辩与批判性考察》，《法制与社会发展》2019年第3期。

② 参见陈金钊《实质法治思维路径的风险及其矫正》，《清华法学》2012年第4期。

③ 参见桑本谦《法律论证：一个关于司法过程的理论神话》，《中国法学》2007年第3期；苏力《中国法学研究格局的流变》，《法商研究》2014年第5期。

④ 参见舒国滢《并非有一种值得期待的宣言——我们时代的法学为什么需要重视方法》，《现代法学》2006年第5期。

⑤ 晚近关于法教义学内涵的详细说明，请参见白斌《论法教义学：源流、特征及其功能》，《环球法律评论》2010年第3期；许德风《法教义学的应用》，《中外法学》2013年第5期；雷磊《法教义学的基本立场》，《中外法学》2015第1期；凌斌《什么是法教义学：一个法哲学追求》，《中外法学》2015年第1期。

但是，对于法教义学的这些努力，长久以来都有一个坦率而激烈的批评者——社科法学者。社科法学者认为，法教义学实际上并没有能够为司法裁判提供某种确定的方法，法教义学者通常会列出一个法律方法清单，但当不同的解释方法出现不同解释结果时，关于法官该以何种标准取舍，他们实际上提不出确定的方法来回答该问题。即使法教义学者对不同法律方法作出了排序，也不能明确说明后位的解释方法何时可以取代前位的解释方法。[1] 人们"无法据之获得一种众口称是的关于法律文本或条文的'解释'，也无法构建成为一种'客观的'、统一有效的、程序化的并因此大致可以重复的、可以传授的作为方法的解释学"[2]。因而，社科法学者认为，可以为法官提供裁判指引的，只能是他们所倡导的经验探究，而不可能是法教义学者所说的"教义"。本书要研究的整全法理论，既提供了一种像法教义学和社科法学（它的法律实用主义主张）这样一阶的、规范性裁判理论，同时它又包含了一个"元裁判理论"或者说"二阶裁判理论"，因而提出了评估不同规范性裁判理论成立与否的判准。因此，研究整全法对于我们审视当前的法教义学与社科法学之争是一个很好的参照。

二 文献综述

西方学界对德沃金裁判理论的讨论与著述颇多，在这一理论发展脉络上的各个环节都有学者提出尖锐的批评。在这些反对意见中，一些学者的讨论值得特别关注，因为这些批评是他们在建构和发展自身理论体系的过程中引申出来的。这些学者基于对人类道德生活之特征的观察与理解，来批评德沃金关于司法裁判中的道德判断和正确答案两项主张。诸如：约翰·麦凯（John Mackie）在其道德怀疑论基础上

---

[1] 参见桑本谦《法律解释的困境》，《法学研究》2004年第5期。
[2] 苏力：《解释的难题：对几种法律文本解释方法的追问》，《中国社会科学》1997年第4期。

批评德沃金的唯一正解命题;① 理查德·波斯纳（Richard A. Posner）基于法律实用主义立场、② 凯斯·R. 孙斯坦（Caas R. Sunstein）基于未完全理论化协议学说，③ 反对整全法让法官在裁判中作出道德理论建构；还有斯科特·夏皮罗（Scott J. Shapiro）基于法律规划理论、④ 杰里米·沃尔德伦（Jeremy Waldron）基于对立法机构之多元性的分析，⑤ 来反对法官在裁判中进行道德判断；还有约翰·菲尼斯（John Finnis）基于价值之不可通约性来批判德沃金的唯一正解命题。⑥

近些年，国内学界也出现了大量对于德沃金的法律理论的研究和讨论。其中不仅有若干出色的导读性和评介性质的研究，⑦ 还有很多从某个专门的角度展开的支持性或者批评性的研究，例如，林立教授从法律方法的角度批判了德沃金法律理论，⑧ 沈映涵博士从法学研究方法论的角度探讨了德沃金的理论，⑨ 张超博士从合法性价值的

---

① See Mackie John, "The Third Theory of Law", *Philosophy & Public Affairs*, Vol. 7, No. 1 (Autumn, 1977).

② 参见［美］理查德·A. 波斯纳《超越法律》，苏力译，中国政法大学出版社2001年版，第222—227页；［美］理查德·A. 波斯纳《道德与法律理论的疑问》，苏力译，中国政法大学出版社2001年版，第131—139页；Richard Posner, "Conceptions of Legal Theory: A Reply to Ronald Dworkin", 29 *Arizona State Law Journal* (1997)。

③ See Caas R. Sunstein, *Legal Reasoning and Political Conflict*, New York: Oxford University Press, 1996, pp. 35-50.

④ See Scott J. Shapiro, *Legality*, Cambridge, MA: Belknap Press of Harvard University Press, 2011, pp. 303-329.

⑤ See Jeremy Waldron, *Law and Disagreement*, Oxford: Oxford University Press, 1999, Ch. 2-6.

⑥ John Finnis, *Philosophy of law*, New York: Oxford University Press, 2011, pp. 292-294.

⑦ 例如庄世同：《从"法概念"到"法理学"：德沃金〈法律帝国〉导读》，《台湾法学》第185期；范立波：《作为诠释性事业的法律——德沃金〈法律帝国〉的批判性导读》，《法哲学与法社会学论丛》2014年总第19卷，法律出版社2015年版；高鸿钧：《德沃金法律理论评析》，《清华法学》2015年第2期。

⑧ 参见林立《法学方法论与德沃金》，中国政法大学出版社2002年版。

⑨ 参见沈映涵《新分析法学中的方法论问题研究》，博士学位论文，吉林大学，2009年。

角度分析了整全法理论,① 唐丰鹤副教授从司法裁判角度研究了德沃金的法律理论,② 陈景辉教授从法理论性质的角度分析和质疑了德沃金的主张,③ 邱昭继教授和张帆博士探讨了德沃金的唯一正解命题,④ 范立波教授从法律权威的角度分析和批判了德沃金的法律理论。⑤ 从这些研究中可以看出,国内学者对这一裁判理论的思考越来越深入,讨论也越来越复杂。但是,除了范立波教授的博士论文外,总体上还是缺乏一种在系统发展自身理论的基础上,延伸性地来讨论德沃金的法律理论的研究。例如,很多国内学者从价值的不可通约性的角度批评德沃金的法律理论,⑥ 但是这些研究多是直接借用了现成的某个哲学学说,缺乏对于诸如"价值多元"和"不可通约性"这样的哲学概念的独立分析,因而大大限制了这些讨论的哲学层次和原创性。我国学者若希望能够对德沃金的裁判理论展开深层次的批评,就需要像这个理论本身一样具有某种哲学根基,这样才能够站在同等的理论层次上对话,甚至是同台竞争。

---

① 参见张超《基于合法性价值的法概念研究》,博士学位论文,中国政法大学,2011年。

② 参见唐丰鹤《试论德沃金的整体性司法》,《华东师范大学学报》(哲学社会科学版)2012年第4期。

③ 参见陈景辉《法理论的性质:一元论还是二元论?》,《清华法学》2015年第6期。

④ 参见张帆《是"正确答案",还是"唯一正解"?》,载陈金钊、谢晖主编《法律方法》(第11卷),山东人民出版社2011年版,第124—133页;邱昭继《法律问题有唯一正确答案吗?——论德沃金的正确答案论题》,载陈金钊、谢晖主编《法律方法》(第9卷),山东人民出版社2009年版,第105—122页。

⑤ 范立波:《法律的权威》,博士学位论文,中国政法大学,2013年。

⑥ 参见唐丰鹤《论德沃金的整体性司法》,《华东师范大学学报》(哲学社会科学版)2012年第4期;王彬《论法律解释的融贯性——评德沃金的法律真理观》,《法制与社会发展》2007年第5期;邱昭继《法律问题有唯一正确答案吗?——论德沃金的正确答案论题》,载陈金钊、谢晖主编《法律方法》(第9卷),山东人民出版社2009年版,第105—122页。

三 研究范围的限定与论证结构

基于司法裁判中的道德判断这一问题的紧迫性、争议性和复杂性,以及德沃金对该问题讨论的系统性与创新性,本书希望就德沃金整全法理论对该问题的回答进行观察和研究。再结合国内外相关研究现状,笔者将讨论范围进一步限定在通过追踪对德沃金裁判理论的重要批评,来考察和追问德沃金所给出的答案是否可靠。这些批评的共同点在于,都是基于对共同体道德生活之特征的思考来理解法律的本质,进而逻辑地衍生出对德沃金整全法理论的批判。笔者将仔细分析这些批判的逻辑脉络,并思考借助德沃金自己的法哲学、政治哲学甚至是道德哲学的理论资源来为其裁判理论作出辩护的可能性。本书是一种介于实践与哲学之间的中等抽象层次的探究,它试图发现法律实践中的疑惑会将我们引至哪些哲学问题。它不是一种自上而下式的、从哲学到实践的、演绎式或者应用式的讨论,而是一种自下而上的、从实践到哲学的、不断回溯辩护理由的追问式讨论。笔者希望通过这些分析可以让我们更多地看到法律实践背后错综复杂的哲学议题,探索深化我国法治理论和法律方法研究之哲学层次的可能方向。

本书的论证结构安排如下:第一章是对德沃金整全法裁判理论的概述。笔者通过梳理这一理论所要回答的问题、它对问题性质的理解,以及它所给出的具体答案这三个方面来对其理论内涵加以把握,并从方法论创新、对司法实践难题的深度回应,以及它对法律与道德关系问题的创造性回答三个方面对其理论价值加以评析。随后笔者重点梳理了这一裁判理论中最富争议性的两个命题:法官对法律的识别需要进行道德判断,以及包含道德判断的司法裁判在法律上仍存在唯一正确答案。通过初步观察针对这两个命题所提出的若干重要批评意见可以发现,德沃金要能够成功地回应这些尖锐的批评,就必须有一套关于道德判断客观性及其与司法裁判方法之关系的清晰看法。因此笔者进一步考察了德沃金是如何思考道德判断客观性以及它与司法裁判的关系问题的,这也为后文思考整全法理论应对诸种批评的可能路径作好了准备。

在第二章,笔者考察了一种基于道德怀疑论所提出的对整全法裁判理论的批判意见。麦凯认为,如果法官可以基于道德判断来裁判案件,那么判决就不可避免地包含了主观性,进而可以推出德沃金的正确答案命题是错的。此种道德怀疑论版本似乎对我国法律人在司法判决客观性问题上的看法具有极大影响。在我国的法学界,无论是法教义学者还是社科法学者都对法官的道德判断极不信任,而他们对道德判断之客观性的此种否定态度又经常出于以下理由,即道德判断不可能具有自然科学命题所能够拥有的那种认知上的客观性。[①] 在这一章中,笔者将首先梳理麦凯基于道德怀疑论对整全法提出的批评意见,然后考察这种批评所依赖的伦理学基础,最后通过批判这种伦理学基础,为德沃金的裁判理论作出辩护。

第三章考察的是基于对法官进行道德理论探究的怀疑论而对整全法裁判理论的批评。有两种批评意见都认为法官不适宜从事德沃金所推崇的那种"理论化"的研究,它们分别是波斯纳的法律实用主义和孙斯坦的未完全理论化协议理论。两位学者都反对法官从事道德理论的建构,认为法官既没有必要、也没有能力从事此种工作。这两种理论都希望能够免除法官从事复杂道德论证的沉重负担,帮助他们以更具可行性和更快捷的方式来审判。在第三章中,笔者首先厘清德沃金为何将他的法律推理方法界定为"理论内置型"方法,然后再依次分析为什么无论是波斯纳的实用主义还是孙斯坦的未完全理论化协议,都无法将自己真正地区分于德沃金的内置型法律推理方法。

第四章考察了夏皮罗和沃尔德伦基于关于道德分歧与法律功能的分析对整全法提出的批评。夏皮罗的主张可以被简要概括为"法

[①] 参见桑本谦《法律论证:一个关于司法过程的理论神话——以王斌余案检验阿列克西法律论证理论》,《中国法学》2007年第3期;陈金钊《实质法治思维路径的风险及其矫正》,《清华法学》2012年第4期。

律规划命题",该命题的内容是,法律体系是社会规划的制度,它的根本目标是去弥补合法性环境下其他规划形式的缺陷。根据法律规划理论,如果法官深入道德哲学和政治哲学中确定法律的内容,将会挫败法律存在的目的,因而整全法理论是错误的。沃尔德伦基于对现代立法机构特征的分析,为文本主义的法律解释提供了一种辩护。这一结论与德沃金的整全法理论对法律解释的看法针锋相对。除此之外,沃尔德伦还提出了一个可能威胁到整全法理论的主张,即他认为即使道德判断客观性是存在的,也不能够支持法官在判决中进行道德判断。笔者将仔细考察这两种论证的逻辑脉络并思考整全法成功回应这两个批评的可能性。

第五章考察了菲尼斯基于他对价值之不可通约性的理解对德沃金唯一正确答案命题提出的批评。该论证的出发点是,无论是在个人还是在社会生活的大多数情形中,我们要面对诸多不可通约的基本价值,因而在实践问题上经常存在若干不相容的正确选择。我们所能做的是避免作出坏的选择,在不同的好答案中选择一个,但无法觊觎某种最佳答案。在这些情形中,试图寻找唯一正确答案是没有意义的。菲尼斯强调,意识到价值的不可通约性对于我们理解伦理、政治和法律问题都是非常重要的,然而遗憾的是,德沃金的裁判理论丝毫没有注意到价值的不可通约性。一个案件之所以是疑难案件,正是因为遭遇到了要在若干不可通约的价值之间进行选择的问题,而此时存在不止一个正确答案。笔者将深入德沃金关于伦理与道德的哲学思考来分析其成功回应这种批评的可能性。

最后是本书的结论。笔者认为,前述这些基于对人类道德生活的哲学思考对整全法提出的批判,基本上能够借助德沃金自身理论资源得到有效回应。笔者暂时性地对德沃金裁判理论中的道德判断命题和正确答案命题持认同的立场。但是同时笔者也清楚,德沃金这两项主张毕竟是在与法学上强大的实证主义传统作斗争,也同很多法律实践参与者的直觉体验相背离,因此有必要在未来对整全法理论的可靠性进行更多反思。

第 一 章

德沃金整全法裁判理论概述

第一节 德沃金整全法裁判理论初探

为了系统和深入地理解德沃金整全法裁判理论，需要依次回答下述三个问题：这一裁判理论要回答什么问题？它如何理解所要回答的问题的性质与解答它的方法论？它在该问题上给出的解答方案是什么？

一 整全法裁判理论要回答什么问题

为了理解德沃金对其裁判理论的定位，首先需要区分两种不同性质的裁判理论。两种不同性质的裁判理论之区分，依赖描述性命题和规范性命题之区分，或者简单地说成"是"与"应当"的区分。我们由此可以将关于人类事务的研究区分为描述性研究和规范性研究。前者致力于对人类社会发生了什么作出尽可能符合实际情况的描述和说明，而后者致力于回答个人或者集体应当如何行动的问题。相应地，裁判理论可以被区分为描述性裁判理论和规范性裁判理论。描述性裁判理论研究裁判行为具有何种规律性特征，也研究影响裁判风格的各种政治、社会、文化等因素，还包括研究裁判可能造成的或实际造成的后果。而规范性研究探讨法官应当如何裁判，以及评判裁判正当与否的标准是什么。

借助"外在观点"(external point of view)和"内在观点"(internal point of view)①这一对概念区分,可以更好地理解描述性裁判理论与规范性裁判理论的差异。采用外在观点的裁判理论是从旁观者的角度观察法官的行为,运用诸如心理学、社会学或者史学的研究方法,来发现和总结法官裁判行为的规律性特征以及影响裁判风格的各种因素。而采用内在观点的裁判理论,是一种从"参与者视角"(participant's point of view)②出发的研究,即是从那些在实践中面临着裁判方案选择难题的法官的视角出发。采用内在观点的裁判理论的旨趣是面向实践的,直接关注各种裁判方案中哪一种是恰当的选择。采取这种视角的研究者,将会"尝试参与那种实践,并且与参与者们所要面临的法律命题之可靠性问题斗争"③。

描述性理论又可以被区分为两种。第一种描述性理论旨在揭示影响法官判案的各种政治、社会、心理等因素,或者试图揭示法官裁判的真实思维过程,或者探讨是否有可能以及如何预测法官判决结果。一些法律现实主义者就是在探究这样一种描述性裁判理论,④如卡尔·N. 卢埃林(Karl N. Llewelly)曾明确地说,他要做的是一种经验科学,使用科学的研究方法来理解法律在实际司法过程中是如何运行的,该研究将搁置对司法行为的价值判断。⑤ H. L. A. 哈特(H. L. A. Hart)在其法哲学名著《法律的概念》(*The Concept of Law*)中所提出的规则理论是另一种类型的描述性裁判理论。他自己

---

① 参见[英]H. L. A. 哈特《法律的概念》(第二版),许家馨、李冠宜译,法律出版社2011年版,第81页。

② See Ronald Dworkin, *Law's Empire*, Cambridge, Mass.: The Belknap Press of Harvard University Press, 1986, pp. 14-15.

③ Ibid., p. 14.

④ 当然一个法律现实主义学者也可能提供规范性主张,比如弗兰克为司法判决改革提出了建议,而卢埃林也被认为是具有强烈改良主义倾向的法学家,但法律现实主义者的独特贡献主要是揭示司法过程实际过程。参见孙新强《卢埃林现实主义法理学思想》,《法制与社会发展》2009年第4期。

⑤ 参见孙新强《卢埃林现实主义法理学思想》,《法制与社会发展》2009年第4期。

曾明确使用"描述社会学"（descriptive sociology）一词来说明自己理论的性质。① 他的理论目标是厘清法律同强制、道德、规则等相关概念的联系和不同，具体来说，是通过提炼出"初级规则和次级规则的结合"来说明我们的法律观念。② 这可以被认为是一种不同于法律现实主义的描述性裁判理论。不同之处主要在于，哈特的理论是"透过对相关语言之标准用法的考察，以及推敲这些语言的社会语境"③，将法律同相似或相关的社会情境之间的差别呈现出来。但是，无论是哈特所做的概念分析研究，还是法律现实主义所做的心理或者行为的分析研究，都是描述性理论，因为这些理论旨在揭示有关实际存在的事实，而不是要对任何人的行动提供指引，或者对行动作出价值判断。

规范性裁判理论要回答的是法官应该如何裁判的问题。在我国，那些被冠以"法律论证理论""法学方法论""法律方法"或者"法教义学"的研究，它们所关注的正是此类问题，这些研究致力于发展规范法官裁判的准则。比如，法教义学者指出，法官在裁判时应采用诸如字义解释、体系解释和历史解释等法律解释方法和客观目的探究、法律修正和正当违背法律等法律续造方法。④ 特别值得注意的是，我国的社科法学也提供了规范性裁判理论。⑤ 虽然"社科"

---

① 参见［英］H. L. A. 哈特《法律的概念》（第二版），许家馨、李冠宜译，法律出版社2011年版，"前言"，第1页。

② 同上书，第5章。

③ 参见［英］H. L. A. 哈特《法律的概念》（第二版），许家馨、李冠宜译，法律出版社2011年版，"前言"，第2页。

④ 主要参见梁慧星《民法解释学》，中国政法大学出版社1995年版；陈金钊《法治与法律方法》，山东人民出版社2003年版；郑永流《法律方法阶梯》，北京大学出版社2008年版；孙笑侠《法律人思维的二元论——兼与苏力商榷》，《中外法学》2013年第6期。

⑤ 关于我国社科法学者就法官应该如何裁判问题所提出的主张，请参见桑本谦《法律论证：一个关于司法过程的理论神话》，《中国法学》2007年第3期；苏力《法律人思维?》，《北大法律评论》第14卷第2辑，北京大学出版社2013年版，第229—269页。

一词容易使人认为社科法学关心的仅仅是法官实际上如何裁判的问题，但实际情况是社科法学也从规范性的角度关心法律实践，并且同样在疑难案件上发声。①

根据上述划分，对整全法裁判理论加以定位，就是要回答在上述二分法中它是属于描述性裁判理论还是属于规范性裁判理论。首先，可以确定的是，这一裁判理论具有规范性质，即其旨在为法官裁判提供指引或者提供评判标准。在这个层面上，它同我国现有法教义学和社科法学所主张的裁判方法，构成实质性竞争关系。用德沃金自己的话来说，他致力于解决"法律命题"（propositions of law）② 的确定问题，即是从那些要为法律命题之确定提出方案的司法实践之参与者的视角出发，直面不同方案的选择问题。③

其次，整全法裁判理论也包含了描述性成分。实际上，其规范性裁判问题的提出，就是基于对司法裁判实践之论证性特征的观察与分析。整全法裁判理论的描述性部分主张，之前哈特对法官裁判行为的描述是错误的。哈特认为，在一个拥有法律的社会中，法官就如何识别法律命题共享某种承认规则，德沃金以否定这种承认规则的存在作为其理论出发点。关于人们在确定法律命题时所发生争议的性质，哈特认为这些争议是"经验争议"，即对承认规则在具体适用时会遇到的某些事实问题所发生的争议。诸如，行政法中是否有一个法条规定了道路限速 70 公里。与此不同，德沃金则指出，除了经验争议外，人们实际上还会发生关于法律命题的"理论争议"

---

① 比如苏力和桑本谦等社科法学者，都曾对许霆案的解决方式发表过看法，参见苏力《法条主义、民意与难办案件》，《中外法学》2009 年第 1 期；桑本谦《传统刑法学理论的尴尬——面对许霆案》，载《2009 年度（第七届）中国法经济学论坛论文集》，第 347—356 页。

② 法律命题是人们对法律允许、禁止或者对授权了什么的陈述，See Ronald Dworkin, *Law's Empire*, Cambridge, Mass.: The Belknap Press of Harvard University Press, 1986, p. 4。

③ See Ronald Dworkin, *Law's Empire*, Cambridge, Mass.: The Belknap Press of Harvard University Press, 1986, pp. 14-15.

(theoretical disagreement)①，即争论法官应当依循何种判准确定法律的内容。诸如，是否法条与过去的司法判例穷尽了所有的法律根据？是否在确定法律的要求时应当在某种意义上考虑道德？因此，整全法裁判理论也有描述性的部分，并且试图达到比之前的理论更为准确的描述水平。同时，它没有仅仅停留在对司法裁判的单纯描述，而是从中发现和构建关于裁判的规范性问题。

总之，整全法裁判理论起始于对法律实践的描述，并且正是由于其对司法实践中存在的"理论争议"的准确观察，才使德沃金意识到法官在裁判时所遇到的实践方案选择难题，从而确定了对司法裁判进行规范性研究的理论目标。但整全法裁判理论的最终目标是建构规范性裁判理论，因此，它与当前我国诸种法律论证理论属于同类研究，可以成为我国此类研究参考与借鉴的智识资源。

二 整全法裁判理论如何理解司法难题的性质

整全法裁判理论包含两个层次。第一个层次是关于实质性实践立场的层次，在这个层面上，它同我们所熟知的诸如法教义学和社科法学（其规范性主张部分）等其他规范性裁判理论构成竞争关系。第二个层次是反思性层次，它提出了判断一种规范性裁判理论成功与否的"元裁判理论"。整全法裁判理论的卓越之处就在于它包含着这一反思性层次。如果我们赞同了其元裁判理论，我们就接受了它所确定的判断不同裁判理论之高下的标准。退一步讲，即使我们不接受其元裁判理论，但是德沃金所提出的元裁判理论问题，也刺激了我们暂时从各自具体的实践立场中退后一步，去反思和构建替代性的元裁判理论，从而搭建评估各方具体立场的统一平台。因此，如下梳理的重点在于呈现出德沃金整全法理论中的这个反思性层次。

---

① See Ronald Dworkin, *Law's Empire*, Cambridge, Mass.: The Belknap Press of Harvard University Press, 1986, pp. 5-6.

(一) 社会实践与诠释性态度

下面将简要梳理德沃金关于解决实践争议的诠释性方法，或者用一个名词简要地来指代它，我们可以称它为"实践诠释学"（Practical Hermeneutisc）[1]。德沃金的理论首先是从这样一个描述性维度开始的。在一个共同体中，人们可能会就如下一类问题发生争议：某类传统活动或者社会实践对共同体成员提出的要求是什么？以礼仪实践为例来说明。在一个共同体中，可能存在某种礼仪规范，礼仪规范可能会要求人们对某一种社会地位的人脱帽致意。在某个历史阶段上，这种要求具有"禁忌"的特征。也就是说，人们认为这项规范的正当性是不证自明的、理所应当的，不能被质疑的。共同体成员可能普遍地认为，人应该遵守礼仪，而遵守礼仪则毫无疑问地意味着向更高社会地位的人脱帽致意。在这个阶段上，几乎没有人去质疑这些看法。但或许在某个时候，人们的态度可能会发生转变，对守礼仪是否应当包括人们向更高社会地位的人脱帽致意产生了怀疑态度。有些共同体成员开始认为，守礼仪并不要求人们向更高社会地位的人脱帽致意，而是要求一些其他的做法。

人们之所以会有这种看法，是因为他们心里出现了一种"诠释性态度"（interpretive attitude）[2]。这种态度包括两个部分。第一个组成部分是认为礼仪实践不仅仅存在，而且承载了某种价值。人们去做礼仪所要求的事，并不是如机器人被设定程序一般机械地去做，也不是由自然规律所因果性地决定了去做，而是根据某种理由去做，为了实现某种价值去做。这种态度的第二个组成部分是，礼仪的要求并不必然就是现在的规则所要求的那样，它的内容是可以被改变的。态度的第二个部分，是基于态度的第一个部分而成为可能的。

---

[1] 参见范立波《作为诠释事业的法律：德沃金〈法律帝国〉的批判性导读》，载郑永流主编《法哲学与法社会学论丛》2014年卷，法律出版社2015年版，第279页。

[2] See Ronald Dworkin, *Law's Empire*, Cambridge, Mass.: The Belknap Press of Harvard University Press, 1986, p. 46.

因为人们做礼仪规范要求之事，是为了实现某种价值，而不是为了做而做，那么确定礼仪的要求，就可以根据该项实践所要促成的那项价值来加以理解和修正。人们可能会发现，既有的某些礼仪要求，并不能真的有助于实现礼仪实践的价值，因而可能不再认同原来的某项要求，认为它其实并不是礼仪的真正要求。[①]

在诠释性态度的激发下，人们开始对既有的礼仪实践提出反思批判。人们将争论如下两种问题：第一，礼仪实践所要追求的价值是什么？第二，礼仪实践对我们提出的要求是什么？在一般情况下，争论好像仅仅是有关后一问题的。比如人们争论应该如何对待朋友，怎样是孝顺父母，应当如何做一个好老师，看上去这些争论仅仅是关于既有的社会规范对我们提出了什么要求。但是，关于这些问题的不同主张之所以会被提出来，是因为持有不同立场的人们各自预设了关于该项实践价值本旨的看法。具体实践立场上的差异来自关于实践之价值的不同预设。

那么，一个共同体要如何解决此类实践问题呢？他们可能会采取如下步骤。第一个阶段是"前诠释"阶段（"pre-interpretive" stage），在该阶段，人们致力于概括出一项实践的主要特征，这些特征对各方理解和说明实践本旨提供了限制。第二个阶段是诠释性阶段（interpretive stage），在该阶段，人们尝试从最佳角度对该项实践的价值本旨作出说明，使得该实践是具有价值的、值得从事的一项实践。但各方所提出的主张，必须是能够被看作在说明该项实践的价值，而不能让人觉得是在说明某种不同类型的实践的价值。第三个阶段是"后诠释"阶段（post interpretive or reforming stage），人们根据对实践本旨的说明，来调整和修正之前对实践之要求的理解，从而解决人们关于实践要求我们做什么的争议。当然，一个更如实的描述，不是将这个活动理解成清晰地分阶段进行的，它们可能是

[①] See Ronald Dworkin, *Law's Empire*, Cambridge, Mass.: The Belknap Press of Harvard University Press, 1986, pp. 46–50.

同时发生的，混杂在一起的，或者交叉反复的。①

(二) 实践诠释学

前面的描述可能确实反映了一个共同体成员，在有些时候实际上是如何产生和解决实践争议的。这样的描述可能由于和我们的某些经验相同，而让我们感到亲切和认同。然而，这种描述是为了帮助我们理解德沃金所要提出的实践诠释学。德沃金终究不是要做一个描述性理论，而是要提出一个规范性主张：如果一个共同体的人们是以这样的诠释方法处理实践争议的，那么他们应该如此；如果人们实际上不是这样做的，则他们应该以此种方式来理解争议的结构和解决分歧。在他看来，如果一个哲学家要对一个共同体所发生的此类争议的解决有所帮助，那么哲学家应该和其他共同体成员一样，从内在参与者的视角出发，来试着证立这个实践，将这个实践以最具有价值的方式呈现出来。换言之，解决一个共同体成员关于某项社会实践之价值和要求的哲学家，应该致力于发展一种关于该实践的"实践诠释学"。根据前面对实践诠释的三个阶段的说明，一个完整的实践诠释学理论应该包括三个方面的内容：第一，对某社会实践之一般特征的说明；第二，对具有该特征之社会实践之独有价值的证立；第三，以该价值为基准，对此社会实践对人们所提出的规范性要求内容加以重述。

根据对实践诠释理论的内部结构的分析，我们可以更好地看清实践争议的结构，从而厘清争议的不同层次。针对同一项社会实践所发展的不同实践诠释学理论，有可能在前面所讲的三个方面上发生分歧。最显而易见的是在第三个方面——实践所提出的具体行动要求上的分歧，但它其实只是一个实践诠释学理论基于前两个阶段所发展出来的逻辑结果，就有如冰山之露出海平面的部分。因此，要想解决不同实践诠释理论在具体实践方案上的争论，不能就事论

---

① See Ronald Dworkin, *Law's Empire*, Cambridge, Mass.: The Belknap Press of Harvard University Press, 1986, pp. 65-68.

事，而是要反思不同理论在把握实践特征和理解实践价值问题上的看法。我们需要判断它们之中何者对实践特征的把握更为准确，然后根据一种较为准确的实践特征分析，来对不同理论赋予实践的价值进行筛选。比如，根据我们对礼仪实践特征的分析，会认为将"表达尊重"这项价值归属于它是较为合适的，而将"促进信息交流"这项价值归属于它则不适当。可以看出，根据实践诠释学的理解框架，我们将会以有秩序和更易于取得成果的方式来处理关于实践的争议。第一，它可以使我们区分出争议的不同层次；第二，它可以帮助我们挖掘争议之所以发生的深层根源；第三，它还会帮助我们确定评判不同实践方案之优劣的标准。

基于为德沃金所提出的实践诠释学理论辩护的需要，需及时回答一个很可能会被提出的疑问。安德雷·马默（Andrei Marmor）指出，没有理由认为一个哲学家在理解一个共同体的某项实践的时候，他自己要亲自作出价值判断。一项哲学研究可以为某项社会实践的参与者进行"合理化实践"（rationalize the practice）的工作，即将这个社会实践的参与者对该社会实践目的的理解报道出来。但是，哲学家并不需要自己也为该实践提出一种价值证立方案，去同实践参与者提出的方案竞争最佳证立。"理解"同"判断"不同，哲学家的工作是去理解，而不是判断。[1]

笔者认为，没有理由反对马默所主张的那种研究存在的可能性及其价值。但是，问题并不在于什么样的研究是可能的，而在于我们要选择做什么样的研究。当研究者开始自己的研究活动时，他也面临着一个选择问题，在诸种可能的和有价值的研究活动之间，他要进行哪一种。实践选择问题会倒逼他去判断不同研究的各自独有价值是什么及其重要性如何。而当实践中的人们对一项实践的价值及其要求是什么发生争议时，马默所提倡的那种"只理解、不判断"

---

[1] See Andrei Marmor, *Philosophy of Law*, Princeton: Princeton University Press, 2011, pp. 129-130.

的理论将无所助益，只有德沃金所建议的那种以内在参与者视角来看待实践的研究，才能够对解决共同体的分歧有所帮助。接受德沃金理论的理由，不是它更符合某种人们实际的心态或者做法，而是因为以他所建议的方式来理解问题，我们的理论研究就有了一个有意义的目标，那就是使我们正在讨论的那项社会实践以更有价值的方式继续下去。这样的理论研究可以帮助一个共同体，对他们所习惯性地遵循的某种行为规范产生反思批判态度，而不是陷于僵化、封闭、教条，它总是提醒着人们去想想他们的行动究竟有什么价值，或者提醒人们去反思目前的做法是否是实现那种价值的最好方式。

（三）实践诠释理论的评价标准

前文已经大致描绘出了一种实践诠释学理论要想成功所需要满足的条件，我们现在要把这些条件以更为明确的方式列出来，后文将以它们为基础提出评价各种裁判理论的标准。前面已经分析出来，不同的实践诠释理论之间的争议，最终会被归结于这样一个焦点，即哪种理论对该项社会实践所作的价值说明是适当的。对此，可以提出两项标准来评估不同的价值归属主张：

1. 符合（fit）标准[1]

一个诠释理论为一项实践所提供的价值证立，必须能够被看作对这个实践的证立，而不能是对其他实践的证立。人们之所以用不同的词语来指示不同的社会实践，是想标识它们之间某种有意义的差异，一个诠释性理论需要把握这种差异。在前诠释阶段，诠释者要尝试着去概括出一项实践的典型特征，这是这项社会实践的典型范例所共同具有的特征。一般来说，人们在确定典范时拥有较大程度的共识，否则诠释性态度就不会存在。比如，在德沃金所举的礼仪的例子中，在某些历史阶段上，"当女人进来时，男人必须起立"这项规则可能被当成礼仪的典范。它将构成一个判准，是任何有可

---

[1] See Ronald Dworkin, *Law's Empire*, Cambridge, Mass.: The Belknap Press of Harvard University Press, 1986, p. 67.

能成功的诠释必须能够解释的例子。并且，当我们对任何敌对的诠释理论提出批评时，则可以依"该诠释未能说明该典范"来驳斥它。拒绝典范的诠释理论，会被认为是犯了"概念上"的错误。当然，特别值得注意的是，典范并不是定义性的。一个未能对某个现有典范作出说明的诠释理论，并不必然是错的。一个诠释理论可能通过更好地说明其他典范的特征或者价值，来将某个典范当作错误而隔离开。

2. 证立（justify）标准[1]

一个实践诠释理论要说明一项实践的价值，从而证明这个实践是值得从事的。一项实践的价值可能有目的价值和工具价值。但是这个工具性价值是狭义的，是有助于某种实际上是价值的目标，而不仅仅是可以服务于任何目标。为这个实践所赋予的价值必须是真正的价值，而不是单纯的目的或者意图，它必须同这个共同体认为具有价值的事情联系在一起，在已经被认可的价值之网中得到说明。[2] 基于"是"与"应当"的分离，一个规范性主张不能够从单纯的描述性主张中推理出来。当我们要说明一项实践提出何种要求，就提出了一个关于应该如何行动的规范性主张。一个实践诠释理论中的价值证立部分，能够解释为什么这种理论可以提出一个关于行为的规范性要求。

（四）司法实践诠释学

依据一般实践诠释学框架，德沃金发展了其"司法实践诠释学"理论。这一理论的主要内容是，在确定司法实践之独有特征及其本旨的基础上，提出关于司法裁判应当如何进行的规范性主张。在前诠释阶段，德沃金对司法实践之特征的抽象概括是：司法实践是一

---

[1] See Ronald Dworkin, *Law's Empire*, Cambridge, Mass.: The Belknap Press of Harvard University Press, 1986, p. 67.

[2] 关于对某种价值的说明必须依赖其他价值这一点，被德沃金表述为价值的独立性命题，可进一步参见 Ronald Dworkin, *Justice for Hedgehogs*, Cambridge, Mass.: The Belknap Press of Harvard University Press, 2011, pp. 9-11。

种使其对社会纠纷的裁判尽可能与过去的政治决定相一致的活动。在诠释阶段，他为司法实践确定的价值本旨是"证立国家强制"，使之具有道德正当性。最后，在后诠释阶段，他根据司法实践价值本旨提出法官裁判应当遵循"整全性原则"。在前诠释阶段，他识别出人们关于司法实践的大体共识，比如人们都认为司法裁判必然要受制于过去的立法和司法决定。但这是一种较为抽象的看法，它可以容纳对"受制于过去立法和司法决定"究竟意味着什么的不同理解。比如有人认为这意味着当前的司法决定要严格地受制于过去立法和司法决定的明示外延，而有人则认为这意味着司法决定要受制于被过去立法和司法决定所证立的隐含的道德原则。裁判理论要从"受制于过去立法和司法决定"这无争议的共识开始，但是最终要在对它的不同具体理解之中作出决断。作出这一决断依赖于我们对拥有"受制于过去立法和司法决定"之特征的司法实践的价值本旨的说明。我们通过分析争议各方何者的立场更适宜达成此本旨，从而解决司法裁判方法上的分歧。

三 整全法裁判理论对司法难题的解决方案

从这种理论框架可以看出，裁判理论最终需要以政治道德理论为根基。原因在于，为确定法官应该如何裁判，我们需要一般性地思考法官如何裁判才能对国家的强制力给予道德证立，而这进一步依赖关于政治权威正当性的一般理论。在这一问题上德沃金的核心思想是基于联合义务或者社群义务（associative or communal obligation）来理解政治权威拥有正当性的一般条件。[①] 德沃金提出，当一个社群的政治权威以尊重"整全性原则"（principle of integrity）的方式，即努力以一套融贯的道德原则作为依据来对其成员行使强

---

① 社群义务是指"社会实践使之附属某个生物或社会团体之成员身份的特殊责任，诸如家庭、朋友或邻居的责任之类"。参见 Ronald Dworkin, *Law's Empire*, Cambridge, Mass.: The Belknap Press of Harvard University Press, 1986, pp. 195-196。

制力的时候，它最具有正当性。"整全性"的英文表达"integrity"体现了政治道德与"相应的个人道德理想的联系"。在个人道德理想方面，"integrity"就是我们在汉语表达法中所说的"正直"。说"正直的人在道德事务上的行动具有整全性"，就是说此人能够以从整体上影响和塑造他们生活的信念为依据，而不是善变的或异想天开的。换言之，正直的人在对待他人时，能够依据前后一致的道德原则来行事，而不会在同类事务上任意地受自己的好恶、利益等因素的影响而采取双重标准。当我们被国家对待时，同样希望国家能够像正直的个人那样，依照彼此协调融贯的一组原则来行动。总而言之，在个人美德与政治美德的两种情形中，我们皆认为行动主体正确的做法是基于一套融贯的价值原则来行动。

根据政治权威应当追求整全性价值的基本主张，德沃金提出，法官在裁判时应当遵循"司法整全性原则"（principle of integrity adjudication）。[1] 所谓"司法整全性原则"对法官判案作出如下指示：尽可能地基于以下假设来确定法律权利和义务，即这些权利和义务都是由一个人格化的共同体这个单一作者所创造的，该创作者表达了一个关于正义与公平的融贯概念观。[2] 当法官在裁判时，若要使其判决能够具有证立国家强制力的道德力量，其必须将法律诠释为同一个声音。当某个法律命题可以从那些为共同体的法律实践提供最佳诠释的关于正义、公平与正当程序等原则中推导出来时，则它为真。德沃金将法官裁判的过程类比于续写连环小说的活动，连环小说的每一个续写者都需要尽可能把该小说视为由一个人所撰写。与之类似，整全性价值要求法官把他们的决定当作必须继续写的长篇故事的一部分，根据自己关于如何尽可能好地发展故事的判断力，使其判决结论能够从一个极尽可能地同时满足符合和证立两项条件的诠

---

[1] Ronald Dworkin, *Law's Empire*, Cambridge, Mass.: The Belknap Press of Harvard University Press, 1986, p.167.

[2] Ibid., p.225.

释方案中推导出来。

以上就是整全法裁判理论的大致框架。这种概括对于德沃金所构筑的复杂精密的"法律帝国"来说可能过于简化。基于本书讨论的目标，笔者在梳理这个框架的时候，仅仅希望突出德沃金对规范性裁判理论之性质的理解。他的规范性裁判理论是他的一般实践诠释理论在法律实践问题上的具体运用。实践诠释学注意从价值角度来把握实践的合理性。由此出发的司法实践诠释学理论认为，如果我们要想把握司法实践之合理性，就必须诉诸一般的政治权威正当性思考。因此，法官如何裁判的问题，最终是一个政治道德问题。笔者承认，关于政治权威正当化的理论在当前仍然具有极大争议性，而德沃金对该问题的理解也在其裁判理论中具有关键意义。但是，本书并不打算将德沃金的理论置于更广阔的权威正当化理论之中进行考察，而仅仅旨在指明这一裁判理论在政治哲学上依赖于何种基础。只要做到这一步，我们就可以发现某些批评意见对德沃金裁判理论存在误解。

第二节　整全法裁判理论的学术贡献

笔者将从方法论创新、对司法实践难题的深度回应，以及其对法律与道德关系问题的创造性回答三个方面，对整全法的理论价值作以评析，以展示该理论对于我国法学研究与司法实践的借鉴价值。

一　提出建构裁判理论的方法论

一套理论学说要能够成为某一学科的界碑性著作，一般来说应当满足两方面的条件：一方面是问题意识的根本性、全局性，即能够将研究聚焦于学科内的核心难题，或者聚焦于学科本身的性质与研究方法论等反思性层面上的"元"问题；另一方面是对前述问题所提出的解答方案具有极高的质量，拥有系统融贯、论证精致和富于创造性的特质，能够在准确性、全面性及简洁性等方面优于之前的学说。比如，哈特的《法律的概念》在法理学上的界碑性地位一方面依赖于哈特明确提出以"描述社会学"①的方式，或者说是以对法律的概念加以语言分析的方式处理传统法理学主题，②这一研究方法论的改造使得当时沉闷的法理学研究焕发了新生机；另一方面，他提出用关于规则的一系列概念来描述法律，相比于此前占据主导地位的"法律命令说"，对法律实践作出了更准确的描述。而德沃金的《法律帝国》作为继哈特之后的法理学又一界碑性著作，同样也在这两个层次上表现卓越。其贡献一方面体现于在法理学学科本身的问题意识、方法论与知识性质等问题上提出了极高质量的原创性主张；另一方面，在诸如法律与道德关系、法官如何裁判等传统法哲学问题上，该著作亦提出了精致的替代性说明。

笔者着重要强调的是整全法理论在"元"层次上的理论贡献，这些思考提出了一个关于法理学的新画像，是一种根本性的理论创新。如何面对既有学术传统下的学术纷争是每一代学术继任者都必须面对的难题。面对当时在法理学上最有影响的实证主义和实用主义两大阵营，德沃金没有急于摆出自己的立场，而是从容不迫地首先提出思考裁判问题应当遵循的方法论框架，进而获得一个评价各方观点的判准，由此将发展新理论的主动权掌握在自己手中。整全法提出了判断一种规范性裁判理论成功与否的"元裁判理论"。关于裁判理论本身的反思要求我们去思考，当我们在提出一种具体裁判理论时，是在进行何种性质的探究。只有首先理解问题的性质，才能知道破解的方向。而思考问题的性质就是要思考，回答该问题的命题在何种情况下是真命题，从而确定评价不同答案之真假优劣的判准。通过思考问题的性质和解决问题的方法论，德沃金在面对不同立场时得以获得明确

---

① [英] H. L. A. 哈特：《法律的概念》（第二版），许家馨、李冠宜译，法律出版社2011年版，"前言"，第1页。

② 同上书，第16页。

的思考方向和评价不同答案的自主地位。他根据这个思考框架提出，规范性裁判理论实际上要解决的是法治观的选择问题，而不同法治观的选择问题最终又是一个如何证立国家强制力的政治道德问题，从而将我们关于司法实践问题的思考引向了深入。

二 深度回应司法实践困惑

在整全法理论之前，西方主流法理学对司法实践难题的解决并没有给出有实质指导意义的回答。在哈特看来，法律必然总是存在一定程度的不完整，在这种情况下，法官应该行使其有限的造法权限以填充法律漏洞。他主张，法官在选择造法方案时，必须有某种一般性的理由来正当化他的裁判决定。但是，至于什么样的一般性理由能够正当化裁判，哈特并没有给出明确说法，而只是说法官"必须像一位诚心的立法者似的，根据他自己的信念和价值来作出裁判"[1]。哈特甚至认为，当一个法官的决定与其他法官依照他们各自的标准和理由所得出来的结论相异时，我们无法说这其中必有对错。[2] 哈特的这一学说在法律实务界有相当的市场。例如，美国联邦最高法院首席法官约翰·罗伯茨（John Roberts）就认为自己"并不持有一种主导型的、每一个案件都适用的司法哲学"[3]。"不固执于解释的某一流派，而是更愿意遵循一种或是多种更适合手头个案的方法，去正确地发现系争法条的意义。"[4] 这种看法亦为我国很多法律实务界与学术界人士所支持。当前我国法学界主流观点认为，法官裁判可以因案而异地灵活运用文义解释、体系解释、目的解释等不同方法。而这导致的结果是，事实上是由法官的正义观来决定案件结果，诸种法律解释方法不过起

---

[1] ［英］H. L. A. 哈特：《法律的概念》（第二版），许家馨、李冠宜译，法律出版社2011年版，第241页。

[2] 同上。

[3] ［美］罗纳德·德沃金：《最高法院的阵形》，刘叶深译，中国法制出版社2011年版，第17页。

[4] 同上书，第18页。

到了事后装点结论的作用，来表明判决是"依据法律"作出的。然而，问题是如果各种解释方法都可以被说成是依据法律裁判，那么为什么法官选择了其中一种，而不是另外一种呢？这种在不同案件中变换裁判原则的做法是否正当呢？

笔者认为，哈特实际上回避了司法裁判中不同方案的选择难题。正如德沃金所讽刺的那样，"这种更'实用的'方法让法官用有关案件应如何判决的感觉支配他用来判案的解释方法，而不是相反。这种方法最容易导致结果导向的司法裁判，也就是说，法官将其个人的政策偏好投射到判决中"①。德沃金批评这种所谓"不固执""适合手头个案"的裁判方法，实际上是为法官的恣意独断创造空间。这些修辞表面上虽然动听，但究其实质，所谓的裁判方法已经沦为由法官未经论证的价值判断所确定的判决结论的装饰物，而根本不会起到引导和约束判决的作用。鉴于哈特自由裁量权理论所留下的理论空白，德沃金尝试对裁判行为提出更具实质性的约束机制。他从法律权威的正当性如何可能开始思考，提出如果法律能够具有证立国家强制力的能力，就需要依赖于能够对既有法律规范作出最佳证立的道德原则来解释其内容，并且提出了诠释方法作为确定道德原则内容的方法。整全法理论真正深入地回答了司法实践中的法律解释难题，并对法官对其法律解释方案的选择提出了有实质内容的约束性规范。

三　对司法裁判中道德判断问题的深化阐释

法律与道德的关系问题因其高度复杂难解被著名德国法学家鲁道夫·冯·耶林（Rudolph von Jhering）称为法学中的"好望角问题"。法律与道德关系问题中的一个子问题就是道德判断在司法裁判中所扮演的角色问题。当前，我国法学界对司法裁判中的道德判断

---

① ［美］罗纳德·德沃金：《最高法院的阵形》，刘叶深译，中国法制出版社 2011 年版，第 18—19 页。

持有非常矛盾的态度。一方面会担心，如果在法条不具实质合理性的案件中不准许法官作道德判断，法官就会机械适用法律，从而导致人民群众难以接受判决结论；另一方面又会担心，如果准许法官作道德判断，法官必然会任性独断地把个人道德偏见强加于他人，以致破坏法律对司法权力的约束力。在德沃金看来，法律权威的正当性原理要求法官在确定法律命题时考虑道德原则，这种对道德的考量受到论证规范的约束，并不会陷入任意。他对道德判断的客观性如何可能，以及具体采用何种规范的方法进行道德论证都提出了详细的回答。

首先，德沃金创造性地提出不应当用自然科学领域的"符合论"真理观标准来否定道德判断的客观性。我们之所以认为道德判断的客观性存在问题，是因为我们受制于适用于大多数自然科学命题的"符合论"真理观。然而，我们是否应该认为这就是唯一正确的真理观呢？德沃金创造性地提出，真理是"诠释性概念"。人类存在着不同类型的认知与探究实践活动，不同探究活动追求不同的目标和本旨，它们决定了探究者于其中应当承担的不同责任。而这些责任进一步决定了对于探究者在进行该领域的研究时应当遵循的规范性要求。[1] 我们进行道德论辩活动时所担负的道德责任，要求我们在进行道德论证时追求整全性，这是一种使我们的规范性主张相互融贯一致的道德责任。判断何种道德判断正确，并不是看这一判断是否与某种可见可触的物理性事实相符合，而是要看这种道德判断是否能够与我们既已相信的最具吸引力的其他伦理和道德信念相互协调与相互支持。这种客观性与真是一种论证程序上的客观性与真。

其次，应采用"诠释方法"作为思考道德问题的可操作性方法。例如，当我们在对言论自由这一诠释性概念进行诠释时，第一，要观察人类在保护言论自由方面的社会实践的典型特征，以保证我们

---

[1] See Ronald Dworkin, *Justice for Hedgehogs*, Cambridge, Mass.：The Belknap Press of Harvard University Press, 2011, pp. 172–178.

是在对言论自由进行说明，而不是在对别的什么实践进行说明；第二，为拥有该特征的实践提出价值上的最佳证立，我们必须暂时依赖那些自己认为经得起反思的相关价值，例如思想交流繁荣文化的价值，或者是自主的价值，人格权的价值等；第三，再根据我们对保护言论自由这一社会实践的本旨的理解，调整自己在保护言论自由具体要求上的看法。譬如，我们可能在这个阶段上得出言论自由原则并不保护针对他人生理特征、宗族、性别、性倾向等特质的歧视性表达。整全法以实质道德作为法律的正当性基础，它所理解的道德是可以通过理性论辩来暂时获得最佳认识的道德，也是可以通过理性论辩来不断发展的道德，而非凝固于既有圣人之言、先贤典籍或社会风俗。

最后，值得注意的是，我们应当将法律中的道德论证视为一个不断完善的过程，视为一个法律人不断追求法律事业之理想型的过程。树立法律事业之理想形态的思维方式对于法学理论来说并不陌生，早在富勒于20世纪中期发表的名著《法律的道德性》中就体现了这种思维。如果我们借用富勒对"义务的道德"和"愿望的道德"这一对概念区分，则可以更好地理解规范性裁判理论的性质。愿望的道德是以人类所能达致的最高境界作为评价出发点，义务的道德则是从最低点作为评价基点。① 富勒借助这种区分来说明他所提出的法治八项原则的性质，这些原则作为法治事业的"理想形态"，属于"愿望的道德"。一国的法律体系越能够实现这八项原则，就越接近理想的法治事业。整全法作为一种规范性裁判理论，寻找的也是一种"理想"。法官对法律背后所依赖的道德原则思考得越融贯，则其据此提出的法律解释方案就越具有正当性。或许，在每一次具体的司法裁判中我们所能获得的只是一种暂时的正确。之所以说诠释是暂时性的，是因为我们总是需要不断对道德概念进行重新诠释，

---

① 参见［美］朗·L. 富勒《法律的道德性》，郑戈译，商务印书馆2005年版，第8页。

这或者是因为考虑到之前未考虑到的其他道德要求，所以需要将我们的道德观念调整得更为融贯和谐，或者是因为需要在新的环境与条件下理解响应道德要求的新方式。但是，即使否定了过去的某种价值判断，也不能说当时的判断一定为错，只要论证者在当时已尽整全思考之责任，其判决结果即具有正当性。

第三节 整全法裁判理论中两个备受争议的命题

在对整全法裁判理论有了整体了解之后，我们将焦点放在这一理论中两个备受争议的命题上，它们是本书关注的焦点。这两个命题分别是：法官在裁判中需要作出道德判断（后文将之简称为"道德判断命题"），以及包含道德判断的司法裁判可以有唯一正确答案（后文将之简称为"正确答案命题"）。

一 道德判断命题

为了方便后文讨论，首先需要厘清一个问题。德沃金将法官的司法裁判与识别法律命题这两个说法等同，法官司法裁判的任务就是在具体案件中确定相关的法律命题是什么，即在这个案件中相关的法律要求是什么。主张"法官进行司法裁判需要进行道德判断"，与主张"确定法律是什么需要依赖道德判断"，在德沃金那里是等同的。但是，有些学者将司法裁判与确定法律命题这两件事相区分，认为法官确定法律命题不需要作出道德判断，但是法官进行司法裁判可能需要道德判断。因为法官可能发现没有相关法律或者相关法律指示不明确，也可能发现相关法律指示不合理，而如何处置这些情况都需要法官的道德判断。[1] 这两种做法之间的差异似乎要求我们

---

[1] See Joseph Raz, "The Nature of Law", in his *Ethics in the Public Domain*, Oxford: Oxford University Press, 1994, p. 209.

去分辨法官在作出道德判断的时候，究竟是在确定法律命题，还是在运用自由裁量权填补法律漏洞。然而，笔者不想耗费精力在区分这两种说法上。理由是，说法上的差异只有在导致实践差异的情况下才是重要的。就司法实践的实际困境来说，我们所需关注的问题有两个：其一，法官在确定法律推理的大前提（无论它是已经存在的法律还是被法官填补的法律）时，是否需要依赖道德判断以及如何进行道德判断；其二，对这个问题的回答，在何种意义与程度上受到法治理想与法官角色的约束。

德沃金依赖其建立的诠释方法论框架，将对这个问题的既有回答重述为惯习主义与实用主义，并在批判它们的基础上重新建立起整全法裁判理论。惯习主义与实用主义都反对法官从事道德建构，德沃金尝试证明整全法在符合与证立的维度上均优于它们。下面梳理一下德沃金的论证过程。

（一）德沃金对惯习主义的批评

德沃金将他要批判的惯习主义概括为如下立场：每个社群都有着某种识别法律命题的惯例，法官通过考察该惯例将什么视为法律来确定法律命题。惯习主义将社群的法律限定在立法与先例的明示外延范围之内。惯习主义否认在任何案件中总是存在有待法官去适用的法律，在没有明确法律规定的疑难案件中，法官必须通过行使自由裁量权的方式决定案件。[1] 德沃金批评惯习主义在符合与证立两个评价维度上皆存在缺陷，因此不是一种成功的法律理论。

首先，惯习主义不符合我们的法律实践，德沃金提供了两个论据。

其一，法官们对制定法与先例所实际上给予的注意，要比惯习主义所允许的程度大得多。[2] 对于一个信奉惯习主义的法官来说，当立

---

[1] See Ronald Dworkin, *Law's Empire*, Cambridge, Mass.: The Belknap Press of Harvard University Press, 1986, p. 115.

[2] Ibid.

法和先例的明示外延不能涵盖当前案例的时候，该法官会主张不存在既有法律统摄该案，然后他就无须再继续关注制定法和先例，而是思考如何通过判例制定新的法律。他对过去的关注是出于"策略一致性"（consistency in strategy），即他的关注点在于使他所制定的新法与旧法对行动的指引一致，或者致力于实现与旧法努力方向一致的社会效果。但在德沃金看来，若仔细观察我们法律实践的现实情况，法官对过去法律实践的关注并非如此局限。实际上，法官会关注某种更深层次的"原则一致性"（consistency in principle），即关注支配国家对公民行使强制力时所依赖的标准是否表达了"单一而全面的观点"（a single and comprehensive vision of justice）。是否关注原则一致性，是惯习主义和整全法理论的重要差别。整全法理论认为，在超越制定法和判例之明示外延之外，人们仍然可以基于能够证立过去法律实践的原则而享有权利，而惯习主义却没有将坚持原则一致性视为司法美德。

其二，惯习主义认为法官采纳某种裁判风格是出于习惯而不是出于信念，这并不符合现实。[①] 假设一个社群的法官都像惯习主义所主张的那样，将制定法和判例的明示外延视为全部法律，我们对于这项共识可以给出两种可能的解释。第一种解释是，该社群的法律人接受此种识别法律的方式的理由仅仅是因为其他人都接受它。第二种解释是，该社群的法律人是出于他们持有的信念而接受此种识别法律的方式，就像我们在虐待婴儿是错误的这个问题上所形成的共识一样，法律人认为有真正的理由采用某种裁判风格。惯习主义持有前一种解释，德沃金认为在这一点上惯习主义再一次对我们的法律实践作出了错误的描述。司法裁判风格会在时间长河中发生戏剧化的变迁。这种变迁可以被如此解释：一种裁判风格最初可能仅仅是作为一种理论在学术研究领域出现，然后律师在实践中引用某

---

① See Ronald Dworkin, *Law's Empire*, Cambridge, Mass.: The Belknap Press of Harvard University Press, 1986, pp. 136-139.

种裁判理论来支持自己的立场，接着被法官们在裁判中正式采用，逐步取代了之前被认为是正统的裁判方式，最后成为法律人共同接受的不证自明之理。每个既有的正统裁判方式以及每种新的裁判方式都是基于共同信念而被法律共同体采纳的，这并非单纯的社会惯习之事。

在证立的维度上，德沃金认为惯习主义同样是失败的。惯习主义主要基于公平和协调为自己辩护，两种辩护策略都存在缺陷。首先，根据基于公平的辩护，惯习主义的裁判方式能够保证国家对个人生活的干预都是经过事先宣告的，这保护了人们生活安排可以基于稳定的预期，保证公权力不会对个人生活造成突袭。然而，德沃金发现，如果我们真的认为减少突袭是一个绝对重要的目标，那么我们会支持一种"单面（unilateral）惯习主义"，即规定如果根据法律惯习的明示外延原告必须胜诉，那么就判决他胜诉；但在相反的情形中，就必须判被告赢。但我们可以发现，很多法律领域并不是像单面主义所说的那样。如果法律实践是单面惯习主义的，那么原告就只会在他拥有明确的胜诉权利时才会提起诉讼。但事实并非如此，在很多案件中，原告并不是基于法律惯习的明确外延提起诉讼的，他们试着说服法官扩展理解既有的法律规则。所以，单面主义并不符合法律实践现实。①

其次，基于协调价值的论证也存在缺陷。② 这个论证主张惯习主义并非单纯保障诉讼当事人免受突袭，而是有着更为复杂的目标，包括达成协调私人活动以促进人们有效率地共同生活。此种论证指出，在有些时候，存在一个规则（无论其内容为何）比这个规则的内容是什么更为重要。比如，我们必须有一个交通规则，而究竟是规定靠右通行还是靠左通行，这无关紧要，重要的是有一个指示存

---

① See Ronald Dworkin, *Law's Empire*, Cambridge, Mass.: The Belknap Press of Harvard University Press, 1986, pp. 142-143.

② Ibid., pp. 145-147.

在可以引导大家。但是，我们不应当认为涉及法律规定的所有事项都属于此种类型。还存在一些不同的情形，人们遵从某种规则不是因为他人也如此行动，而是基于他的某种实质性信念。诸如我们会认为无故对他人施加痛苦是错误的，我们服从这一规范的理由并不是其他人也这么做，而是因为该规范内容的实质合理性。

以上分析说明，我们并没有把公平与协调视为证立法律实践绝对重要的价值。相对于单面惯习主义，双面惯习主义似乎更有希望符合我们的法律实践现实。双面惯习主义不会主张，只要根据过去法律规则的明示外延，原告没有赢得诉讼的权利，那么被告就有胜诉的权利。它主张的是，此时没有一方拥有胜诉的权利，法官需要在此时制定新的法律。这种惯习主义主张，有的时候因为考虑某个更为重要的原则或者价值，突袭必须被接受。双边惯习主义会希望在裁判上追求一种可预测性与弹性之间的均衡。但如果这就是惯习主义的立场，它将无法将自身同如下要分析的实用主义立场相区分。

（二）德沃金对实用主义的批评

法律实用主义并不认为过去的政治决定本身能够证立国家强制力的适用，而是认为法官在决定判决方案时，应当考虑是何种判决方案能够使社群的未来变得更好。德沃金仍然从符合与证立两个维度考察这一理论是否成功。

首先，德沃金认为法律实用主义并不符合我们的法律实践。实用主义拒绝法律权利的理念，这使得它在符合维度上存在疑问。[1]一个实用主义法官会把立法或者过去的判例声称创造的权利列入他的"好像"（as if）的法律权利列表内，但是他不会认为他应该尊重所有制定法和判例所规定的权利。如果一个被过去所确定的"好像"的权利十分不明智，那么即使这些立法和判决的要求很清楚，法官也仍然具有推翻立法与判例的权力。当然，一个成熟的法律实用主

---

[1] See Ronald Dworkin, *Law's Empire*, Cambridge, Mass.: The Belknap Press of Harvard University Press, 1986, pp. 154-160.

义者可能会运用更为复杂的策略，当他在判决中忽略了某个他心底里认为不合时宜的制定法或者愚蠢的判决时，他会装作他是在执行它。他使用此种策略可能是基于这样一种实用主义考量，即从长期来看，法官使用此种"高贵的谎言"更有利于社群的总体利益。可以看出，实用主义是一种怀疑论的法律概念观，它拒绝承认存在真正的法律权利，而认为法官应该基于什么对社群最佳的考量来裁判。所谓法律权利，只不过是我们服务于未来的工具，而不具有任何独立的拘束力。

实用主义不承认存在真正的法律权利，这同大多数人拥有的对法律实践的直觉理解不符。但是，这还不足以让我们拒绝实用主义，因为存在这样一种可能，实用主义在证立维度上足够有吸引力，以至于我们应当改变自己对法律权利的理解，将既有裁判风格转变为实用主义式的。但若我们能够论证，相较于实用主义，整全法在证立的维度上更佳，就可以保住法律权利的理念。整全性的政治美德要求我们必须对类似案件类似处理，它要求政府依据一种原则性的、融贯的方式来行动。可以想到，实用主义者会提出一个尖锐的质疑：原则一致性怎么能因其自身之故而具有重要性，尤其当一致性实际要求什么并不确定或者是有争议的时候？难道我们关注的问题不应该是哪种判决方案将会在未来对社群更好吗？如果整全法要在实用主义的挑战下保住法律权利，就必须回答这个问题。如果无法回答，就无法从实践合理性上讲清楚保持原则一致性的重要性。①

(三) 德沃金对整全法的辩护

德沃金从符合与证立两个方面来为他的整全法理论提供辩护。首先，整全性符合我们对法律实践的直觉理解，从我们对"所罗门式"(Solomonic way) 立法的反感中，可以看出我们的政治实践实际

---

① See Ronald Dworkin, *Law's Empire*, Cambridge, Mass.: The Belknap Press of Harvard University Press, 1986, p. 163.

上接受了整全性作为独特的政治美德。① 一种"所罗门式"的立法意味着,当人们在某个事项的安排上出现分歧时,就让每种意见以与其数量相配的程度在最后的集体决定中呈现出来。例如,若是某个共同体在人工流产是否是犯罪的问题上产生分歧,支持人工流产权利与反对人工流产权利的民众数量相当,那么这个共同体可以将生日在偶数月份的妇女的人工流产行为规定为犯罪,而允许生日在奇数月份的妇女实施人工流产行为。这种"所罗门式"的立法,是将社群的公共秩序当成可以分配的商品。我们在直觉上都会反对这种立法方式,它看上去是恣意独断的,对相同的人工流产行为做不同处理。它似乎在以某种方式违背了我们对正义的直觉。这种直觉就是,在正义问题上我们所接受的妥协必须是"外在的"(external),而不能是"内在的"(internal),即它必须是关于采取哪一种正义观所达成的妥协,而不能是一个被妥协了的正义体系。"就正义观所达成的妥协"与"被妥协了的正义体系"之间的差别,关键在于共同体所制定的行动规范是否是基于某种道德原则。这些采取内在妥协式方法来立法的国家,以一种不具原则性(unprincipled way)的方式行动:为了证立其立法的某些部分,它必须为某些原则背书;但为了证立其立法的其他部分,它又必须为相反的原则背书。这就是整全性政治价值所谴责的原则的不一致性。可见,我们的政治生活实际上承认整全性的政治美德,只有借助它才能够解释我们对"所罗门式"的立法的排斥。按照人工流产者的生日月份来赋予人工流产的权利是在以不具原则性的方式立法,但按照怀孕月份来决定是否准许人工流产却不存在这个问题,因为这样的规定是基于对胎儿利益与怀孕妇女利益之间的某种权衡,这种考虑最终诉诸了对自主原则与尊重生命原则的综合考量。而自主原则与生命原则之内容的确定可能又需依赖共同体所普遍接受的其他根本原则,因此

---

① See Ronald Dworkin, *Law's Empire*, Cambridge, Mass.: The Belknap Press of Harvard University Press, 1986, pp. 178–179.

政治权威的行动满足了整全性的要求。

其次,德沃金需要论证的是整全法在价值上的优点究竟是什么。他认为整全法最为根本的优点是:将整全性作为政治理想的国家,比起那些未接受的国家,更具有政治权威正当性。[①] 政治权威的正当性是政治哲学上的经典问题,在德沃金看来,在这个问题上的既有回答皆存在某些缺陷。例如,同意理论最显著的缺陷是,当下受到政治权力约束的人们并没有实际签署任何社会契约。它的修正版本——默示同意理论认为,如果一个人在成年以后仍然没有迁出国家,则可以认为他接受了契约。但这种解释也不能支持政治权威的正当性,因为生活在当今世界的人们无法选择远离所有的主权者。罗尔斯的自然责任(natural duty)理论认为,人们有支持正义制度的自然责任。德沃金认为这个理论仍存不足,因为它没有能够充分地将政治义务与负有此项义务之人所在的特定社群紧密联系起来,即它未能显示正当性如何源自公民身份。公平游戏理论认为,如果人们在现存政治体制下获益,那么它就同时负有义务承受负担。这个论证容易遭受两个方面的反驳,第一,它要求人们为自己并未主动寻求并且如有机会就会拒绝的"受益"承担义务。第二,如何认定人们是否"受益"?最自然的回答可能是,如果某人在政治体制下的福利,优于不在政治体制下的福利,那么就可以说他受益于那个组织。然而,我们会在确定如何理解"不在政治体制下"这一评量基准时陷入僵局。

鉴于其他正当化理论存在的缺陷,德沃金建议借助"角色义务"(obligations of role)来说明政治权威的正当性。[②] 他也将这个义务称为"联合的或社群的义务"(associative or communal obligation)。它们是指基于某种社会团体成员之身份而产生的特殊责任,诸如作为

[①] See Ronald Dworkin, *Law's Empire*, Cambridge, Mass.: The Belknap Press of Harvard University Press, 1986, pp. 191-206.

[②] Ibid., pp. 197-201.

家庭成员、朋友或者是邻居的身份产生的责任。这种义务能够解释那种并非经过选择或者同意，而是基于社会实践的历史而产生的义务。联合义务具有如下几方面特征。第一是特殊性，联合义务是针对团体内成员所担负的义务，而非对所有人担负的普遍义务。第二是互惠性，那就是当团体其他成员未把隶属于该团体所应享有的利益赋予我们时，我们就可以免除对这些成员应当承担的联合义务。第三是一般性，即我们在具体情况下对其他成员担负的义务，源自彼此之间更为一般性的关怀责任，后者为阐释前者的具体内容提供了基础。第四是平等性，团体成员之间的地位与价值是平等的，如果一个社群认为某些人员并不具有同其他成员一样的人格价值，那么这些成员也不会对社群其他成员产生责任。德沃金进一步将满足上述条件的社群称为"真正"社群（"true" community）。

在有了真正社群的概念后，我们可以继续追问，对于政治社会来说，为了成为一个真正的社群，它的政治生活必须是什么样子的？我们之所以会想到将前述的真正社群作为我们构想理想政治社会的指引，是因为它与我们当前的政治社会有着一个关键的相似点，即我们认为对自己国家的成员负有特别义务。鉴于我们的政治义务是联合义务的一种，为了考察什么时候政治义务能够真正成立，我们需要比照真正社群的构成条件，来思考政治义务可以真正成立的政治社会应当是怎样的。有三种可能的政治模型：第一种模型将社群成员之间的相遇当成偶然事实，他们可能为了各自的生存而结成某种避免互相残杀和适度分工合作的协议，只要协议对他们自己有益处，他们就会坚持协议。第二种模型是"规则手册"式的社群。这个社群的成员相互承诺服从他们以某种方式确立的规则，成员就好像是自利但诚实的生意人那样彼此达成商业协议。他们将规则视为利益与观点妥协的产物，每一方都在其中尽可能以少换多。他们坚持规则的内容穷尽了自己的义务，这义务决不包含任何未经协议明示的要求。每个人都试图在尽可能多的规则领域插上自己信念的旗帜。第三种模型是"原则模型"。这种社群的成员认为统治他们的是共同的原则，而不是在政治斗争中达成的妥协。此种社群中的政治是一部有关"社群应当采纳哪些原则"的辩论剧。原则社群的成员认为，他们的义务并未被政治机构达成的特定决定穷尽，义务也可以来源于支持这些特定决定的原则体系。

比较这三种社群模型，我们可以发现，只有原则模型符合真正社群的诸项条件。通过建构与比较三种社群模型，德沃金试图论证，把整全性作为政治核心的原则社群，要比其他社群模型更具有政治正当性。这种社群模型之所以具有政治正当性，是因为它对整全性的承诺，表达了对社群所有成员的关切。这样一种普遍关切是特别的、个人的、普遍的与平等主义的，足以使得社群成为能够产生联合义务的真正社群。[1]

在建构了政治正当性的整全性理论之后，主张在司法裁判中作出道德考量就顺其自然了。裁判整全性原则指示法官，在确定法律权利与义务的时候，应当将它们视为由单一的作者所创设，这位作者在这些权利与义务之中，表达了关于公平与正义等道德原则的一个融贯体系，这就是整全法。根据整全法，当一个法律命题可以从对法律实践提供最佳建构性诠释的正义、公平等原则中推导出来时，那么这些法律命题为真。相较于惯习主义与实用主义，整全法是更为彻底的、诠释性的。前两种理论本身是对法律实践的诠释理论，但在其后诠释的结论中，他们所推荐的裁判风格并不要求法官在裁判中作出诠释。惯习主义要求法官根据过去政治决定的明示外延来裁判，实用主义要求法官通过对何种裁判方案对未来更加有利来思考规则是什么。但是，整全法提供给法官的裁判方案是，要求法官继续诠释法律素材，考量何种道德原则能够对相关法律实践提供最佳证立。[2]

---

[1] See Ronald Dworkin, *Law's Empire*, Cambridge, Mass.: The Belknap Press of Harvard University Press, 1986, pp. 213-216.

[2] Ibid., p. 226.

整全法所推荐的这种推理必然是道德性质的问题。① 所谓最佳证立，是指道德上的最佳辩护。因为当共同体的政治权威作为一个单一的道德主体用融贯的道德原则来统治它的成员的时候，它就通过融贯的道德原则体系表达了对所有个体成员普遍的和平等的关切，这样它才成为我们前面提及的原则社群，才是那种能够对社群成员施加服从义务的真正社群。

二 正确答案命题

司法判决的客观性问题一直是法哲学上富有争议性的问题。在这个问题上曾经出现过几类有代表性的主张，诸如法律形式主义、法律怀疑主义、哈特的开放结构和自由裁量权理论等。其中，德沃金所提出的"正确答案命题"（right-answer thesis）在极富道德上的吸引力的同时又在智识上具有巨大争议性。② 德沃金通过反驳已经存在的和可设想的诸种"无正确答案命题"和"怀疑论"来逐步确立他的正确答案命题。接下来我们将梳理德沃金发展这一命题的逻辑脉络。

（一）对"无正确答案命题"的反驳

德沃金对"无正确答案命题"的初步反驳主要体现在《规则模式》（*The Model of Rules*）、《疑难案件》（*Hard Cases*）与《没有正确答案吗？》（*No Right Answers?*）这三篇文章，前两篇文章后被收录在《认真对待权利》（*Take Rights Seriously*）这部书中，后一篇文章被收录在《原则问题》（*A Matter of Principle*）这部书中。

---

① See Ronald Dworkin, *Justice in Robes*, Cambridge, London: The Belknap Press of Harvard University Press, 2006, Introduction, pp. 14-15.

② 我国学者对这个问题的分析，请参见邱昭继《法律问题有唯一正确答案吗？——论德沃金的正确答案论题》，载陈金钊、谢晖主编《法律方法》（第9卷），山东人民出版社2009年版，第105—122页；张帆《是"正确答案"，还是"唯一正解"？》，载陈金钊、谢晖主编《法律方法》（第11卷），山东人民出版社2011年版，第124—133页。

在《规则模式》这篇文章中，德沃金通过批判实证主义来发展出他的唯一正解命题。这一命题主张，司法裁判即使在疑难案件中也有正确答案。他提出这一理论的初衷是批判他所概括的法律实证主义的"三个信条"，即法律是规则体系，法官在疑难案件有自由裁量权，以及在疑难案件中没有法律事先已经确定了的法律义务和法律权利。① 根据哈特式的法律实证主义理论，语言的开放结构会导致规则的开放结构，进而导致由规则所组成的法律体系具有开放结构。② 哈特认为，在法律的开放结构出现时，法院发挥着创造规则的功能，这项功能十分类似于行政机构被授权行使规则制定权。③ 在德沃金的理解中，当哈特主张自由裁量权存在时，是在主张此时法官不再受任何法律权威制定的标准所约束，或者说法官所引用的规则之外的法律标准对他们没有约束。④ 如果根据某一机构事先制定的一条清清楚楚的规则不能提起诉讼，那么此时法官就有选择这样判，也可以选择那样判的自由。⑤ 所以，如果我们坚持法律就是规则的体系，那么我们就会必然走向这种强意义上的司法自由裁量理论。但德沃金认为，法律不仅包括规则还包括原则，在疑难案件中，法官仍然受到原则的约束，因此可以说仍然是在适用法律而不能说是在创制法律。哈特用开放结构来驳斥法律现实主义者的规则怀疑论，主张规则仍然存在一个确定的核心范围，能够保证法律在大多数时候的确定性，这似乎已经大大压缩了规则怀疑论者所认为法官享有

---

① 参见［美］罗纳德·德沃金《认真对待权利》，信春鹰、吴玉章译，上海三联书店 2008 年版，第 34—41 页。

② 关于哈特这一论证层次的分析，参见陈景辉《"开放结构"的诸层次——反省哈特的法律推理理论》，《中外法学》2011 年第 4 期；陈坤《"开放结构"与法律的客观性》，《法制与社会发展》2016 年第 1 期。

③ 参见［英］H. L. A. 哈特《法律的概念》（第二版），许家馨、李冠宜译，法律出版社 2011 年版，第 124 页。

④ 参见［美］罗纳德·德沃金《认真对待权利》，信春鹰、吴玉章译，上海三联书店 2008 年版，第 57 页。

⑤ 同上书，第 63 页。

的自由空间。然而，德沃金却认为，哈特所保留的那种自由裁量空间仍然过大了，当规则不存在时，我们不能说法官的裁判就不再受到法律的约束，原则可以保证司法裁判仍然有正确答案。笔者认为，德沃金对哈特的这些批评，只能够论证当规则不存在时，法官还受到原则的约束，但是这离他的正确答案命题仍然存在相当大的距离。因为有人可以主张，法官即使受到原则的约束，也仍然有可能获得不同的答案，并且这些答案都是正确的。可见，德沃金还需要继续补充完善他的论证。

在德沃金于《规则模式》一文中批判了法律实证主义的无正确答案命题之后，他在《疑难案件》中开始为一种更好的理论辩护，这篇文章已经初步显现了他日后出版的《法律帝国》(Law's Empire)一书核心立场的基本雏形。他主张，即使没有明确的规则可以用来处理当前案件，诉讼一方仍然享有胜诉权。即使在疑难案件中，法官的责任仍然是发现各方的权利究竟是什么，而不是溯及既往地创设新的权利。他承认，法官确实会对判决结果有不同的认识，但是他的理论目标只在于说明，当法官在真诚地发现法律要求是什么的过程中必须扪心自问哪些问题。① 从根本上说，疑难案件提出的是一个政治理论问题，判决的理由必须要把一般原则基础与疑难案件相互联系起来。② 在这篇文章中，他初步描绘了理想法官"赫拉克勒斯"(Hercules)——的基本特征：具有超人技巧、学识耐心和智慧，能够快速而准确地找到那个能够为法律实践提供最佳辩护的原则。

在《没有正确答案吗？》这篇文章中，德沃金不再将视野局限于法律实证主义这个对手，而是开始关注其他形式的反对者。他首先

---

① 参见［美］罗纳德·德沃金《认真对待权利》，信春鹰、吴玉章译，上海三联书店2008年版，第118页。

② 同上书，第146—147页。

尝试分析无正确答案命题的模糊性，区分并反驳了它的两种不同版本。① 根据第一种版本的无正确答案命题，设非 p 为 p 的负判断，于是，假如 p 为假，则非 p 为真；假如非 p 为假，则 p 为真。它暗示着在法律命题 p 和非 p 之间不存在任何逻辑空间。第二种版本没有假定在那两种命题之间不存在逻辑空间，它主张，在某些情况下，p 或非 p 皆非真。在德沃金看来，支持第一种版本的语义学论证和实在论论证都不成立。然后他又考察了支持第二种表述的三种论证。第一种论证假定法律语言无法避免的模糊性或者开放结构特征有时使得下述说法成为不可能：一个特定的法律命题要么为真，要么为假。第二种论证假定有些法律命题具有法律实证主义揭示的隐蔽结构，它能够解释无论否定这个法律命题还是否定这个法律命题的反命题，都可以为真。第三种论证是来自分歧的论证，它假定具有争议性的法律命题不可能非真即假。德沃金认为，他所考察的所有这些支持"无正确答案"命题的论证都不成立。

（二）反驳一般诠释理论上的外在怀疑论

在《法律帝国》一书中，德沃金从对"无正确答案命题"的批判更系统和深入地发展为对一般诠释理论上的怀疑论的批判。在此书的前言中，他再次提及，多年以来他一直在反对实证主义的如下主张，即有争议的法律问题无法有正确答案，而只存在许多"不同"的答案。他会在本书中继续坚持主张，在大多数的疑难案件中，我们都可以找到正确答案。② 他提纲挈领地说，正确答案命题的批评者对他的主张存在一个重大误解，即认为他的意思是说，在疑难案件中有某个答案能够被证实（be proved）为真，但他认为自己事实上从来没有主张过这样一种立

---

① 参见 [美] 罗纳德·德沃金《认真对待权利》，信春鹰、吴玉章译，上海三联书店 2008 年版，第 149—157 页。

② See Ronald Dworkin, *Law's Empire*, Cambridge, Mass.: The Belknap Press of Harvard University Press, 1986, Introduction, pp. viii-ix.

场。这种误解来源于未能区分"我们能够有理由认为某个答案为真"与"这个答案能够被证实为真"这两个不同的说法。这些批判者的错误之处在于，没有能够理解关于正确答案的争议真正涉及的是什么，也就是没有能够理解如果他们要坚持怀疑论命题的话，就必须提供怎样的论证才行。在德沃金看来，正确答案命题和怀疑论立场之间的争议，真正涉及的是道德上的论证而非形而上学的论证，而作为一个道德主张而言，无正确答案命题无论是在道德上还是在法律上都是毫无说服力的。德沃金的表述相当凝练，但也给读者留下很多疑问。诸如，"我们能够有理由认为某个答案为真"与"这个答案能够被证实为真"这两个说法究竟有什么重要差异？为什么说怀疑论与正确答案命题之间的分歧涉及的是道德的论证而非形而上学的论证？为什么说无正确答案命题无论是在道德上还是在法律上都是毫无说服力的？

在《法律帝国》这部书的第二章中，德沃金首先通过对怀疑论的批判来发展他在一般诠释理论层面上的正确答案命题，这为他在第七章中批判法律中的怀疑论打下了理论基础。根据德沃金所主张的诠释方法论，诠释的目标在于使被诠释的对象或者实践尽可能成为最佳。对礼仪实践的诠释，就是要使礼仪实践成为其所可能成为的最佳社会制度。诠释的这种对"最佳"的追求，似乎站在了一种流行观念的对立面。这个流行观念认为，不同人有不同的品位与价值观，他们能够在被诠释的客体中看到不同的意义。这个流行观念支持怀疑论，即认为对于美、道德或者社会实践之价值一类问题，无法有一个正确答案。因此，德沃金想让诠释理论追求唯一正确答案必然是一种哲学上的错误。[1]

为了反击怀疑论，德沃金首先提出了一个重要的区分：内在怀疑论和外在怀疑论，前者是处于诠释事业之内的怀疑论，后者是处

---

[1] See Ronald Dworkin, *Law's Empire*, Cambridge, Mass.: The Belknap Press of Harvard University Press, 1986, pp. 77-78.

于诠释事业之外的怀疑论。① 内在怀疑论本身也依赖于某种诠释性态度，只不过是一种对所有其他诠释方案（那些赋予实践以某种价值的诠释方案）都持质疑态度的诠释立场。譬如，一个礼仪实践的内在怀疑论者可能认为所有关于礼仪实践之价值的说明都是错的，这项实践根本没有任何有益的价值，甚至我们可以说这项实践是一项有害的实践。内在怀疑论基于一种实质诠释性立场挑战其他所有的诠释性主张。而外在怀疑论则是一个形而上学理论，它主张自己本身不是一个诠释性的或者道德的立场，主张自己并未基于任何实质道德或诠释性立场反对其他的实质主张，而是坚持自己的主张是一个"二阶理论"（second-level theory）。这种立场坚持，由于诠释性主张并不像物理学上的主张一样能够被证实或者检验，因此在诠释问题上谈不上有唯一正确答案。

　　德沃金随后立即展开了对外在怀疑论的批评。首先，外在怀疑论误解了道德主张的意涵。根据外在怀疑论的理解，当我们说一个行为在道德上是"真的"或者"客观上"是错误的时候，意思是说我们能够为这个道德主张提供某种形而上学的依据。但德沃金认为，这并不是理解道德陈述的恰当方式。我们使用"客观的"这个词语并不是在声称我们的道德主张具有某种形而上学基础，而只是在强调此类主张所具有的不同于其他主张的独特性质。我们强调，这个道德主张有正确与错误之别，而不是像对冰淇淋不同口味的偏好那样没有正确错误之别。其次，如果我们正确理解了道德命题关于客观性主张的含义，就会发现外在怀疑论为自身立场所提供的证据是不相干的。因为，能够反驳一个道德主张唯一正确的论据类型，就是实质性的道德论证。而外在怀疑论却没有提供此类证据，而只是试图通过形而上学的论据来证明一个道德主张，其提供的是错误类

---

① See Ronald Dworkin, *Law's Empire*, Cambridge, Mass.: The Belknap Press of Harvard University Press, 1986, pp. 78-79.

型的论证理由。①

现在怀疑论者面对一个选择，选择自己究竟是外在怀疑论还是内在怀疑论。如果他认为自己是外在怀疑论，那么他要清楚他并没有正确理解一个诠释性主张的意涵。如果他认为自己是内在怀疑论，那么他就要清楚他自己的立场不可能不证自明地为真，而是需要同其他诠释性主张一样基于实质性理由来证明自己。在德沃金看来，在作出了内在怀疑论与外在怀疑论的区分之后，诠释理论其实不再需要为外在怀疑论烦恼，因为它误解了所要批判的对象，真正所要担心的只是内在怀疑论。②

笔者认为，德沃金在《法律帝国》中对外在怀疑论的批评，已经抓住了关键的要点，日后他又发展了对这些要点的论述。但是他当前的论述还是比较晦涩难懂的。譬如，他批评怀疑论者误解了人们在作出道德主张时所包含的客观性宣称究竟是什么意思。在一般人看来，怀疑论者的理解方式其实看上去很自然，一个命题在主张它自身具有客观性的时候，通常隐含着一种担保，即这个命题可以用某种事实来验证。如果我们说"我们有理由认为某个答案为真"，这通常就意味着在说"这个答案能够被证实为真"。那么，依照德沃金的暗示，除了"这个答案能够被证实为真"外，还有某种其他的理由来说明一个答案为真，它究竟是什么呢？此外，德沃金还主张，反驳一个道德主张唯一可能正确的论据类型，就是实质性的道德论证。这个主张对于他将外在怀疑论消解为内在怀疑论十分重要，但是这个主张仅仅以断言的方式被表达出来，而没有加以论证，因此会在读者心中产生疑惑。这个问题也是和上一个问题有关联的，前一个问题上的疑惑也会导致我们不是很容易接受后一个主张。假如一个命题为真的方式就是通过存在的某种事实来证实它为真，那么

---

① See Ronald Dworkin, *Law's Empire*, Cambridge, Mass.: The Belknap Press of Harvard University Press, 1986, pp. 80-81.

② Ibid., pp. 83-85.

我们就可以通过说没有事实能够证明一个道德主张为真，因此道德主张无法为真，这就是依赖一个形而上学的论据来证明道德主张无法为真。因此说，德沃金此处对外在怀疑论的反驳似乎是比较仓促的，其中逻辑并不好懂。我们将在本书的第二章通过全面地梳理他此后的相关论述，来考察他是否有对此处的主张加以发展与充实。

（三）反驳一般诠释理论上的内在怀疑论

在《法律帝国》中，德沃金主张内在怀疑论不能不证自明地为真，这一理论本身也需要站得住脚的诠释性前提。但是直到《刺猬的正义》（*Justice for Hedgehogs*）这部著作，他才提出了对内在怀疑论最为关键的批评，这个批评依赖于对"不确定性"（indeterminacy）与"不能确定"（uncertainty）的区分。德沃金要批评的内在怀疑论是这样一种流行观念：在价值领域中，不确定性是一个默认的判断，如果我们在仔细思考之后，仍然无法为某个道德或者审美的问题找到具有说服力的方案，那么我们就可以主张在这个问题上没有正确答案。这个主张可以被称为"默认命题"（Default Thesis）①。德沃金认为默认命题是错误的，因为它混淆了两种必须加以区分的不同主张——对"不确定性"的主张与对"不能确定"的主张。② 如果我们仔细思考了在某个问题上的各种立场之后，仍然没有发现哪个论证要好于其他论证，我们就可以暂时地宣布我们在这个问题上还没有确定的观点，或者说在这个问题上我们还不能确定某个命题究竟是对还是错，我们可以将不能确定作为一种默认状态，它没有积极地作出某种实质性立场。但是，不确定性与不能确定不同，不确定性是在积极地主张"这个命题既不是对的也不是错的"。

一旦我们对两者作出区分，就会发现，像作出任何肯定性的主

---

① See Ronald Dworkin, *Justice for Hedgehogs*, Cambridge, Mass.: Belknap Press of Harvard University Press, 2012, p. 90.

② Ibid., p. 91. 此处翻译参考了［美］罗纳德·德沃金《刺猬的正义》，周望、徐宗立译，中国政法大学出版社 2016 年版，第 107 页。

张一样，当我们就某个问题作出一个不确定性的断言时，需要一个积极的理由来证立它。譬如，如果我们要主张酒的口味没有好坏之别，那么就需要提供一个具体的理由来表达我们在评价酒的品质上的实质观点与立场。关于酒的品质，我们可能拥有这样一种实质立场，即认为醇厚的口感与清冽的口感都是好的口感，因此我们不能说口感醇厚的那瓶酒好于口感清冽的那瓶酒，而是说这两瓶酒都是不错的酒。而有人可能主张，我们不能说这两瓶酒都是不错的酒，而应该说酒的口味没有好坏之别，这只是个不同个人不同偏好的问题。这种主张同前面的主张一样，都是一种关于酒的口味的实质性立场。后者主张的是酒的口味问题上的"不确定性"，它积极地主张关于酒的口味好坏的主张没有对错可言，而前者与之相对立地主张，存在一个判断酒的口味之好坏的客观标准，根据这个标准，有些酒可以被评价为好酒，尽管这些好酒的口味也存在不同。

再以一个伦理上的问题为例，假设一个人在选择是过城市生活还是过田园生活上的问题上左右为难，他在仔细思考两种不同的生活方式后仍然游移不定，那么我们可以说，他在这个问题上暂时还没有一个确定的答案，尚无法判断两种生活方式中哪种更好。我们可以称这种思想状态为"不能确定"的状态。"不能确定"指的是我们思维、思想的一种状态，状态是可以发生变化的，我可以在某个问题上由"不能确定"转变为确定地赞同或者反对某个立场。然而，"不确定性"指的是某个问题的性质，问题的性质本身是不会发生变化的，虽然我们关于问题的性质的理解是可以发生变化的。譬如，我们一开始可能认为酒的口味问题具有"不确定性"，没有哪个观点更好。后来随着我们对酒的了解的深入，我们意识到其实在这个问题上是有一定标准的，渐渐地具有了外行所不具有的细腻的感受能力和敏锐的判断能力。

总而言之，德沃金认为，一个人要主张对于某个问题的回答具有不确定性，就必须提出实质性的理由，否则他就只能宣称他是暂时不能确定这个问题的答案。选择者不能确定这一状态本身，不能论证在这个问题上各种答案之间不存在孰优孰劣之别。同样，在道德问题上，如果我们要主张在某个问题上没有正确与错误之别，诸如人工流产与不人工流产都是可以的，那么我们就需要为这个"关于该问题之答案具有不确定性的"主张提供实质的理由来支持，这个立场不能默认为真。①

（四）反驳法律领域中的怀疑论

1. 反驳法律领域中的外在怀疑论

正如德沃金所言，"整全法没有任何一个面向像它拒绝以下流行观点那样被误解，即在疑难案件中不存在唯一正确答案。"② 这个被整全法所拒绝的流行观点具体来说就是：疑难案件之所以是疑难案件，是因为有不止一个原则能够被视为是对过去法律实践的恰当诠释。法律人会对哪组原则从证立角度上可以被评价为更佳存在分歧。此时在案件中不存在任何既定法律，赫拉克勒斯式的法官认为其中一种更好，只是一种主观偏好的表达而已，并无任何可靠根据。③

德沃金判断上述立场是一种外在怀疑论立场，这种立场之所以主张没有一种解释比另外一种解释更好，是因为它认为没有一个客观实在之物来保证哪种解释确实是更好的。如德沃金所观察到的，外在怀疑论对法律人有着强大的影响力。如果我们主张了一个关于某个法律部门相关实践之最佳说明的任何命题，有些法律人可能会反驳说"那只是你的意见"，或者他们也可能会质问道"你是怎么知道的"，或者"你的主张是从哪里来的"，当他们提出这些问题的时候，他们期待得到某种形而上学的证明。而如果我们不能提供此类证明，他们就会说关于法律命题的主张只不过是主观的。但是德沃金主张，此类批评由于对诠释性主张之性质与内容存在误解而构

---

① See Ronald Dworkin, *Justice for Hedgehogs*, Cambridge, Mass.: The Belknap Press of Harvard University Press, 2011, pp. 92–95.

② Ibid., p. 266.

③ Ibid.

成一种错误的批评，关于法律的诠释性主张并不是在寻找一个像石头一样存在于某处的实体。① 我们完全可以将整全法用一种外在怀疑论无法挑剔的方式来重述，譬如我们可以避免使用诸如"客观的"或者"实际上"（really）这样的字眼来修饰我们的判断。② 这样外在怀疑论就可以理解，我们所要寻求的仅是关于法律实践的不同诠释，而不是对某个实在之物进行描述。可以看到，同德沃金对一般诠释理论上的怀疑论的反驳思路相同，他通过将关于法律的诠释性主张以一种避免外在怀疑论批评的方式加以重述，使得外在怀疑论的拳头落了空。

2. 反驳法律领域中的内在怀疑论

法律领域中的内在怀疑论认为，法律实践的矛盾太过深层，以至于根本无法产生任何融贯诠释。内在怀疑论没有依赖任何形而上学的立场，而只是质疑法官完成德沃金所说的那种目标任务的现实可能性。针对这种意见，德沃金反驳说，赫拉克勒斯知道现实的法律体系在原则上确实不能保证一致性，但他认为，这些矛盾在法律中并非如此广泛和顽固，以至于任务不可能完成。赫拉克勒斯预设，在他所要研究的法律部分中，都能找到某组合理的原则构成对该部门法律实践的适合诠释。德沃金尝试借助原则"竞争"（competition）和原则"矛盾"（contradiction）之间的区分来回应内在怀疑论的批评。③ 有些原则相互独立，但它们之间不是相互矛盾的，同时承认两者并不会造成原则之间的不融贯。相反，如果我们不能兼顾它们，则是我们在道德能力上的缺陷。而在有些情形中，原则之间会有所冲突，这指的是如果我们同时承认两者的正确性，就会造成不融贯。此时，整全性要求我们从相互冲突的原则中选择一个，放弃

---

① See Ronald Dworkin, *Justice for Hedgehogs*, Cambridge, Mass.: The Belknap Press of Harvard University Press, 2011, p. 85.

② See Ronald Dworkin, *Law's Empire*, Cambridge, Mass.: The Belknap Press of Harvard University Press, 1986, p. 267.

③ Ibid., pp. 268-271.

另外一个。它要求我们必须在全面考量下，以最佳的方式将整个故事讲下去。我们选择其中一个原则的理由是，尽管支持这些原则背后的理由都具有吸引力，但是其中一个可能会更为有力。这就要求我们将过去为那个原则所支持的那些司法判决宣告为错误。当然，从整体法律实践观点看，那些被视为错误的判决数量不能过于庞大，或者这些案件的性质不能太过重要，以至于如果我们将它们认定为错误，就会使我们的诠释失去坚实的基础。

法律领域的内在怀疑论也可以用不能确定与不确定性之间的区分来加以驳斥。[①] 与伦理和道德领域一样，在法律领域中，关于法律命题具有不确定性的立场也不可能默认为真。不存在正确答案这一主张是一个法律上的实质性主张，它认为不可能有任何论证能够为其中一方提供更为有力的理由，因此它必须要依赖某种实质性法律理论。诸如法律实证主义就是这样一种实质性法律理论，它主张只有过去立法或者是司法判例的明确外延才能够提供当前法律问题的答案。法律实证主义要主张在疑难案件中没有正确答案，需要依赖积极的理论论证。当代许多法律学者并未能够为这一不确定性命题提供积极论证，陷入了认为它默认成立的谬误。

三 对诸种批评的初步观察

学界对于德沃金所提出的"道德判断命题"与"正确答案命题"这两个富有争议性的主张存在很多批评意见，本书要关注的是所有批评性文献中那些基于对人类道德生活之特性而展开的批评。其中有四种重要的批评意见构成本书考察的对象。之所以说这些批评意见比较重要，是因为这些批评者不是借用某种现成的学说观点，而是基于各自所发展的道德或者法律理论系统的基本逻辑所延伸出来的，因此具有十分重要的理论价值。接下来将对这些批评意见作

[①] See Ronald Dworkin, *Law's Empire*, Cambridge, Mass.: The Belknap Press of Harvard University Press, 1986, p. 94.

初步观察，以便我们可以针对这些批评，对德沃金的整全法理论作进一步梳理。

第一种是基于道德怀疑论对法律上唯一正确答案命题的批判。此类批评的代表是约翰·麦凯在1977年发表在《哲学与公共事务》（*Philosophy & Public Affairs*）期刊上的《第三种法律理论》（*The Third Theory of Law*）一文中的论述。麦凯主张，由于道德判断具有不可化约的主观因素，如果德沃金的整全法理论允许法官作出道德判断，那么，在其关于法律是什么的陈述中就会不自觉地注入相应的主观性。[①] 这种立场认为，尽管人们日常所提出的道德主张典型地包括了对自身客观性的主张，但是人们对这种客观性的信念却是一种误解。进一步说，依照道德判断作出判决的法官，无论他们如何真诚地相信他们主张的命题为真，此种信念也不过是一种自我欺骗。法官实际上所做的是通过他们主观性的道德判断制定了新的法律，这不是一个发现预先存在的法律的过程。总之，鉴于道德判断必然具有的主观性，包含道德判断的司法裁判无法主张其立场的客观性，或者唯一正确性。

第二种批评意见是对法官进行道德理论探究的怀疑论。有两种批评意见都认为法官不适宜从事德沃金所推崇的那种"理论化"的研究，它们分别是理查德·A.波斯纳的法律实用主义，和凯斯·R.孙斯坦的未完全理论化协议理论。两位学者都反对法官从事道德理论的建构，他们认为法官既没有必要去做这种工作，也没有能力从事这一工作。这两种理论都希望能够免除法官从事复杂道德论证的沉重负担，帮助他们以更具可行性和更快捷的方式来审判。

第三种批评意见是斯科特·夏皮罗和杰里米·沃尔德伦分别基于道德分歧与法律功能的分析提出的批评。夏皮罗的主张可被集中概括为"法律规划理论"（Planning Theory of Law），其内容是：法律

[①] See John Mackie, "The Third Theory of Law", *Philosophy & Public Affairs*, Vol. 7, No. 1 (Autumn, 1977).

体系是社会规划的制度，它们的根本目标是去弥补合法性环境下其他规划形式的缺陷。① 法律规划理论支持法律实证主义立场。夏皮罗认为，德沃金的法律理论要求法官深入道德哲学和政治哲学探究来确定法律的内容，挫败了法律存在的目的，因而是错误的。沃尔德伦基于对现代立法机构特征的分析，为文本主义的法律解释提供了一种辩护。这一结论与德沃金的整全法理论对法律解释的看法针锋相对。除此之外，沃尔德伦还提出了一个主张威胁到了整全法理论，即他认为道德判断客观性即使是存在的，也不能够支持法官在判决中进行道德判断。

第四种是约翰·菲尼斯基于价值之不可通约性对德沃金唯一正确答案命题提出的批评。这种论证的出发点是，无论是在个人还是在社会生活的大多数情形中，我们要面对诸多不可通约的基本价值，此时存在若干不相容的正确选择。我们所能做的是避免作出坏的选择，在不同的好答案中选择一个，但无法觊觎某种最佳答案。因此，在这些情形中，说要寻找唯一正确答案是没有意义的。菲尼斯认为，意识到这种不可通约性对于我们理解伦理、政治和法律问题都是非常重要的，然而遗憾的是，在德沃金的整全法理论中它被严重地忽视了。一个案件之所以是疑难案件，正是由于其遇到了在若干不可通约的价值之间进行选择的问题，此时我们应当说存在若干正确的或者说若干"并非错误的"答案。②

通过对这些批评意见的初步观察可以发现，德沃金要能够成功地回应这些尖锐的批评意见，自己就必须有一套关于道德判断客观性以及它与司法裁判之关系的清晰看法。具体来说，他必须能够融贯地回答以下三个问题：（1）道德判断在什么意义上具有客

---

① See Scott J. Shapiro, *Legality*, Cambridge, MA: Belknap Press of Harvard University Press, 2011, p. 171.

② See John Finnis, *Philosophy of law*, New York: Oxford University Press, 2011, pp. 292-294.

观性？(2) 根据此种客观性概念，法官如何能够获得关于道德判断的正确答案？(3) 道德判断客观性的存在以及法官获得正确道德命题的能力，在何种程度上与法官在裁判中进行道德判断的正当性相关？

第三个问题较为容易，笔者首先在这里对该问题作出简单处理，然后在后文将关注的重点放在前两个问题上。根据德沃金所提出的正当权威理论，法律若要具有正当权威，那么它应当基于一套融贯的道德原则来对公民提出行动要求。于是，法官在识别法律的要求是什么的时候，就应当去追寻能够为法律体系提供最佳证立的融贯的道德原则。鉴于德沃金所树立的司法目标，他就必须能够说明法官应当如何认识什么是正确的道德原则。为了说明这一点，他就必须提出某种关于道德判断客观性和道德判断正确方法的说明。法官是否具有建构融贯道德原则的可能性，直接关系到他的理论是否具有可行性。而该理论能否具有可行性又反过来影响它作为指引法律权威行动的正当性。因为如果追求正确的道德判断是一个法官在理论上根本无法实现的目标，那么比起准许法官对案件作出无理擅断，似乎还不如禁止他们进行道德判断。可见，德沃金是否能够成功地对道德判断客观性和道德判断方法作出说明，对于证立他的裁判理论，尤其是对于证立他那两个富有争议性的命题来说是关键性的。接下来，我们就仔细梳理一下德沃金在这两个问题上的论述。

第四节 整全法裁判理论的道德哲学根基

一 道德在什么意义上具有客观性

(一) 价值领域的独立性

德沃金对道德判断客观性的论证有两个关键步骤：第一步是要论证道德与伦理问题是关于"我们应当去做什么"这个不可逃避的

问题中的一部分。① 他通过列举和分析人们在人工流产问题上可能采纳的所有立场，来指出人们无论如何无法回避在实践问题上选择立场。一种怀疑论立场主张人们在人工流产问题上没有对错之别，由于此种怀疑论者认为自己是基于某种经验事实来作出主张，因此会认为自己所说的"在人工流产问题上没有对错之别"并不是一个道德主张。但德沃金认为，不管这种怀疑论基于何种理由来支持"在人工流产问题上没有对错之别"这个命题，这都是一个道德问题上的实质立场。②

笔者认为德沃金此处的论述不太容易理解，更像是简单地陈述一个断言。笔者愿尝试略作补充展开。如哈佛大学哲学教授克里斯蒂娜·科尔斯戈德（Christine Korsgaard）指出的："人类心灵是自我意识的，因为它在本质上是反思的。"③ 人因为具有使反思成为可能的心灵结构，而具有同低等动物非常不同的特征。动物能够感受外部的世界，也能够感受到自身的需要和欲望，并去实现这些欲望。但是，对于动物来说，"知觉就是它的信念，它的欲望就是它的意志"④。但是人类却与动物不同，人类能够从他的欲望中后退一步，对这些欲望进行反观、审视与考量。这种心灵结构给人类提出了一个其他动物不会遭遇的问题，即"规范性问题"。我们可以发现自己有某种欲望、冲动，但是我们可以后退一步，与它们形成一定距离，然后审视它们。我们会问自己，这个欲望真的就是一个行动理由吗？只有在我们认可它是一个理由之后，我们才能行动。换言之，在伦理与道德问题上，我们必然面临选择，回避选择实际上也构成了一个选择。如此看来，前述怀疑论立场本身也提出了一个实践方案，

---

① See Ronald Dworkin, *Justice for Hedgehogs*, Cambridge, Mass.: The Belknap Press of Harvard University Press, 2011, p. 25.

② Ibid., pp. 43–44.

③ ［美］克里斯蒂娜·科尔斯戈德：《规范性的来源》，杨顺利译，上海译文出版社2010年版，第106页。

④ 同上。

不论其基于何种理由。因为我们终究要决定去做什么，哪怕我们决定不去选择，只保留着悬置选择的状态，这也是一种实践选择。并不存在一个让我们人类逃离实践选择的出口。

第二个重要理论工具是休谟原则。休谟原则的内容是，关于"世界是怎样的"命题，其作为科学或者形而上学命题，单凭其自身不能够证明关于"世界应该如何"的命题。休谟发现，人们在谈论道德问题时存在着这样一种极为奇怪的现象：在一开始，他们谈论的是上帝的存在问题，或者是人情事物的情况，这些命题使用"是"或者"不是"这样的连系词。但令他感到吃惊的是，在接下来的谈话中，命题突然变成由"应该"或者"不应该"这样的连系词构成的句子。"应该"或"不应该"表达的是一种新的关系，它如何从前面关于是与不是的表述中推论出来，就需要加以哲学说明。[①]

为什么说包含了"应该"的句子表达了一种新的关系呢？此类命题究竟包含了何种"是"命题中所不具有的要素呢？德沃金没有进一步展开。我们可以借助理查德·麦尔文·黑尔（Richard Mervyn Hare）对道德语言的分析来理解休谟的意思。黑尔认为价值判断中包含了"规定因素或赞许因素"，他说道："价值术语在语言中具有一种特殊功能，这就是赞许的功能；所以很明显，我们不能够用它本身并不能发挥这种功能的词来定义价值术语；因为如果这样做，我们就会被剥夺发挥这一功能的手段。"[②] 根据黑尔的论证，有些人之所以好像能够从一个描述性陈述推出一个价值判断，是因为他已经在前提中埋伏了一个价值判断。诸如"自然的""正常的""令人满足的"或"人类的基本需要"等表述，并不是在中立地说明单纯的事实，而是包含价值判断的。由于"应当"的命题中包含了

[①] 参见［英］大卫·休谟《人性论》，关文运译，商务印书馆1980年版，第507页。

[②] ［英］理查德·麦尔文·黑尔：《道德语言》，万俊人译，商务印书馆1999年版，第89页。

"是"命题中所不具有的评价性因素,因此,必须对这两类命题作严格区分。

结合实践选择问题的无可逃避性与休谟原则,我们可以理解德沃金主张的合理性。德沃金提出了"价值独立性命题":价值问题是一个独立的思想领域,对价值问题的回答必须在这个思想领域之内寻找答案,而不是在外部。① 这个命题的提出是为了驳斥那种总是希望为价值判断寻找非价值判断根基的观点。我们很自然地会认为,关于事实的问题,必须用事实来回答;关于事实的主张,必须用事实来证实或者否定。这使我们产生了一种思维惯性,即我们会认为所有的命题都必须有一个事实基础使它为真,从而也希望为价值判断寻找非价值判断的根据,千方百计地寻找可以依赖的事实。需要说明的是,本书并非在主张,一个具体的价值判断可以不依赖任何事实来获得。事实上,一个完整的价值判断,确实是需要事实支撑的。比如,"我应该读这本书"这个价值判断,当然要依赖诸如我是一个哲学研究者,以及这本书是康德所写的《道德形而上学奠基》这样的事实。但是,单凭这些事实,也不能使得我们充分得出"我应该读这本书"这个判断,除非补充上诸如"哲学研究是有价值的探究活动",或者"康德的《道德形而上学奠基》是一部优秀的哲学著作"这些规范性前提。而这又进一步依赖为何哲学探究是有价值的这一规范性判断。回答可能是,哲学探究是有价值的,因为它能够帮助我们反思既有观念,使得它更具有清晰性、融贯性、系统性。我们仍然是诉诸了诸如清晰、融贯与系统的思想是值得拥有的这样的价值判断。总而言之,要获得一个规范性结论,对某种规范性前提的预设是必不可少的。因此说,规范性命题是不能从单纯的事实性前提中推出的。

---

① See Ronald Dworkin, *Justice for Hedgehogs*, Cambridge, Mass.: The Belknap Press of Harvard University Press, 2011, p. 24.

（二）适合于道德领域的真理观念

德沃金主张，我们应当去界定一个适合于道德领域的真理观念。德沃金推荐了早先罗尔斯所提出的反思平衡方法，这种方法建议将我们自己的认识论视为一个整体的相互支撑的探索活动的一部分。当建构某一研究领域的认识论时，我们应当认真对待这一思想领域中通常被认为是正确的信念，对这一思想领域命题真假判准的建构，应当能够说明这些通常被认为是正确的信念何以为真。我们不应无视这些通常被认为是正确的具体信念，而先验地或者抽象地为这一思想领域树立真理的判准。任何领域的认识论都必须充分内在于这个领域已有的具体信念，以提供理由去检验、修正和废除这些信念。以此种方法建构的真理观，其具体命题与命题真假的判准形成相互支撑的结构。在这个意义上，我们可以说："整个知识结构要么一起矗立，要么一起崩塌，就像穹顶结构一样。"① 根据这种建构方法，我们必须依赖那些通常被认为是典型正确的道德命题来建构与之相适应的道德真理观。由于道德主张没有作出因果性主张，诸如可证实性这样的真理判准不能有效地检测这些主张，因此并不是恰当类型的判准。

那么，究竟什么是适合道德领域的真理观呢？在德沃金看来，"如果一个价值判断是正确的，那么一定有理由使之正确，它不可能当然正确（just true）"②。"在正式科学和非正式的科学领域，我们寻求证明命题的证据（evidence），而在价值领域，我们寻求的是证明命题的理由（case）。"③ 但是，德沃金的这些论述会让人产生一个困惑，如果每一个道德判断都需要进一步的道德理由来证明，那么

---

① ［美］罗纳德·德沃金：《客观性与真：你最好相信它》，沈宏彬、夏阳译，载郑永流主编《法哲学与法社会学论丛》（总第17卷），法律出版社2012年版，第79—80页。

② Ronald Dworkin, *Justice for Hedgehogs*, Cambridge, Mass.: The Belknap Press of Harvard University Press, 2011, p. 114.

③ Ibid., p. 116.

这些道德理由自身又不可能当然正确，它们又需要进一步的道德证明，这个过程如何才是终点呢？对于这个问题，德沃金建议我们将自己的道德信念设想为一个庞大的相互联系同时又相互依赖的思想体系。我们要证明这个网络中的任何部分，只能依赖于这个思想网络的其他部分，直到我们的这些信念能够相互支持。"任何道德判断的正确性都依赖于无数其他道德判断的正确性。并且这一道德判断的正确性也构成证明其他道德判断之正确性的部分依据。"[1] 事实上，我们不仅需要道德信念相互支撑，还要求道德信念同我们拥有的其他相关的规范性领域相容，因为道德只是价值的一个分支。这种构想道德真理的方式被德沃金称为"价值整体主义"（value holism）[2]。显然，我们无法一蹴而就地获得这种意义上的真理，这个过程必然是一个循序渐进、不断追求更高整体性和融贯性的过程，是一个我们更负责任地担当起道德责任的过程。

二 道德原则的认识方法

价值独立性命题逻辑上蕴含了"价值的相互依赖命题"：价值判断彼此相互支持，它们之间不是直线性地推导的关系。[3] 有人会认为在价值判断上，如果我们不断追问其前提，就会导致无限倒退，终究无法为价值前提找到一个根基。此种对价值判断前提进行无限追问是没有道理的。因为我们之所以要思考价值判断问题，并不是单纯追求逻辑关系的智力游戏。严肃的价值判断问题之所以产生，是因为我们遇到了实践上选择的困境。当我们认为两种不同的伦理或者道德要求好像产生冲突的时候，才会想到要去追问为什么我们要相信这些要求的可靠性，是否有哪种道德要求并不真的成立。如果

---

[1] Ronald Dworkin, *Justice for Hedgehogs*, Cambridge, Mass.: The Belknap Press of Harvard University Press, 2011, p. 117.

[2] Ibid., p. 120.

[3] Ibid., p. 10.

我们的问题是因此产生,那么解决的途径就是达成信念上的和解,也就是通过调整原来对某种信念的理解,或者放弃某信念,重新达成良心的和谐安宁。

根据德沃金的看法,道德原则是包含诠释性概念的共享道德规范,道德原则中所包含的"言论自由""职业自由""人格权"等概念应作为"诠释性概念"(interpretive concept)来理解。[①]"诠释性概念"是指从概念的功能上对概念作出的一种界定,与标准型概念和自然种属概念相对。当我们讨论诠释性概念内涵的时候,是在反思并且争论某项实践对我们提出何种要求。当我们在争论诠释性概念的内涵时,都能够认同它们代表着某种价值,分歧在于这种价值究竟是什么,以及这种价值要求我们以何种方式加以响应。当我们提出对这些概念的不同理解时,采取了不同的实质性立场,而不可能是一种中立的、单纯描述性的立场。当我们为这些概念进行界定的时候,实际上争论着关于"言论自由""人格权"这些诠释性概念的不同的概念观,争论着何种概念说明能够使得它的价值得到最佳体现。[②]

在有了"诠释性概念"这个概念工具后,如何确定道德原则的内容就比较容易了。认识一种道德原则的要求,就是对其中所包含的诠释性概念进行诠释。诠释方法是德沃金在《法律帝国》中首次系统阐释,并在之后的著作中不断发展和应用的关于解决社会实践之价值和要求问题的方法论。当我们对一项承载人类价

[①] 诠释性概念是与标准型概念(criterial concepts)和自然类型概念(natural kind concepts)相对界定的概念,关于这几种概念的详细区分,参见 Ronald Dworkin, *Justice in Robes*, Cambridge, London: The Belknap Press of Harvard University Press, 2006, Introduction, pp. 9-11。

[②] "概念"(concept)与"概念观"(conception)是德沃金在《法律帝国》中贡献的另一对重要的分析工具,"概念"是争议各方关于诠释性概念核心结构的无争议抽象共识,"概念观"是争议各方关于该诠释性概念所指涉的社会实践之价值本旨及其要求的分歧,参见 Ronald Dworkin, *Law's Empire*, Cambridge, Mass.: The Belknap Press of Harvard University Press, 1986, pp. 70-71。

值追求的社会实践对我们提出的具体要求发生分歧时，就可以对命名该实践的诠释性概念进行诠释，或者说是对该项社会实践的诠释。简单来说，诠释分为如下几步：第一，确定诠释性概念指涉实践的一般抽象特征；第二，为具备该抽象特征的实践赋予价值证立；第三，以之前所确定的实践本旨来调整对实践要求理解。① 例如，当我们在对言论自由这一诠释性概念进行诠释时，首先，要观察人类在保护言论自由方面的社会实践的典型特征，以保证我们是在对言论自由进行说明，而不是在对别的什么价值进行说明；其次，为拥有该特征的实践提出价值上的最佳证立，我们必须暂时依赖那些我们认为经得起反思的相关价值，例如思想交流、繁荣文化的价值，或者是自主的价值，或者是人格权的价值等；最后，再根据我们对保护言论自由这一社会实践的本旨的理解，调整我们在保护言论自由具体要求上的看法，譬如我们可能在这个阶段上得出这样的理解，即言论自由原则并不允许人们在公开出版物上称他人是"残废"。

通过前述分析，我们更为全面地理解了德沃金的正确答案命题。我们可以借助科尔斯戈德提出的一个区分，来进一步明确德沃金在何种意义上主张存在正确的道德命题和法律命题。科尔斯戈德将凡是认为道德命题可以有正确答案的人都称为"实在论者"（realism），根据认为道德命题之所以为真的方式，她将道德实在论区分为程序性的道德实在论（procedural moral realism）和实质性的道德实在论（substantive moral realism）。② 前者的观点是，因为存在正确的方式解答道德问题，所以道德问题是有正确答案的。后者的观点是，由于存在道德问题所询问的某种事实，所以道德

---

① See Ronald Dworkin, *Law's Empire*, Cambridge, Mass.: The Belknap Press of Harvard University Press, 1986, pp. 65–66.

② ［美］克里斯蒂娜·科尔斯戈德：《规范性的来源》，杨顺利译，上海译文出版社 2010 年版，第 40—42 页。

问题有正确答案。程序性道德实在论者认为，存在解答道德问题的正确的或最好的程序，存在获得关于正当和善等道德概念的恰当方法，进而存在运用这些道德概念的正确方式，当这些道德概念被正确应用时，就可以说包含它们的道德命题是正确的。实质性实在论者认为，因为有独立于这些程序的某种事实存在，才使得一个符合这种事实的道德命题为真。实质性实在论将回答道德问题的程序视为认知世界某一部分的过程，因此将提出道德命题视为寻找和描述世界的知识性探究活动的一个分支。以这个界分为参照坐标，可以定位德沃金的道德哲学立场。德沃金基于休谟原则拒绝实质性道德实在论，支持一种程序性道德实在论，并进而支持一种法律上的程序性实在论。

三 法官的道德推理：一种有限度的追求

通过前面的分析可以看到，德沃金建议我们使用诠释方法来认识道德原则。需要继续追问的是：法官从事道德推理，同道德哲学家研究道德推理有什么不同？法官在司法裁判中从事的道德推理是否完全雷同于德沃金前面的道德诠释？如果是相同的，这是否对法官的道德推理能力和工作量提出了不合理的要求？

整全法要求法官尽可能地将法律解释为从一组融贯的道德原则出发来向人们提出行动要求，虽然这个任务看上去十分繁重，但是德沃金认为，他所提及的并不是一个不具可行性的要求。普通的法官以局部优先性方式开始道德推理，除了考虑直接适用于手头案件的制定法和判例外，他们不需要去作进一步的考虑。当然，他们在处理案件的时候可能会发现，一个在局部教义领域无可争议的法律主张，遭遇了一个统治更广法律实践领域的高层次法律原则的挑战。那么他们就需要对这个局部教义的正确性进行反思，以使它能够同对法律体系有着更普遍证立的道德原则相一致，这可以被称为"由内而外"的推理方式。德沃金所塑造的理想型法官——赫拉克勒斯——具有天才式的能力，他是与前述方式相反的方向进行推理的。[①] 他不是从较具体的问题推进到更广以及更抽象的层次上，而是以"由外而内"的方式来推理。在他审理第一个案件之前，便已经建构出一套宏大的、可以在后续裁判中一直适用的理论。他将所有问题统一编制进一个无所不包的知识体系中，当他面对案件时，就可以从容不迫地应用这套知识体系。因此，他能够以"由外而内"的方式处理案件。

相比而言，现实的普通人、律师和法官无法以赫拉克勒斯的方式来处理案件。我们是"由内而外"来推理的，即从实际落到我们手上的具体问题开始，不断追溯证立自身立场的深层次一般性理由。我们所进行的探究的范围也会很有限，一方面是时间有限，另一方面也受到我们实际能够碰到的和想到的论据的限制。现实的普通法官从具体问题和论证入手，在遇到与其他原则矛盾的时候，才会去思考更广法律实践所包含的抽象原则。但是，在赫拉克勒斯和普通法官所进行的法律推理之间并不存在本质上的不同。我们需要赫拉克勒斯这个法官理想型的理论建构，用于说明法官进行道德论证的方法，明确他们努力的方向，也为人们评估他们工作的成功与失败提供判准。可以说，法官的推理越接近赫拉克勒斯，那么他所解读的法律就越能够具有正当权威。

综上，我们初步梳理了德沃金在三个递进问题上的基本看法。第一，他认为道德判断能够拥有客观性，尽管这不同于描述性命题拥有客观性的方式。我们对道德判断客观性的理解必须适应道德判断的性质，并且能够使我们从事道德推理的活动具有重要的意义。第二，他提出了指引法官作出正确道德判断的方法，这种方法就是对道德原则中的道德概念作出诠释，诠释的目标在于根据符合与证立的标准来发现关于这一道德概念的最佳概念观。第三，他为法官

[①] See Ronald Dworkin, *Justice in Robes*, Cambridge, London: The Belknap Press of Harvard University Press, 2006, p. 54.

在司法裁判中所能够追求的道德判断正确性的程度提出了现实的要求。法官应以赫拉克勒斯为理想模型,在现实的能力、时间等因素的约束条件下,尽可能地追求法律整全性的理想,促进法律的正当权威。梳理他的这些基本看法,为我们在后文考察他是否能够应对批判者的尖锐指责作好了准备。

第 二 章

道德怀疑论与司法裁判

　　本书首先关注一种基于道德怀疑论对德沃金整全法裁判理论提出的批判。批判者认为，如果法官可以基于道德判断来裁判案件，那么判决就不可避免地具有了主观性，判决的主观性与德沃金的正确答案命题相斥。此种道德怀疑论版本似乎对我国法律人在司法判决客观性问题上的看法具有极大影响。在我国的法学界，无论是法教义学者还是社科法学者都对法官的道德判断持有不信任态度，而他们对道德判断之客观性怀疑的理由，又经常是道德判断不可能具有自然科学命题所能够拥有的那种客观性。① 德沃金发展出了十分精致复杂的论证来反驳这种版本的道德怀疑论，值得我们对其论证脉络和说服力作一细致考察和反思。这一章将首先梳理麦凯基于道德怀疑论对整全法提出的批评，然后考察这种批评所依赖的伦理学基础，最后通过批判这种伦理学基础，为德沃金的裁判理论作出辩护。

---

① 参见桑本谦《法律论证：一个关于司法过程的理论神话——以王斌余案检验阿列克西法律论证理论》，《中国法学》2007 年第 3 期；陈金钊《实质法治思维路径的风险及其矫正》，《清华法学》2012 年第 4 期。

第一节　麦凯对整全法理论的批评

一　总体评价：根基可疑的第三种法律理论

麦凯将德沃金的法律理论称为"第三种法律理论"，用以突出它同自然法理论与法律实证主义皆有不同。[1] 麦凯所说的自然法主要是威廉·布莱克斯通（William Blackstone）式的自然法理论，该理论主张自然法是由上帝颁布的，它在任何国家和任何时代都具有普遍效力。自然法的效力是最高的，人定法的效力与权威完全来自它的自然法本源，如果人定法（human laws）同自然法相冲突则不具效力。根据自然法理论对自然法与人定法关系的理解，要求法官根据他对自然法的理解来评价人定法，在它们与自然法相冲突的时候否定它们作为法律的地位。麦凯认为德沃金的法律理论同自然法理论的不同之处在于，这一理论并没有"上帝颁布自然法"这一观念，而是认为所有的法律都是人类制定的法律。当我们问"法律是什么"这个问题的时候，所问的一定是某个特定社群的人定法。因此，确定法律的内容是一个经验性任务，而不是像自然法理论所理解的那样是一个先验推理的问题。由于强调确定法律内容依赖于地方性经验事实，麦凯认为德沃金同法律实证主义的立场存在共通之处。但是，他注意到德沃金的主张又同实证主义有若干重要差异，其中最大的不同就在于德沃金反对实证主义所坚持的法律与道德相分离命题。德沃金主张在疑难案件中法官需要寻找能够对既定法律作出最佳解释和证立的理论主张。德沃金认为，法官需要作出实质的道德判断，寻找他认为正确的真正道德，而不是仅仅适用既有惯习性道德（conventional morality）或者被广泛接受的社会规则。在此意义上，法官的工作包含了一个道德维

---

[1] See John Mackie, "The Third Theory of Law", *Philosophy & Public Affairs*, Vol. 7, No. 1 (Autumn, 1977).

度,而这一点恰为法律实证主义立场所反对。

麦凯对德沃金法律理论在总体上的评价是:这一理论要求法官对传统材料和数据进行更为慎思和更具进取心的处理,但是这种处理是否得当是存在疑问的。① 整全法理论允许法官的良心和道德慎思更多地介入对案件的决定,而人的情感偏见、知识背景和所处社会的意识形态等,都会极大地影响他们的道德立场。当然立法者也可能会受到这些影响,所以我们是否赞同整全法支持的裁判风格将取决于我们对立法者、执法者和司法者的了解和判断。我们需要思考,根据他们通常的工作方式和他们容易受到的影响,他们之中谁更应该被托付独立决定的权力?麦凯对此没有给出答案,他只是试图澄清这是我们在决定法官裁判风格时必须要考虑的问题与作出的选择。

麦凯在文章结尾处的这些说法,似乎只是想要提示我们在评价德沃金法律理论的优劣时必须要考虑的问题。然而,笔者认为,他在文章中的论述表明他并没有真正打算仅仅论证这样一个受限制的主张,而是要从描述的准确性上和价值的吸引力两个方面来严厉地批判整全法。麦凯认为,德沃金的法律理论既是描述性的也是规范性的,该理论既希望对英美法律体系实际上存在的法律程序和法律推理给出贴切如实的描述,同时也希望这种法律实践背后的价值能够被我们明确地理解,从而自愿地遵从。② 这意味着,为了考察整全法理论成功与否,我们既需要关注它是否在描述层面上为真,还需要关注它作为一个实践方案的建议是否具有吸引力。麦凯认为德沃金的整全法理论在描述维度和规范维度上都不成立,接下来,我们依次梳理他在这两个维度上提出的批评意见。

二 整全法裁判理论在描述维度上存在缺陷

麦凯从几个不同的角度批评了德沃金的整全法理论在描述维度

---

① See John Mackie, "The Third Theory of Law", *Philosophy & Public Affairs*, Vol. 7, No. 1 (Autumn, 1977).

② Ibid.

上欠缺准确性,其中与本书主题最为相关的一种批评是,德沃金没有看清楚当法官以他所建议的方式进行裁判时所可能达成的实际结果。[1] 根据德沃金的观点,法官在判定法律是什么的时候需要思考从道德角度上如何使相关法律实践成为最佳。这种关于"最佳"的判断,并不是对那个社会传统道德观念的简单报道,而是要确定究竟什么是真正的道德或者说是批判的道德所要求的行为。麦凯认为,这种类型的道德判断必然具有不可化约的主观因素,德沃金对这一点的否认不可能获得成功。麦凯承认,我们每个人在作出道德判断和主张的时候,确实都会主张自己的立场是"客观的",但是他认为,此类对客观性的主张只是不可能为真、不切实际的宣称而已。进一步说,依照道德判断作出判决的法官,无论他们如何真诚地相信并且严肃地主张他们的判决是客观的、正确的,这种信念也只能是对自身主张之性质的误解。

麦凯认为,由于德沃金没有认识到道德判断的主观性,这导致他对法官实际上在做什么给出了一个错误的描述。[2] 在疑难案件中,法官通过运用他们主观的道德判断制定了新的法律。在这个过程中,是法官的道德观念最终决定了什么成为法律,因此,我们应当说,法官实际上从事的是一项立法活动,而不能认为它是一个发现预先存在的法律是什么的过程。假定赫拉克勒斯和另一位法官都遵循着德沃金提出的方法来裁判,他们会根据各自的道德观念进行推理,很有可能的是,他们最终在法律是什么问题上得出不同看法。尽管他们都会十分真诚地主张自己发现的就是客观存在的法律,但是,他们实际上都误解了自己主张的性质,因为他们所依赖的基础——道德判断——不能够决定一个客观上事先存在的法律。那种实际案件中最后胜出了的主张会将最终决定案件的结果,并因此有机会成

---

[1] See John Mackie, "The Third Theory of Law", *Philosophy & Public Affairs*, Vol. 7, No. 1 (Autumn, 1977).

[2] Ibid.

为正式的法律。最终决定案件结果的法官实际上做的是立法工作，尽管他们可能真诚地相信自己是在适用法律而不是在立法。通过依赖他们的主观性道德判断，他们为之前不存在相关法律规定的案件作出了决定。在这之前，法官并没有一个义务以特定方式决定这个案件，也没有任何一方当事人有要求法官以特定方式判案的权利。

三 整全法裁判理论在规范维度上存在缺陷

麦凯进一步指责德沃金的裁判理论作为一种规范性理论也不能够成立。他通过考察德沃金关于美国历史上的一个具体案件的讨论方式来展开批评。[①] 德沃金认为，法官应当像他所建构的理想型法官赫拉克勒斯那样来审理案件，他以美国历史上关于《奴隶逃亡法案》的违宪审查案为例来展示这种方法的运用。在这个案件中，尽管有两位法官都强烈地认为奴隶制在道德上是错误的，但却都执行了《奴隶逃亡法案》，将被指控的逃亡奴隶从废除奴隶制的州遣返回他们逃离的州。这两个法官可能认为，法官的责任就是执行既有法律，不管他们认为法律同他们自己的道德信念有多么相悖。但是，德沃金认为此案的判决是不正确的，甚至可以说法官在本案中的推理其实是法理学上的失败。在这个案件中相关的法律究竟是什么并非确定无疑，这是一个相当有争议的案件。德沃金指出，如果审理本案的法官采用了他所推荐的整全法理论，他们就会发现，在美国宪法的基本结构中存在一个反对奴隶制的个人自由原则，这种原则会支持法官抵制《奴隶逃亡法案》。因为政府在奴隶问题上所达成的妥协方案不过是个别性以及暂时性的政策，相比于此，个人自由原则显然更构成了美国法律精神的核心，因此，法官完全可以基于个人自由原则拒绝执行《奴隶逃亡法案》。

麦凯却并不认为本案中法官的判决有何不妥，这些法官正是在

---

① See John Mackie, "The Third Theory of Law", *Philosophy & Public Affairs*, Vol. 7, No. 1 (Autumn, 1977).

恰当地履行他们适用既有法律的法律义务,这个义务要求他们不能以自己的道德观点来取代法律的规定。[①] 他对德沃金的分析提出疑问:此案中的法律是否真的像德沃金所说的那样是"不确定的"呢?他认为德沃金的裁判理论经常将在法律实证主义者看来已经是清晰的法律视为没有确定下来的问题,这使法律的适用变得更不确定。当然,麦凯承认法律从来就不是完全确定的,理性的法官在疑难案件上可能存在很大分歧,无论他们持有什么样的法哲学立场。但问题在于,德沃金的理论引入了一种新的不确定的来源。一般来说,法官在从先例推导出一个一般性规则的过程中是存在不确定性的,但是德沃金不仅要求法官提炼规则,还要求他们对这些规则背后的一般抽象原则作出道德思考,这就新引入了一个更大程度的不确定性。这就是为什么他要说德沃金"把法律当儿戏"(play fast and loose with the law)的原因。他认为,疑难案件中法律的确定性仅仅是个神话,接受这一神话有三个不良后果:第一,它会混淆既定法律与未定法律之间的界限,将一个原本简单的案件变成疑难案件;第二,这个方法会鼓励法官对法律进行整体性处理,即让非常一般性的原则在具体案件中发挥作用;第三,它会鼓励法官依赖他们必然是主观性的道德判断来处理法律问题。

通过上文分析,我们看到麦凯的批评基本上是围绕着整全法理论中一个看似自相矛盾之处来展开的,这个矛盾就是既主张法官进行道德判断,同时又主张包含道德判断的司法裁判可以具有确定性。在麦凯看来,一旦司法判断包含了道德判断,它就不可避免地具有了主观性,因此再妄图寻求确定性就是不可能的。麦凯的这个批评意见强烈地依赖于他对道德判断之性质的理解。为了更好地理解和评估他的批评意见,我们必须搞清楚他所说的道德判断的"主观性"究竟是什么意思。接下来

---

① See John Mackie, "The Third Theory of Law", *Philosophy & Public Affairs*, Vol. 7, No. 1 (Autumn, 1977).

我们将通过探究麦凯的道德哲学理论来回答这个疑问。

第二节　麦凯对道德判断客观性的拒绝

麦凯在《伦理学：发明对与错》（*Ethics：Inventing Right and Wrong*）这部颇具影响力的哲学著作中系统地辩护了一种道德怀疑论立场。他首先区分了一阶与二阶道德命题，然后为一种作为二阶道德命题的道德怀疑论立场作出辩护，其最为主要的论证是"误差理论"（error theory）。接下来将对他的论证作以梳理。

一　一阶与二阶道德命题的区分

麦凯明确地说他的观点是"道德怀疑主义"。为了澄清自己的立场，他首先区分了几种不同意义上的道德怀疑主义，并指出他所支持的道德怀疑主义是二阶道德怀疑主义中的一种。[①] 一阶道德怀疑主义认为，对道德所有讨论都是毫无意义的废话。这样一种主张可以有三种理解可能：第一种，主张者真的拒斥所有的道德判断；第二种，主张者以自己独特的道德判断，对习俗上被称作道德的东西表达否定态度；第三种，主张者所拒斥的不是所有道德，而是通行于他所在社会的特定流行道德。总之，无论在哪种意义上来理解，它们表达的都是"一阶的道德观点"，采取了某种实践性的、规范性的立场。而二阶的道德怀疑主义是站在一个非实质道德立场的位置来批评各种道德主张。关于道德的二阶问题可以有多种，它既可以是有关道德概念术语的含义与用法的语言学问题，也可以是关于一阶道德陈述所指涉的事物的本质和地位的存在论问题。麦凯所支持的道德怀疑主义立场是对后一种二阶问题的回答，即"关于道德价值

[①] 参见［澳大利亚］约翰·L. 麦凯《伦理学：发明对与错》，丁三东译，上海译文出版社2007年版，第7页。

的地位和道德评价的本质的观点，是关于它们在什么地方以及如何适用于这个世界的观点"①。关于一阶道德主张与二阶道德主张之间的关系，麦凯认为，它们不但是有所区别的，而且完全相互独立。比如，一个人可以是一个二阶道德怀疑论者，但不是一个一阶的道德怀疑论者。这是说他可能持有某个很强的道德观点，但是与此同时他认为这些道德观点不过是他个人所持有的态度而已。或者一个一阶的道德怀疑论者可以不是一个二阶的道德怀疑论者，这意味着他拒斥所有既定道德，他认为"当前所有道德观念都是邪恶的"这个命题是一个客观真理。

　　道德主观主义与道德怀疑主义是什么关系？是否一个道德主观主义者一定是道德怀疑主义者？反之又如何？麦凯对道德主观主义可能具有的几种含义作了区分，以更为准确地定位自己的确切立场。② 道德主义可能是一阶的道德主观主义，即认为每个人应当去做他认为自己该做的事情。它也可能是二阶的道德主观主义，这种立场又可以进一步作区分。一种主观主义提出语言学上的论题，诸如主张"这个行为是正确的"意思是"我赞成这个行为"，或者一般地说"道德判断等于对言说者自身情感或态度的报告"。还有一种二阶主观主义提出存在论命题，它主张不存在某种客观的价值，尽管许多人曾经相信它们存在。此种意义上的道德主观主义通常也是道德怀疑主义者。因为如果认为我们所有的道德陈述都是主观的，则可以推出道德怀疑主义。但反过来的推导则不成立，对客观价值之存在的拒斥并不能使人对道德陈述意味着什么有任何特殊观点。由于说道德价值不是客观的，就是说它们是主观的，因此可以把"道德主观主义"作为"道德怀疑主义"替代名称接受下来。但要注意这种道德主观主义不是指语言学论题意义上的道德主观主义。鉴于

---

① ［澳大利亚］约翰·L. 麦凯：《伦理学：发明对与错》，丁三东译，上海译文出版社2007年版，第4页。

② 同上书，第6—7页。

以上一系列区分，我们可以这样概括麦凯的立场：麦凯是一个二阶的存在论意义上的道德主观主义者，也是一个二阶的道德怀疑主义者；或者说，他基于自己二阶的道德主观主义立场，而成为二阶的道德怀疑主义者。

二 误差理论

麦凯道德怀疑论的核心是"误差理论"。这一理论主张，虽然大多数人在作出道德判断时都暗自主张自身立场的客观性，但是这些主张全都是错误的。[①] 误差理论包含两个部分，一是承认人们对客观价值的强烈信念深深地被嵌入他们的道德思想与道德语言中。它承认西方道德哲学的主流传统都主张存在客观价值，例如，亚里士多德认为我们可以认识和确定幸福是什么，康德认为定言命令不仅是绝对无条件的、命令式的，而且还是客观的。此外，我们也可以发现，在日常道德语境中，"善"被当作好像是在指涉一种非自然的性质。二是认为，以上这个人们习以为常、根深蒂固的信念是假的。可见，这个理论的目标是要反对人们关于道德理解的"常识"，指出这种常识存在的"错误"，因此被称为"误差理论"。[②]

麦凯为这个主张主要提供了两个方面的论证。第一，从相对性方面进行论证。众所周知，不同社会与时代背景下的人们，或者共同体中不同群体和阶层之间的人们，在道德信念上存在广泛差异。麦凯认为这些描述性的真理或者说人类学事实，可以间接地支持二阶的主观主义，因为"一阶道德判断之间的根本区别使得我们很难把那些判断作为是对客观真理的把握"[③]。当然，麦凯也注意到，意见分歧的广泛存在并不足以证明一个思想领域缺乏客观性，例如在

[①] 参见［澳大利亚］约翰·L. 麦凯《伦理学：发明对与错》，丁三东译，上海译文出版社 2007 年版，第 25 页。

[②] 同上书，第 38—39 页。

[③] 同上书，第 25 页。

历史学、生物学或宇宙学等学科里面，同样存在诸多分歧，但是通常我们却并不认为这些分歧能够证明这些思想领域不存在客观性。要论证道德领域中的意见分歧能够支持对该领域客观性的否定，还需要指出道德领域上的分歧同这些思想领域中的分歧有什么重要不同。麦凯认为，人们在这些学科上所出现的意见分歧，是各方在缺乏充分证据的情况下作出的不同理论推理或者假设，而道德上的分歧却不能如此解释，道德分歧似乎反映的是人们对不同生活方式的坚持和参与。在道德上，"因果联系似乎主要是那个方式倒过来的情况：人们赞成一夫一妻制是因为他们过着这种一夫一妻制的生活，而不是他们过着一夫一妻制的生活是因为他们赞成一夫一妻制"①。麦凯试图主张，是现成的道德实践决定了人们的道德态度。"简言之，从相对性方面进行的论证具有某种说服力，这仅仅是因为道德规范中的实际变化，与通过它们表达了对客观价值的知觉（这些知觉中的大多数都是非常不充分的，是被糟糕地歪曲了的）这个假设比起来，更容易通过它们反映了生活方式这个假设得到解释。"② 是什么导致了人们在道德问题上的意见分歧与变迁？如麦凯所说，如果认为这些变化是由对客观价值的知觉导致的，这似乎十分荒谬。不如说，这些意见分歧与变迁是由既定生活方式来决定的。

这种论证存在一种可能的反对意见：我们说具有客观性的那些道德原则，都是非常一般化的基本原则，这些原则在几乎所有社会中都是被承认的，在这些原则上，麦凯所说的广泛分歧并不存在。麦凯的回应是，如果批评者打算坚持此种论证路线，那么他们必须坚持说，只有在这些一般化的基本原则中，"客观的道德特性才直接地附属于它在描述上特殊化了的基础或主题；而其他的道德判断只不过是派生性地、偶然地才是客观有效的或者是真的——假如事情不是如此，那

---

① 参见［澳大利亚］约翰·L. 麦凯《伦理学：发明对与错》，丁三东译，上海译文出版社 2007 年版，第 26 页。

② 同上。

么相当不同类别的行为就将会是正确的了"①。他主张，人们判断某些东西是好的或者是正确的，不是因为它们例示了一些一般原则，而是因为，"与那些事物有关的某个东西在他们之中直接地引起了某种反应，虽然这些事物在其他人那里会引起根本上无法避免的不同反应。和'理性'比起来，'道德感'或'直觉'是对那支撑着我们大部分基本道德判断的一个内在的更加合乎情理的描述"②。因此他的结论是：从相对性方面进行的论证依然具有完全的力量。

第二，从怪异性方面进行的论证，麦凯认为这是更加重要的论证。这个论证包括形而上学的部分和认识论的部分。③ 这个论证用了归谬式的推理，尝试展示假如我们接受道德上存在正确答案的主张，会导致我们在形而上学和认识论证作出十分荒谬的预设。从形而上学方面来看，假如我们主张世界上存在客观价值，那么我们就是在主张这世界上存在着非常奇怪的一类实体、性质或者关系，这些东西完全不同于宇宙中我们所熟知的任何其他东西。从认识论方面来看，假如我们能够意识到这一类奇怪实体的存在，那么我们就预设了我们具有某种特别的道德知觉或者直觉能力，它完全不同于我们认识其他事物的通常方式。麦凯认为，人们多会觉得直觉主义的形而上学与认识论观点很荒谬，但是直觉主义的核心论题实际上是任何关于价值的客观主义观点最后都默默坚持的东西，直觉主义只是把其他形式的客观主义所掩饰起来的预设，令人不快地展现得清清楚楚。因此，虽然"奇怪的实体"与"特别的直觉"是模糊不清的说法和站不住脚的回答，客观主义者还是不得不求助于它们，并且还是不自知地求助于它们。

对于麦凯这个从怪异性方面进行的论证，存在一个重要反驳。

---

① ［澳大利亚］约翰·L. 麦凯：《伦理学：发明对与错》，丁三东译，上海译文出版社 2007 年版，第 27 页。

② 同上。

③ 同上书，第 27—28 页。

道德客观主义者会承认麦凯的指控，但是他们会"在错误中寻找同伴"，也就是指出麦凯的指控也适用于那些人们通常认为具有客观性的思想领域。比如，理查德·普赖斯（Richard Price）就试图论证，如果我们像洛克和休谟一样坚持严格的经验主义立场，那么我们不能解释的不仅仅是道德知识，实际上也不能解释我们所拥有的很多其他重要概念，诸如数量、差异性、时间和空间的必然存在及其无限延伸、必然性与可能性等。也就是说，如果经验主义者认同这些概念的知识地位，他就没有充分理由反对道德的知识地位，因为他们都不是以直觉方式获得的，经验主义者不能用双重标准来评价它们。麦凯认为，回应这个批评的思路是论证我们能够在经验主义的基础上构造一个能够说明我们这些知性观念的解释理论。麦凯认为这是可能的，我们完全可以用单纯的经验术语对这些知性概念作出令人满意的解释。而如果有一些知性概念，诸如假定的形而上学必然性或者本质观念，无法用经验术语解释，这些观念就应该同价值客观性一样是应该予以抛弃的错误观念，就都是我们基于怪异性论证应予以反对的观念。[①] 值得注意的是，麦凯的立场不同于逻辑实证主义对伦理客观性的批评。逻辑实证主义认为，道德判断是无意义的主张。但麦凯认为，我们不应当说"存在客观的价值"这个主张是无意义的，而应当说它是假的。

第三节 麦凯对整全法理论的批判并不成功

麦凯的立场是一种典型的外在怀疑论立场，他试图基于非道德的理由，或者说形而上学的理由，来为道德怀疑论辩护。笔者认为，对于麦凯基于道德怀疑论对整全法理论提出的批判，我们可以借助德沃

[①] 参见［澳大利亚］约翰·L. 麦凯《伦理学：发明对与错》，丁三东译，上海译文出版社 2007 年版，第 28—29 页。

金的道德哲学给出有效反驳。在接下来的论证中，笔者将首先回顾德沃金在《法律帝国》中对这种外在怀疑论的反驳，这在第一章中我们已经作了初步了解。然后，笔者将考察德沃金在《客观性与真：你最好相信它》（Objectivity and Truth: You'd Better Believe It）一文中和《刺猬的正义》这部著作中，他如何从不同角度深化了之前的观点。

一 内外怀疑论的区分以及外在怀疑论的两难

（一）区分内在怀疑论与外在怀疑论

德沃金对道德怀疑论的批判在《法律帝国》中得到初步展开。在这本著作中，德沃金首先一般性地探讨了针对诠释事业的怀疑论问题，将道德怀疑论视为其中的个例，对诠释怀疑论的批评当然适用于对道德怀疑论的批评。区分外在怀疑论与内在怀疑论，是其展开批判的基础性一环。区分两者首先需要理解德沃金所说的"诠释"活动究竟为何。诠释方法是德沃金在《法律帝国》中首次系统阐释，并在之后的著作中不断发展和应用的关于解决社会实践之价值和要求问题的方法论。当我们对一项承载人类价值追求的社会实践向我们提出的具体要求发生分歧时，我们就以对表示该实践的诠释性概念进行诠释的方式来对该项社会实践加以理解。简单来说，诠释分为如下几步：第一，确定诠释性概念所指涉之实践的一般抽象特征；第二，为具备该抽象特征的实践赋予价值证立；第三，以前一步骤所确定的实践本旨来调整对实践之具体要求的理解。[①]

外在怀疑论与内在怀疑论是基于对诠释事业态度不同所作的区分，外在怀疑论是处于诠释事业之外的怀疑论，内在怀疑论是处于诠释事业之内的怀疑论，即基于实质性立场来支持其对其他实质观点的怀疑立场。[②] 在这本书的前言中，德沃金概括了他反对怀疑论的

---

① See Ronald Dworkin, *Law's Empire*, Cambridge, Mass.: The Belknap Press of Harvard University Press, 1986, pp. 65-66.

② Ibid., p. 79.

主要理由：这些批判者未能理解关于正确答案的争议真正涉及什么。批评者未能正确理解如果要把怀疑论的命题，当成反对他所捍卫之法理论的任何论证，那么该争议必须用何种理由予以支持。德沃金认为，这个争议真正涉及的是道德而非形而上学，而且就作为一种道德主张而言，怀疑论立场毫无说服力。① 他简明扼要地指出两种怀疑论的各自存在的根本缺陷：外在怀疑论的缺陷在于它误解了正确答案命题的性质，因此它的批评是无关的；而内在怀疑论的缺陷在于其作为一种实质性的道德立场不具有道德吸引力。我们接下来将聚焦于德沃金反驳外在怀疑论批判的初步尝试，以及其对外在怀疑论的一般性批评在道德领域中的意涵。

（二）外在怀疑论对道德判断客观性主张的误解

就像我们在麦凯的误差理论中所看到的那样，外在怀疑论试图在各种具体实质道德立场之外来反对道德主张的客观性。外在怀疑论认为，当我们主张一个道德判断为真时，就是在对某个特殊形而上道德实体的描述。由于并不存在这样的实体，因此认为在道德判断问题上存在正确答案的看法是错误的。德沃金的批判策略是，通过揭示和批判这种怀疑论的两点错误假设来否定它。外在怀疑论的两点假设是：（a）道德判断是关于某种形而上学意义上的特殊道德实体的描述；（b）当人们作出道德判断时，对其主张可能提出的唯一论证方法是通过指出某种相关特殊实体的存在。

德沃金首先指出外在怀疑论的第一个预设是错误的，因为当我们在主张一个道德判断为真时，并不是在对某种奇怪的实体进行描述。② 要说明这一点，就必须区分两种不同性质的命题，一类是关于"世界是如何"的形而上学命题，另一类是关于"世界应当如何"的道德命题，第二类命题是独立于第一类命题的，不能将道德命题

---

① See Ronald Dworkin, *Law's Empire*, Cambridge, Mass.: The Belknap Press of Harvard University Press, 1986, ix.

② Ibid., pp. 79-81.

理解为对某种实体的描述。其次，外在怀疑论第二个预设也是错误的，其误解了当我们在坚持自己道德主张的客观性时，我们究竟在坚持什么。当我们宣称自己的道德主张具有客观性时，是在重复那些道德主张，或许较精确地讲，就是用来强调或限定它们的内容，即我们强调自己是在作道德主张，而不是在谈论个人的品位。外在怀疑论却认为我们在为自己提出的道德或诠释性主张赋予某种不寻常的形而上学基础。在德沃金看来，当我们主张"奴役他人在道德上是错误的"时候，并没有打算通过向他人证实某种实体的存在来论证这个道德命题。实际上，对于证立此类命题来说，唯一恰当的证据类型就是某个实质性道德论证。

（三）外在怀疑论的两难困境

通过区分形而上学命题与道德命题，进而区分外在怀疑论与内在怀疑论，德沃金为外在怀疑论设置了一个它必须作出的选择。要么它承认自己是一种形而上学主张，如果是这样，那么它就未对任何实质性道德立场构成威胁，因为它们是两类不同性质的主张，不能构成相互敌对的立场。要么它就承认自己是一种实质性道德主张，那么它就变成一种内在怀疑论立场，这样的话它就不能默认为真，同样需要与其他道德主张一同竞争，也就是必须同样通过提供进一步的实质道德论证来为自己的全面内在怀疑论立场辩护。这种选择构成了外在怀疑论必须面对的两难困境。

在这两难之间，德沃金认为外在怀疑论只能选择后一种。外在怀疑论其实并非一种单纯的形而上学主张，它是一种实质性的道德立场，实际上具有内在怀疑论的力量，它反对任何肯定性的道德主张。但是，它会坚持自己是基于某种非道德理由来反对任何肯定性的道德主张，这是与内在怀疑论的不同之处。[1] 比如，它会基于这样一个它认为是非道德理由的基础来论证其实质道德立场，诸如指

---

[1] See Ronald Dworkin, *Law's Empire*, Cambridge, Mass.: The Belknap Press of Harvard University Press, 1986, pp. 80-85.

出人们在道德问题上存在大量分歧，不同文化有不同观点，因此在道德问题上没有正确答案。德沃金敏锐地指出，外在怀疑论所依赖的前提实际上并非他们自以为的"非道德主张"，而是一个普遍且抽象的道德立场，诸如"只有当道德主张来自特定社群之传统习俗时，这些主张始有真正的道德拘束力"，或者"除非道德信念在任何文化中都可能被接受，否则这些信念就是假的"。[1] 那么，外在怀疑论这些前提预设就不可能不容置疑或是先验的，它需要站得住脚的道德论证。这一判断从德沃金的如下预设而来：对于任何实质性道德立场来说，都需要通过实质性道德理由提供论证，而不能通过指出何物存在来进行证实。鉴于外在怀疑论实际上是一种实质道德立场，并且必须依赖于实质道德理由来证立自己，那么对它的恰当理解是应当将之改写为内在怀疑论。

德沃金的这个论证，可能让一些人觉得困惑，有两个地方需要补充更为精致的论证：第一，为什么说外在怀疑论是一个实质性道德立场？难道它不是像麦凯所说的那样是一个二阶的哲学主张，并因此中立于所有的一阶道德立场吗？第二，为什么说一个实质性道德立场的证明必然依赖于其他道德立场？德沃金似乎只提出了一个断言，而没有对此展开哲学上的详细说明。下文通过考察他在其他地方的进一步论述来考察他对这两个问题的回答。

二 质疑外在怀疑论之中立性与朴素性

德沃金在《客观性与真：你最好相信它》一文中，对《法律帝国》中略显粗糙的主张提供了进一步的论证。他在此明确地总结了外在怀疑论的两个基本观点，即对自身立场之中立性与朴素性的坚持，并论证了外在怀疑论对中立性与朴素性的声称不可能为真。最后，他还对外在怀疑论的重要哲学基础——一阶命题与二阶命题的

---

[1] See Ronald Dworkin, *Law's Empire*, Cambridge, Mass.: The Belknap Press of Harvard University Press, 1986, p. 84.

区分提出批评,从而釜底抽薪式地驳斥了它。

外在怀疑论宣称自己的立场是中立的与朴素的(austere)。所谓"中立的"是说它在实质的道德争论中并没有选边站,主张自己是在提出关于所有一阶道德判断的二阶主张。所谓"朴素的"是主张他们的怀疑论不依赖于任何肯定的、实质的道德判断,而是依赖于某种哲学分析。具体来说,它所依赖的论证是,并不存在客观的道德实在"在那儿"与道德信念相符合,并由此认为关于道德的客观真只是一个幻象。初看上去,它似乎确实不是一个道德信念或者主张,它建立在某种特殊的哲学平台上,站在这个超然的平台上,哲学家可以俯瞰作为整体的道德。这种立场看上去有着很强的吸引力。一方面,中立性让其在主张道德判断时避免给人一种傲慢自大的感觉,这使得外在怀疑论者可以像往常一样坚持自己的道德主张,谴责那些他们认为道德上错误的事情。似乎他们只要补充说"这仅仅关于他们个人持有的信念",而不声称这些信念的客观真,似乎就可以显得彬彬有礼。另一方面,外在怀疑论试图用朴素性来赋予自身以哲学上的深度,保证自己不会陷入自相矛盾。外在怀疑论主张其立场独立于任何肯定道德主张或前提之上,这样它就可以严厉地拒绝认可肯定性道德判断的客观真,而不会自相矛盾,因为它的根基是哲学。① 德沃金意图否定其中立性与朴素性,进而消除外在怀疑论的这种表面上的吸引力。接下来对他的论证作以梳理。

(一) 对外在怀疑论中立性的质疑

德沃金尝试以一个具体的道德争论的例子来指出外在怀疑论其实是一种实质性的道德立场。假设如下一种情形,一个胎儿被诊断出有严重的畸形,我们要思考和决定从道德上如何指引和评价这种情形下的人工流产行为。逻辑上可能存在如下几种立场:A 主张此情形下有道德理由禁止人工流产;B 主张有道德理由强制人工流产;

---

① 参见 [美] 罗纳德·德沃金《客观性与真:你最好相信它》,沈宏彬、夏阳译,载郑永流主编《法哲学与法社会学论丛》(总第17卷),法律出版社2012年版,第55页。

C 主张此情形下既不应当禁止人工流产也不应当强制人工流产，而是允许人工流产；D 主张前三种立场都是错的，因为基于某种哲学上的根据，道德判断不可能为真或为假。比较容易看出来的是，C 的立场同 A 与 B 的立场一样并不是中立的，它选择了对行动直接产生了影响实质立场，即认为像前两者那样干涉一个人工流产决定是错误的。从表面上看，D 的立场似乎在性质上与 A、B、C 皆有根本性不同，因为 D 试图站在一个与这三种实质性道德主张都不同的哲学平台上来批评之前的所有道德立场。D 特别强调了他是基于某种哲学上的根据，来主张道德判断不可能为真或者为假的，这使得它相较于前三者更具有某种超然性。但是，在德沃金看来，此处的关键是要说明，尽管 D 的立场显得更具有哲学味儿，但实际上它也不是真正中立的，因为它与前三者一样影响着现实的行动选择。德沃金如何实现这一目标呢？

德沃金采取的反驳策略是，通过证明 D 所批评的对象必然是实质性道德立场，D 作为与之针锋相对的反命题，就必然也是实质性道德立场。换言之，从逻辑上看，外在怀疑论者如果要论证自己不是一个实质性立场，它就需要说明其批评的对象与我们所主张的所有一般性的实质性道德主张完全不同。我们首先可以构想出 D 的反命题，这个命题主张，人工流产"的确"或"客观上"是道德上错误的。从表面上看，它似乎想比"人工流产是道德上错误的"这个命题作出某种进一步的主张，因此构成与 D 相对应的一种"深度主张"（further claims）。[1] 我们对于深度主张可以提出的两个问题。第一，我们是否能够找到一种可能的转译，将它们表达成肯定性道德判断？比如，我们是否有可能在转译深度主张后发现，它们是对诸如"人工流产行为是道德上错误"一类主张的重述、澄清或者强调？如果我们能够办到这一点，那么关于这些深度主张的怀疑论命题也

---

[1] ［美］罗纳德·德沃金：《客观性与真：你最好相信它》，沈宏彬、夏阳译，载郑永流主编《法哲学与法社会学论丛》（总第 17 卷），法律出版社 2012 年版，第 58 页。

都是道德参与性的,而非中立性的。这些怀疑论命题就构成一种实质的道德判断,是对"人工流产行为是错误的"这个一阶道德主张的怀疑论。第二,我们是否能够找到某种方式,将深度主张转译为某种哲学命题,使其不会变成一个一阶道德命题?如果我们对后一个问题的回答是否定的,那么 D 的反命题深度主张的中立性就是虚假的,我们就进一步可以得出 D 的中立性是虚假的。①

开始,德沃金提出,对第一个问题给予肯定回答是很自然的。他首先从正面阐述了深度主张的性质是实质的道德主张,人们在进行深度主张时,不过是在对一阶命题进行重述、澄清、阐述或扩展,而并非在提出某种性质上完全不同的主张。深度命题"人工流产真的或者客观上是道德上错误的"这一主张,不过是对"人工流产是错误的"这个一阶命题的澄清性的、加强式的、比喻式的重述。当我们用严肃而郑重的口吻说"人工流产真的或者客观上是道德上错误的"的时候,这只不过是带着真诚而迫切的心情主张"人们流产是错误的"这个实质立场。一些其他的深度主张或许看上去比原初的一阶命题增加了什么,但实际上并没有。人们在道德语境下使用"客观的""真正的""确实的"等副词的时候,是为了将这些观点与另外一些他们认为是"主观的"观念作出区分,后者只不过是个人的喜好问题。因此,当我们说人工流产是客观上错误的,对此最为自然的理解,是我们在向他人强调我们并不是以看待个人品位那样的方式来看待自己关于人工流产的观点。我们所要强调的是,没有道德理由允许人工流产(或者我们有道德理由允许人工流产),这一立场的真伪并不依赖我们或者其他任何人的反应与品位。我们要说的其实不过是,就算没有人这么想,人工流产也是错误的。因此关于这种主张的怀疑论,也就是它的反命题,也必然是一阶的、参

---

① [美]罗纳德·德沃金:《客观性与真:你最好相信它》,沈宏彬、夏阳译,载郑永流主编《法哲学与法社会学论丛》(总第 17 卷),法律出版社 2012 年版,第 58—59 页。

与性的,而非二阶的、中立性的。德沃金说道:"如果我们以这种方式解读,且如果基于阿基米德式的怀疑论而拒绝它们,则阿基米德怀疑论本身并非道德中立。如果深度主张说'人工流产的确或客观上是错误的'意味着人工流产是错误的,甚至某时某地人们并不认为它错误,而阿基米德拒绝这一深度主张,他就是在主张否定性的道德判断,即认为没有道德理由反对该社会准许人工流产。"① 德沃金所说的"阿基米德怀疑论"指的就是深度主张的反命题,之所以如此称呼它,是因为这个词传达了这种命题试图使自己站在一个中立的观点上。但是,如德沃金所批评的,这只是自称的中立,而非真正的中立。德沃金此处的论证逻辑有些曲折,但是理顺以后可以发现它是说得通的。他的目的是论证自称为立场中立的怀疑论并非真的中立,他的论证策略是构造出这种怀疑论的反命题——深度主张,然后通过论证深度主张不是中立的,来论证这种怀疑论立场不是中立的。

接着要考虑的是第二个问题,我们能否找到一种对深度主张的可信解释,使其能够被视为一个二阶的、非实质道德立场的命题,而不是一个实质性的一阶道德命题吗?德沃金驳斥了各种通过寻找对深度主张的其他解释来证立其二阶命题属性的可能策略。② 第一种解释策略主张,由于深度主张可以被解读为关于道德判断的元伦理学的、哲学的命题,而非价值判断本身,因此这种深度主张的谬误也就存在于哲学层次而非实质性的道德立场。在这种理解之下,深度主张被视为一种形而上学立场,即它主张了宇宙中存在某种道德属性,而阿基米德怀疑论者会提出针锋相对的形而上学立场。德沃金认为这种策略回避了我们要面对的实质问题,我们要关注的真正问题是,能否将这些哲学转述理解为"除了"一阶评价性主张之外

---

① [美]罗纳德·德沃金:《客观性与真:你最好相信它》,沈宏彬、夏阳译,载郑永流主编《法哲学与法社会学论丛》(总第 17 卷),法律出版社 2012 年版,第 80 页。

② 同上书,第 62 页。

的主张，而深度主张只是将一般的一阶命题转化为看上去更哲学化的命题而已。纵然深度主张借用了形而上学的行话来修饰自己，但是它并不能往普通的一阶主张中真正添加或者减少什么实质内容。虽然它看上去更哲学化，但是这并不能减弱它的评价性。因此，我们无法通过将深度主张解读为更为哲学化的命题而将之理解为二阶命题。

第二种对深度主张的解释策略是主张道德属性是一种区别于事物自身所具有的初级特性的次级属性，德沃金论证了其失败。[①] 有的哲学家区分了事物的初级属性——事物自身所具有的性质，诸如金属的化学属性，以及事物的次级属性——事物在有意识的生物身上引发的特定感觉或者反应的能力。比方说臭鸡蛋的化学结构是它的初级属性，它引发人们恶心的属性属于次级属性。类似地，有些哲学家认为道德属性是事物所具有的次级属性，诸如种族灭绝的邪恶性存在于它在人们身上所引起的愤怒之中，如果它没有引发人们的这种反应，它就是不邪恶的。以此为对照，深度主张可以被理解为前述观点的反对者，它主张道德属性是事物或者事件的初级属性，而不仅仅是在人们身上引发特定反应的倾向。我们现在要考虑的是，作如此理解之后，深度主张是否就会成为某种外在的、二阶的主张，而不再是任何实质的一阶道德主张呢？德沃金认为，一些认为道德属性是次级属性的人，确实在道德争论中有自己的立场。根据这种立场，假设我们发现人们没有为种族屠杀感到愤怒，那么种族屠杀就不是道德上错误的了。德沃金敏锐地指出，"如果种族屠杀不再引起人们的愤怒，那么它就不再是邪恶的"这一命题，本身既是实质性的又是富有争议性的。事实上，争论道德属性是不是初级属性本身是一个实质性的道德争论。可见，将深度命题转化为非实质道德

[①] 参见［美］罗纳德·德沃金《客观性与真：你最好相信它》，沈宏彬、夏阳译，载郑永流主编《法哲学与法社会学论丛》（总第17卷），法律出版社2012年版，第63—64页。

立场的第二种策略也失败了。

第三种解释策略将深度主张解读为道德事实和道德信念之间存在直接的因果性符合，它也同样并不成功。[①] 阿基米德主义者经常说，深度主张具有误导性，因为这些主张宣称自己的道德信念与某种事物的道德状态相符合。但是，德沃金认为，"人工流产是错误的这一命题是符合事实的"这一说法，不过是在以一种啰嗦的方式来表达"人工流产是错误的"。所谓"符合"一词的含义，通常被理解为一种因果关系上的主张，诸如我们说复印件与原件相符合，这里包含的意思是，原件在我们制作复印件的过程中扮演了原因的角色。那么，我们是否能够以类似的方式来理解深度主张呢？即认为它们是由某种道德事实所导致的？如果能，阿基米德式的怀疑论或许就可以用这样的方式来表明自己的中立性，即坚持当它宣称道德信念不符合任何实在的时候，它仅仅是在拒绝这种因果性关系的存在，而非道德信念本身。但是，只有当深度主张所持有的因果性命题断言了道德命题产生对受众的影响时，这个策略才会起作用。这种主张道德属性能够对人产生直接影响的观念，假设了宇宙内部存在某种特殊的粒子，能够以自身的能量建立某种神秘场域，一劳永逸地解决了关于道德与不道德行为的区分，并且能够以一些方式与人类的神经系统发生交互，使得人们意识到这些行为的道德与不道德。德沃金将此种理解方式称为"道德场域"命题（"moral-field" thesis）。他尝试指出这种道德场域命题的荒诞性。根据这一命题，如果有人认为他的道德信念是由道德粒子直接引起的，他会将这种交互视为对其道德信念的辩护。但是，这并不符合事实上人们对深度主张进行辩护的方式。而即使可以将道德场域命题归于深度主张，也并不会将之转换为中立的二阶命题，因为道德行为的善恶存在于

---

① 参见［美］罗纳德·德沃金《客观性与真：你最好相信它》，沈宏彬、夏阳译，载郑永流主编《法哲学与法社会学论丛》（总第17卷），法律出版社2012年版，第64—65页。

道德场域之中这一观点本身也是实质的道德主张,并且还是个十分荒诞可笑的道德主张。

最后一种策略认为深度主张都是二阶的,因为其隐含了对道德分歧和错误的最佳解释。该解释策略认为,提出深度主张的人预设了与其持有不同观点的人必然存在信息不足或者能力缺陷,因此深度主张是一个二阶命题。这个解释策略也不成功。注意到如下两个命题之间的不同是十分重要的。其一,持有不同道德信念的人,有理由试着解释为什么人们不同意他们。其二,持有不同道德信念的人,有理由断言必然存在一个特定解释来说明为什么他人不同意自己,甚至他们还不知道这个解释究竟是什么。前一个命题是正确的。比如我们可能尝试指出有些人无法进行一以贯之的推理,或者他们过于关注个人利益而无法进行公道的考量,或者指出他们对于他人的痛苦过于迟钝,等等。如果我们能够更好地解释他人何以持有他们的观点以及其中导致他们错误推理的因素,我们就会对自己的观点抱有更多的信心。但是,第二个命题并非第一个命题的推论,它是一个错误的命题。人们没有理由对他人的道德思考作出考察之前,就预设反对者必然缺乏他们自己拥有的信息,或者是有智力上或是性格上的缺陷。如德沃金所指出的,尽管深度主张的确主张道德事实独立于人类意志且预设了人们形成表征或符合道德事实的能力,但此处"道德观念符合道德事实"并没有解释什么,仍然只不过是在强调、澄清自身的内容。当我们说自己提出的有关人工流产的观点符合道德真理的时候,我们并没有对我们与他人之间分歧的成因作出任何解释。[1]

综上,德沃金通过反驳四种将深度主张解读为二阶中立主张的尝试,指出人们想要坚持一种阿基米德式的中立是十分困难的。任

---

[1] 参见[美]罗纳德·德沃金《客观性与真:你最好相信它》,沈宏彬、夏阳译,载郑永流主编《法哲学与法社会学论丛》(总第17卷),法律出版社2012年版,第67—69页。

何试图构建这种中立性的解读方式，非常容易堕入道德场域命题这类荒诞的立场。

(二) 对外在怀疑论朴素性的质疑

麦凯提出了外在怀疑论无须依赖实质道德理由的两个论证，德沃金对这两个论证分别作出了反驳。在我们考察德沃金的反驳之前，首先需要作一点澄清。在《客观性与真：你最好相信它》一文中，德沃金判断麦凯是一位拒绝中立性但坚持朴素性的怀疑论者。因此他说麦凯是一位基于独立的、非道德的、哲学的论证来支持其怀疑论立场的外在怀疑论者。笔者认为，德沃金对麦凯的理解存在误区。如麦凯自己在《伦理学：发明对与错》中所明确表达的，他主张的是一个二阶道德命题。因此可以说，麦凯的怀疑论既坚持中立性也坚持朴素性，并用其朴素性来支持其中立性。下面要论述麦凯对外在怀疑论之朴素性的论证是失败的。

首先，我们来看麦凯认为外在怀疑论无须依赖实质道德理由来支持的第一个论证。麦凯认为，道德分歧广泛存在的事实说明没有道德主张能是真的。这个论证思路非常具有代表性，并且依赖于我们对人类道德生活现象的如实观察。人们在不同时间与不同地域下对于道德拥有众多分歧，在特定社群或者特定文化中的人们，也由于各自不同的生活经历和背景持有差异很大的道德观念。德沃金反驳说，分歧的存在可能提示我们需要检讨自己的观点，但是，有可能在检讨自己的观点之后改变它是一回事儿，而判定没有肯定性道德主张是对的则是另一回事儿。[1] 就像我们不能将自己认可的道德观点恰好被人们广泛支持这个事实，视为它们为真的依据，我们也不应当将道德分歧的广泛存在视为道德主张不可能为真的依据。这个对比说明，通常来说，基于道德多样性与道

---

[1] 参见［美］罗纳德·德沃金《客观性与真：你最好相信它》，沈宏彬、夏阳译，载郑永流主编《法哲学与法社会学论丛》（总第17卷），法律出版社2012年版，第74页。

德分歧来论证道德怀疑论尽管十分流行，但却是不完整的。因为，我们首先要解决的问题是，某个思想领域中观点的多样性是否足以担保对这个思想领域的怀疑论。在科学领域中，分歧的存在确实能够提示我们怀疑某个事实的存在。譬如，人们关于独角兽的体型和外貌存在广泛分歧，这使得我们认为事实上并没有独角兽存在。如果独角兽真的存在，并且人们真的能够见到它，那么关于它的报道就不会有这么多分歧。但是哲学领域或者道德领域却不同，我们没有办法从多样性中直接得出怀疑论。因为我们并不认为哲学观点是由哲学事实引起的，我们不会从哲学观点的多样性中得出结论说没有肯定性的哲学命题是成立的。对于道德命题来说也是如此。如果道德场域命题为真，即如果存在道德粒子担保了某些道德命题为真，并且这些粒子能够对我们的神经发生作用使我们认识这些道德命题的正确性，那么道德上的分歧，就会像人们在独角兽上的分歧一样，引发我们对它的怀疑。但是，在前面我们已经拒绝了道德场域命题，这样就切断了道德多样性和广泛分歧与怀疑论之间的任何关联。由此，我们可以将基于道德分歧广泛存在的论证丢在身后了。

其次，我们再来看麦凯认为外在怀疑论无须依赖实质道德理由来支持的第二个论证。基于道德属性具有"内在地激励性"（inherently motivating），麦凯主张客观价值的观点是古怪的，因为主张存在客观价值，就是主张所有知晓客观价值的人都会追求它，因为这个价值目标具有"被追求的性质"（to-be-pursuedness）。[1] 由于麦凯所说的"被追求的性质"过于模糊，德沃金首先区分了三种对于它的可能解释，然后一一击破。[2] 第一种可能的理

---

[1] 参见［澳大利亚］约翰·麦凯《伦理学：发明对与错》，丁三东译，上海译文出版社 2007 年版，第 29 页。

[2] 参见［美］罗纳德·德沃金《客观性与真：你最好相信它》，沈宏彬、夏阳译，载郑永流主编《法哲学与法社会学论丛》（总第 17 卷），法律出版社 2012 年版，第 76—77 页。

解是，如果任何人发现一个目标是善的，他就会自然产生一种情绪促使他追求那个目标；如果他发现一个目标是恶的，就会有一种情绪引领他拒绝那个目标。这种理解依赖于道德场域命题的正确性，如果道德场域命题为真，那么道德粒子的存在会使得人们被善所吸引而被恶所排斥。这种解释显然并不符合人们实际上的道德实践。我们知道自己持有的很多道德观点与他人不同，人们拥有不同的情感与冲动，这说明并不存在神秘的道德粒子决定我们的道德情感并进一步决定我们的行动。第二种解读假定人们关于善行的信念和实践善行的信念之间有必然联系，它主张一旦人们相信一个目标是善的或一个行动是错的，必然同时相信他自己应该以一定方式行动，否则就是自相矛盾。但德沃金指出，这是一个道德或者伦理判断问题，而非概念上的必然关联。麦凯却似乎倾向于将之理解为概念关联。道德义务会产生行动的道德理由，这正是道德义务的意义所在，这并没有什么好奇怪的。关于"被追求的性质"的第三种解读方式对前两种理解加以融合，恐怕是看上去最具信服力的一种解释。这种观点将道德能够产生内在激励的性质理解为，除非一个人真正感到朝某个判断指出的方向行动的动机，才能认为他真正接受了这种价值判断，否则就是没有接受。根据这种解读，如果我真的相信欺骗是错误的，将会感到一种决定性力量阻止我说出谎话，而不管是否还有其他方面的动机存在。德沃金认为这种理解也不是完全恰当的，因为一个怀有善行观念却不积极行善的人不代表他不深信行善是对的；而在不行恶方面，只有在排除了利益和偏好的考量之后，人们仍然表现出避免去做他们相信为恶之事，我们才会将这种行为归因于他在道德上的不做恶的信念，这种综合考察信念动机及意义的归因策略本身并没有什么不可理解之处，而这和客观善的观点也并不矛盾。

（三）德沃金对元伦理学的根本性批判

在《刺猬的正义》中，德沃金用更为简明直接的方法否定了外在怀疑论的中立性与朴素性，并进一步将对外在怀疑论的否定，扩展到在一般意义上否定元伦理学的基础。德沃金所理解的元伦理学是指，基于二阶的、非实质道德的立场的前提，诸如社会学、人类学、语言学的研究，来主张某种二阶的、哲学的、非实质性的、关于道德判断的哲学命题。一个元伦理学立场既可能支持道德判断存在客观性，也可能反对道德判断能够具有客观性，但他们都认为这两个主张是哲学上的主张，而不是一种道德问题上的实质立场。换言之，元伦理学坚持自己具有前文提及的中立性与朴素性。只不过在之前的论述中，德沃金攻击的仅仅是元伦理学上的怀疑论，而这回他要攻击的是全部的元伦理学，包括那种认为道德判断具有客观性的元伦理学立场。德沃金对元伦理学的批判包含两个重要环节：一是论证外在怀疑论必然采取了一种实质的一阶道德立场；二是基于休谟原则来论证任何实质一阶道德立场都依赖于其他实质道德主张。

　　首先，在对外在怀疑论中立性的批判中，德沃金再次以人工流产问题中几种可能存在的道德立场为例，通过表明任何一种可能的回答都是一种实践选择，来证明外在怀疑论本身提出了一种实质的道德立场。他构想了这样一种立场D，这种立场认为除自己之外的三种立场都是错的，这三种立场分别是：A：人工流产是道德上邪恶的；B：人工流产是道德上所要求的；C：人工流产是道德所允许的。D主张，这三种立场都是错的，人工流产既不为道德所禁止，也不为道德所要求，同时也不为道德所允许。D可能认为，由于它认为并不存在某种"就在那儿"的道德实体，因此他认为其他三人的立场都无法得到证明。但是，德沃金指出，目前重要的问题不是人们为其结论提出了什么理由，而是他们的结论。D与其他人一样，都回答了我们应当在人工流产问题上采取何种态度的问题。无论D提出什么样的理由来支持自己的立场，他的结论同其他人的结论在性质上都是相同的，也在道德问题上采取了一个实质的立场。笔者认同德沃金的这个论证，并且认为当代道德哲学的一些研究能够支持他的主张。当我们在人们有何种道德责任做某事的问题上提出主张时，就宣告了自己在这件事情上的态度，我们没有办法逃离实践选择，因此没有办法逃离道德判断。① 由于人是反思性动物，他在作出行动前必然会思考"他真的要这样做吗"，这个反思性问题一定会存在，直到他对这一反思性问题给出一个答案，否则他不能行动。② 基于人作为反思性动物的本质，人无法逃离实践选择的领域，在这个意义上我们可以说，其对道德问题的任何回答，都是一种实质性立场。

其次，德沃金运用休谟原则论证了实质性的道德立场必然需要依赖于其他的实质性道德立场。休谟原则坚持，从任何关于"世界是怎样的"命题，不借助某个价值判断，是无法推导出"世界应当是怎样"的结论。根据休谟原则，外在怀疑论作为一种实质性立场必然需要依赖于其他的实质道德理由，因此它宣称自己所依赖的理由是非道德理由，这是一个自我误解。德沃金试图用其直接简洁的逻辑将我们带向这样一个不可思议的结论：不仅外在怀疑论是应该抛弃的，那种试图站在哲学平台上来评价道德判断客观性是否可能的全部元伦理学也是我们应当抛弃的。诸如关于人类社会成员道德判断之特征及其变迁的人类学研究或者社会心理学研究，是关于道德判断的研究，这些研究本身并没有提出道德判断，它们都是有意义的研究。但是，"道德判断是否能够为真或者为假"这个问题，却是一个实质性的道德问题，而不是独特的元伦理学问题。③ 元伦理学从前一类研究推导出关于后一个问题的回答，根据休谟原则，这是不可能的。可以说，德沃金对元伦理学的批判是一个巨大的学术抱负，如果这个批判可以成立，将对我们看待伦理学的性质及其恰当

---

① See Ronald Dworkin, *Justice for Hedgehogs*, Cambridge, Mass.: The Belknap Press of Harvard University Press, 2011, pp. 43—44.

② 参见［美］克斯斯蒂娜·科尔斯戈德《规范性的来源》，杨顺利译，上海译文出版社 2010 年版，第 105—112 页。

③ See Ronald Dworkin, *Justice for Hedgehogs*, Cambridge, Mass.: The Belknap Press of Harvard University Press, 2011, p. 67.

的研究方式产生颠覆性的认识。也正是基于这一主张的颠覆性意义，我们必须对德沃金的观点和论证采取更为谨慎的批判态度，毕竟有如此多的伦理学家坚持元伦理学与规范伦理学之间的基本划分。因此，德沃金该论证是否真正站得住脚，还需要我们对元伦理学的立场作出更多同情式理解和全面把握后才能作出公道的判断，而这已经是本书无力承担的任务了。

三 外在怀疑论真理观之批判

（一）怀疑论与可证实命题

德沃金早在《原则问题》一书中的《疑难案件真的没有正确答案吗？》（*Is There Really No Right Answer in Hard Cases?*）一文就开始意识到怀疑论者会基于对真理的理解来批判他的正确答案命题。[①] 在这篇文章中，德沃金注意到，对"无正确答案命题"最具影响力的论证是来自分歧的论证。这一论证聚焦于法律命题经常是有争议的这个事实，由于每一方都没有办法证明其他人是错的，因此法律命题具有内在争议性，既不为真也不为假。这个论证实际上建立在一个可证实命题（demonstrability thesis）基础之上，该命题主张，假如一个命题无法被证实为真（be demonstrated to be true），即如果我们无法知道与命题为真相关的"硬事实"（hard facts），那么该命题便无法为真。其中，"硬事实"仅指物理事实和人的行为、思想和态度等事实。如果可证实命题为真，则肯定存在着无法给出正确答案的法律问题，因为我们无法找到某种与法律命题相对应的硬事实来证实法律的命题或者证伪它。[②]

德沃金对这一论证的回应是，或许我们能够证明存在硬事实之

[①] 关于这一问题的其他讨论，参见张帆《是"正确答案"，还是"唯一正解"？》，载陈金钊、谢晖主编《法律方法》（第 11 卷），山东人民出版社 2011 年版，第 124—133 页。

[②] 参见［美］罗纳德·德沃金《认真对待权利》，信春鹰、吴玉章译，上海三联书店 2008 年版，第 170 页。

外的事实，它们能够使得法律命题为真。例如，假设存在某种道德事实，它们并不是简单的关于物理世界的事实或者是关于人们行为、思想与态度状态的事实。当然，德沃金并非在柏拉图的意义上来谈论这些道德事实。他只是建议，我们应当设想这样一种理解道德判断的方式，即像奴隶制这样的社会制度可能是非正义的，它的非正义性并非由于人们认为它是非正义的，或者在某种社会传统观念来看它是非正义的，而是奴隶制就是不正义的。如果有这样的事实存在，那么即使当法律人关于法律命题有分歧，法律命题也可以为真。① 在德沃金早期的这篇文章中，他已经注意到了基于某种自然科学的真理观对诠释上的"真"所提出的挑战。他意图通过主张道德事实的存在，来说明道德主张乃至法律主张可以有正确答案，但是他所说的道德事实仍然是十分模糊的。道德事实这一概念似乎并没有起到帮助我们反对怀疑论的作用，毋宁说它只是提出这样一种可能，道德命题可能在某种与关于物理世界的命题不同的意义上为真。但究竟在何种意义上为真，德沃金在此处并没有说得很清晰。

（二）质疑符合论真理观的垄断地位

在《客观性与真：你最好相信它》这篇文章中，德沃金尝试结束他在《疑难案件真的没有正确答案吗？》一文中尚未完成的使命，即试图论证可证实命题所主张的那种符合论真理观并非唯一恰当的真理观。② 德沃金认为这种真理观在其建构过程中存在一个重要缺陷：它试图先验地、独断地建立所有被认为是可靠的信念所应当符合的判准，在建构的过程中无视这样的事实，即不同思想领域中命题其实关涉不同性质的内容，因此它没有能够对我们已经认为是可靠的诸多类型的信念提供说明。如吉尔伯特·哈曼（Gilbert

---

① 参见［美］罗纳德·德沃金《认真对待权利》，信春鹰、吴玉章译，上海三联书店2008年版，第171页。

② 参见［美］罗纳德·德沃金《客观性与真：你最好相信它》，沈宏彬、夏阳译，载郑永流主编《法哲学与法社会学论丛》（总第17卷），法律出版社2012年版，第79页。

Harman）就认为，除非一个信念反映了该信念所描述的事物的真实状态，否则我们不能认同它们的可靠性。德沃金指出，这种表述看上去确实适合于关于物理世界的信念。但是，之所以这个标准适用于评估有关物理世界的信念，是因为这些信念的内容就是关于可以同人类神经系统发生因果性交互关系的物体或者事件，因此把它用于作为此类信念可靠性的判准是十分合理的。但是，道德主张的内容不同于此，这就决定了我们不能将那一判准强加于道德判断。

那么，我们应当如何建构适用于特定思想领域的恰当的真理观呢？德沃金推荐了早先罗尔斯所提出的反思平衡方法，这种方法建议将我们自己的认识论视为一个整体性的相互支撑的探索活动的一部分。"认识论本身存在于我们各种观点之间的广泛和谐之中，并且其中没有内容能够自动且先行否决其他内容。"① 当建构某一研究领域的认识论时，我们应当认真对待这一思想领域中通常被认为是正确的信念，对这一思想领域命题真假判准的建构，应当能够说明这些通常被认为是正确的信念何以为真。我们不应当无视这些通常被认为是正确的具体信念，先验地、抽象地、独断地为这一思想领域树立真理的判准。任何领域的认识论都必须充分内在于这个领域已有的具体信念，以提供理由去检验、修正和废除这些信念。以此种方法建构的真理观，其具体命题与命题真假的判准形成相互支撑的结构。在这个意义上，我们可以说，"整个知识结构要么一起矗立，要么一起崩塌，就像穹顶结构一样"②。根据这种建构方法，必须根据那些通常被认为是典型正确的道德命题来建构与之相适应的道德真理观。由于道德主张没有作出因果性主张，诸如可证实性这样的真理判准不能有效地检测这些主张，因此可证实性并非是恰当类型

---

① 参见［美］罗纳德·德沃金《客观性与真：你最好相信它》，沈宏彬、夏阳译，载郑永流主编《法哲学与法社会学论丛》（总第17卷），法律出版社2012年版，第79页。
② ［美］罗纳德·德沃金《客观性与真：你最好相信它》，沈宏彬、夏阳译，载郑永流主编《法哲学与法社会学论丛》（总第17卷），法律出版社2012年版，第79—80页。

的判准。① 可以看出，德沃金已经找到了一条很有前景的论证思路来驳斥外在怀疑论，即我们没有理由认为，外在怀疑论所主张的判断命题真假的判准是用来衡量人类智识成果的唯一恰当判准。然而，此时德沃金还未能明确而全面地提出究竟应当如何根据道德思想领域的独特性来建构与之相适应的道德真理观。

（三）整体主义的道德真理观

在后来的《刺猬的正义》一书中，德沃金对真理的探讨更加深入，意图雄心勃勃地提出对真理的一般性哲学说明。② 他指出，我们看待真理可以有两种选择。一种选择是，我们让真理符合论或者某种其他的单一真理论穷尽我们对真理的理解，根据它来规定所有智识领域的任何种类的命题若能够被认为是正确都必须满足的条件。我们可以将不能满足这一真理观的智识领域降级，因为它们不具有"适真性"（truth-apt）。例如，我们可以根据符合论真理观认为道德就是典型的不具有适真性的思想领域，从而否定这个思想领域是可以产生真理的。另外一种选择是，尝试提出某个某种较为抽象的真理观，以使人们追求某种严肃认识的其他智识领域，也能够在某种意义上被认同为是追求真理的活动。我们可以将曾经被不同哲学家提出的真理理论，诸如冗余论、符合论、融贯论、实用主义真理观等视为是对那一抽象的真理理论在某个特定智识领域的具体应用。外在怀疑论支持者的大量存在反映了第一种选择的流行。当哲学家提出的真理理论很适合科学领域时，他们就宣称道德思想领域不具有适真性。但是，第二种选择具有明显的初始优势。它适合的实践范围要广阔得多，它能够使我们在道德、法律和其他思想领域也能够主张正确命题的存在。第一种选择忽视了提出一种真理理论时应

---

① ［美］罗纳德·德沃金《客观性与真：你最好相信它》，沈宏彬、夏阳译，载郑永流主编《法哲学与法社会学论丛》（总第17卷），法律出版社2012年版，第80页。

② See Ronald Dworkin, *Justice for Hedgehogs*, Cambridge, Mass.: The Belknap Press of Harvard University Press, 2011, pp. 176-177.

当加以解释的数据或者实例,而第二种选择却能够认真对待它们。德沃金建议,或许我们可以提出这样一个真理概念:以最抽象的形式将真理概括为,对于某个探究挑战的唯一成功解决方案。然后,我们就可以通过思考什么是适合于一个思想领域探究活动的成功标准,来建构适合于不同思想领域的更为具体化的真理观念。

真理是一个诠释性概念。据此,从这一真理观出发,我们获得了反驳外在怀疑论的力量。[1] 外在怀疑论认为道德判断不分对错的理由是,道德判断并不像事实描述那样有一个可见可触的有形物质实体以验证命题的真假。然而,只有哲学上过时了的逻辑实证主义真理观,才苛刻地认为仅有描述经验事实或者从事逻辑分析的命题才是有意义的,以及真理仅仅意味着命题与事实的符合以及逻辑上的必然推论。那种认为应当将任何命题都还原为自然科学式的描述性命题的做法,没有照顾到人类智识探究活动的多样性。在不同的研究领域里,探究活动的目标是不同的,针对这些探究活动的本旨,我们可以建构判断不同领域探究活动成功与否的不同标准,因此应当必须反对赋予某种探究活动目标与成功标准以独霸地位的做法。总之,实践诠释学为我们提供的智识成果,虽然并不追求通常描述性命题所要实现的符合论意义上的真理,但是它仍然是有着独特价值的研究活动,并且拥有适合于自身的成败评判标准。应当认识到道德思考领域的独立性,避免用自然科学上的真理观"殖民"道德判断领域。[2]

那么,究竟什么是适合道德领域的真理观呢?根据休谟原则,如果一个价值判断是正确的,那么一定有一个理由使之正确,它不可能"当然正确"(just true)。所谓"不可能当然正确",指的是价值判断总是需要进一步的理由来支持它,我们可以通过与事实陈述

---

[1] See Ronald Dworkin, *Justice for Hedgehogs*, Cambridge, Mass.: The Belknap Press of Harvard University Press, 2011, pp. 172–178.

[2] Ibid., pp. 417–419.

的对比来理解价值判断的这一特征。[1] 科学家的目标是寻找最基本的物理学、生物学和心理学的规律，我们可以想到在某一个点上，他们无法进一步解释原因，而是告诉我们："世界就是这样的。"他们能够向我们描述世界是如何运转的，解释事情的因果关联，但是他们无法告诉有什么理由使得世界成为这样。但我们无法想象一个道德哲学家会这样提出他的主张："我们的道德原则就是这样存在的，但是我们没法更多解释道德为什么就是这样要求我们的。"如德沃金所说，如果一个道德哲学家真的作出这样的主张，我们会感到很震惊：为道德原则提供支持性理由，哪怕是一个非常抽象的道德原则，这也是有必要的，拒绝提供进一步的理由是独断和不负责任的。[2]

德沃金进一步借助"证据"（evidence）和"理由"（case）之间的区分，来说明价值命题为真与自然命题为真的不同方式。"在形式科学和非形式科学领域，我们寻求证明命题的证据（evidence），而在价值领域，我们寻求的是证明命题的理由（case）。"[3] "证据"是证明一个自然科学命题为真的事实，是我们可以指给人看的某种实体或事件；理由是指辩护一个价值命题为真的进一步的证立，不是我们可以指给人看的某种实体。价值判断依赖于进一步的理由为它提供"证立"（justification），而不是依赖于诸如"道德粒子"（moral particles）这样的事实来证实（demonstrate）它。

但是，德沃金的这种解读会让人产生一个困惑，如果每一个道德判断都需要进一步的道德理由来证明，那么这些道德理由自身又不可能当然正确，又需要进一步的道德证明，这个过程如何才是终点呢？是否会陷入无穷倒退的窘境？德沃金建议我们将自己的道德信念设想为一个庞大的相互联系同时又相互依赖的思想体系。我们

---

[1] See Ronald Dworkin, *Justice for Hedgehogs*, Cambridge, Mass.: The Belknap Press of Harvard University Press, 2011, p. 114.

[2] Ibid., p. 115.

[3] Ibid., p. 116.

要证明这个网络中的任何部分，只需依赖于其他部分，直到我们的这些信念能够相互支持。"任何道德判断的正确性都依赖于无数其他道德判断的正确性。并且这一道德判断的正确性也构成证明其他道德判断之正确性的部分依据。"① 事实上，我们不仅需要道德信念相互支撑，还要求道德信念同我们拥有的其他相关的规范性信念相容，因为道德只是价值的一个分支。我们可以称这种构想道德真理的方式为"价值整体主义"（value holism）。② 显然，我们无法一蹴而就地获得这种意义上的真理，这个过程必然是一个循序渐进、不断追求更高整体性和融贯性的过程，是一个我们更负责任地担当起道德责任的过程。③

总而言之，如果我们同意法官有些时候确实需要在司法裁判中作出道德判断，道德判断的客观性就对法官是否能够在司法裁判中获得正确答案有重要影响。那么，对普通人以及法律人思想有极大影响的外在道德怀疑论就是法学理论需要谨慎考察的。回顾一下，本章首先考察了一种颇具代表性的外在怀疑论立场，探究了其道德哲学基础，并梳理了德沃金对道德外在怀疑论的批判是如何展开的。我们看到了德沃金在这一问题上的论证如何变得更为直接有力，如何变得更具有哲学上的抱负和颠覆性。从该理论自身的融贯性上来看，似乎很难找出其破绽。但毕竟他最终要反对的是一个太过强大的学术传统——元伦理学，其要建立的也是一个太具有雄心的基础性哲学立场——整体性真理观，本书此处的讨论远远无法使我们在这一根本哲学问题上获得最终结论。但是，我们似乎可以说德沃金对道德外在怀疑论的批判有着相当深厚的哲学根基，并具有思想体系上的自足性与融贯性。

---

① Ronald Dworkin, *Justice for Hedgehogs*, Cambridge, Mass.: Belknap Press of Harvard University Press, 2012, p. 117.
② Ibid., p. 120.
③ Ibid., p. 108.

第 三 章

对法官进行道德理论探究的怀疑论

有两种批评意见都认为，法官不适宜从事德沃金所推崇的那种"理论化"的研究，它们分别是波斯纳的法律实用主义和孙斯坦的未完全理论化协议理论。两位学者都反对法官从事道德理论的建构，他们认为这既是法官没有必要去做的工作，也是法官没有能力从事的工作。这两种理论都希望能够免除法官从事复杂道德论证的沉重负担，帮助他们以更具可行性和更快捷的方式来审判。本章要考察的是，他们批评德沃金整全法理论存在"过度理论化"的缺陷，该批评是否成立？这两种理论是否是整全法理论更好的替代者？

在这一章中，首先需厘清，对于法官来说，德沃金的整全法裁判理论具有现实的可行性吗？笔者通过梳理德沃金"理论内置型"法律推理方法，来说明它对法官进行法律推理具有现实的指导意义。然后，我们再依次分析，为什么无论是波斯纳的实用主义还是孙斯坦的未完全理论化协议，都无法将自己真正地区分于德沃金的内置型法律推理方法。最后的结论是，如果法官只能以内置型推理方法来裁判，在案件的复杂性推动他们沿着辩护梯度上升的情况下，法官就无可避免地要在某种一般层次上的道德问题上采取一个立场。法哲学应该帮助法官更好地从事这项工作，而不是帮助他们回避问题与开脱责任。

第一节　德沃金的理论内置型法律推理方法

由于德沃金支持法官在疑难案件中作出道德判断，他就需要说明法官所进行的道德推理与道德哲学理论家所进行的道德思考有何重要不同，并需要说明如何根据法官的特定角色来恰当地规定其进行道德推理的责任与方法。德沃金用"理论内置型"（theory-embedded）这个概念来说明他所推荐的那种法律推理方法的特征。他还区分了"由内而外"（inside-out）与"由外而内"（outside-in）两种法律推理方式，指出现实中的法官是以"由内而外"的方式来工作的，但是这与他所塑造的理想型法官——赫拉克勒斯的"由外而内"的推理方式并无本质上的不同。他基于以上两个关键论证，坚持主张法官不可避免需要从事道德理论的建构。

一　"内置型"与"实践型"裁判方法

德沃金主张，法律推理中所使用的大前提——法律命题，应当被视为关于法律实践的诠释性命题，即主张我们的法律实践内在地包含了那样一些原则，它可以对我们的既有法律实践提供价值上的最佳证立。德沃金用"法律实践中内在地包含"的说法来表明，这个法律命题是通过如下方式获得的，即支持这个法律命题的那些原则，能够对个案发生于其中的那个教义性领域中更具一般性的法律实践作出最佳辩护。这种获得法律命题的方法，被德沃金称为"理论内置型方法"，或者简称为"内置型方法"。[①] 德沃金用这种方法

[①] Ronald Dworkin, "In Praise of Theory", in his *Justice in Robes*, Cambridge, London: The Belknap Press of Harvard University Press, 2006, pp. 50-51. "内置型"的翻译请参见［美］罗纳德·德沃金《身披法袍的正义》，周林刚、翟志勇译，北京大学出版社 2010 年版，第 60 页。

来与波斯纳和孙斯坦等学者提出的"实践型方法"相对。后两位学者认为德沃金所谈及的这些宏大的、一般性的、理论化的东西并不适用于司法裁判,法官应当关注的唯一问题是,何种裁判方案能够使社群变得更好。表面上看,后者更具有吸引力,因为它似乎更容易被理解,而内置型方法却玄妙难懂,捉摸不定。但德沃金指出,只要我们能够清晰地描绘出这两种裁判方法,就会发现,内置型方法不但具有吸引力,而且还是法官不可避免地必须要采用的裁判方法。[1]

德沃金以一个虚拟案例来论证自己的主张。一位妇女服用了某种药品,这种药品具有一些未被药厂公开的严重副作用。有很多不同的药厂生产此类药品,现在这位女士不能确定她过去所服用的是哪个药厂的药品。现在的问题是,她应该起诉所有药厂呢,还是其中某一家?还是她无权向任何药厂要求索赔,因为她没有办法证明是它们之中谁生产的药品对她造成了损害?在这个问题上会出现不同立场。[2] 有些法律人可能认为决定该案的是这样的法律原则,即人们要对他们出于过失而造成的损害承担责任,但是对于任何不是他们造成的损害,人们是不应承担责任的。如果我们认为该原则为个案所在的那个法律体系作出了最佳辩护,那么药品生产商就会胜诉,而原告会败诉,因为原告无法证明究竟是哪一家生产的药品给她造成了损害。当然,有其他的法律人可能认为,有其他的法律原则对这个法律实践领域给出了更好的辩护,这个原则是:如果损害的发生乃是某些有价值的营利性实业造成的后果,那么该损失就不应该由个别不幸的受害人承担,而是应当由从事这个产业的获利经营者

---

[1] See Ronald Dworkin, "In Praise of Theory", in his *Justice in Robes*, Cambridge, London: The Belknap Press of Harvard University Press, 2006, pp. 50–51.

[2] Sindell v. Abbott Labs., 607 P. 2d 924, 935 – 938 (1980). Quoted from Ronald Dworkin, "In Praise of Theory", in his *Justice in Robes*, Cambridge, London: The Belknap Press of Harvard University Press, 2006, p. 49.

们共同承担。①

再举个例子来说，在焚烧国旗案中，可能是如下两种方案竞争对相关法律实践领域的最佳辩护。第一种认为，言论自由在民主体制中所发挥的工具性作用，为对言论自由的特殊保护作出了最佳辩护。第二种认为，言论自由乃是平等公民身份的构成性要素，因此言论自由是民主制度的构成性的要素，而不是工具性的要素。这意味着我们不能基于某个观点令人不快就不让它得到表达。前一条会支持反对焚烧国旗权利的判决，而后者会支持相反的判决。②

由这两个例子可以看出，当我们在主张某种判决结果时，就等于是在声称某条原则对法律实践的相关部分作出了最好的辩护。所谓"最好的辩护"指的是"它更符合相关法律实践，并且使得该法律实践获得一种更佳的理解"。③ 那么，在任何案件中，我们的推理可能会经过一个"辩护梯度上升"（justificatory ascent）④ 的过程。在这个过程中，我们把眼光从具体个案上暂时移开，去考虑相关的法律领域，或者把眼光抬升得更高，在相对普遍的层次上——比如适用于某个部门法的一般原则——作出考虑，或者在更为普遍的层次上——比如宪法领域的某种原则——作出考虑，或者还有可能在进一步普遍的层次上——比如对司法之职能与责任——作出考虑。在这个不断上升的过程中，我们有可能会发现，最初认为成立的那个原则因为与更为普遍层次上的考量相冲突而受到威胁，即发现这个原则与我们用来为其他更广泛的法律实践作辩护的原则不能协调。我们可能发现本来准备接受的那个原则，在一个更为普遍的层次上被抛弃了。此种威胁不应被无视，因为这关乎"作为一个承诺了平

---

① See Ronald Dworkin, "In Praise of Theory", in his *Justice in Robes*, Cambridge, London: The Belknap Press of Harvard University Press, 2006, p. 52.
② Ibid.
③ Ibid.
④ Ibid., p. 53.

等公民资格的共同体如何自我统治的问题"①。

二 "由内而外"与"由外而内"的法律推理

在《法律帝国》中,德沃金塑造了一个理想法官的形象——赫拉克勒斯。他对法律实践拥有一套完全融贯的诠释,让一组相互融洽的道德原则奠定法律的基础。表面上看,赫拉克勒斯与现实中的法律人的法律推理方式有很大不同。普通法律人的法律推理,以局部优先性的方式进行,从直接适用于手头案件的制定法和判例开始考虑,从中发现可以证立它们的原则。但是,他们所发现的这个原则有可能面临辩护梯度的上升的要求,因为他们可能会发现,一个在局部教义领域无可争议的法律主张,会遭遇一个统治更广法律实践领域的高层次法律原则的挑战。他们会在遇到这种挑战时,反思和修正自己之前所认为正确的那个原则。这可以被称为"由内而外"的推理方式。② 但是德沃金所塑造的完美法官——赫拉克勒斯,他具有天才式的能力,能够以与前述方式相反的方向进行推理。也就是说,他不是从较具体的问题推进到更广以及更抽象层次的问题上,而是从相反的方向进行推理的。他在审理第一个案件之前,便已经建构出一套适用于所有案件的宏大理论。他一劳永逸地解决了包括从形而上学、认识论和伦理学一类的较为抽象的哲学问题,到获得最佳理解的言论自由意味着什么这一类较为具体的实践问题,将所有这些问题统一编织进一个无所不包的知识体系中。此后,当他面对具体的现实案件时,就可以从容不迫地应用这套知识体系,从中演绎出具体问题的答案。德沃金将这种推理方式称为"由外而内"的推理方式。③ 现实

---

① See Ronald Dworkin, "In Praise of Theory", in his *Justice in Robes*, Cambridge, London: The Belknap Press of Harvard University Press, 2006, p. 53.
② Ibid.
③ Ibid., pp. 54-55.

中的普通人、律师和法官无法以赫拉克勒斯的方式来处理案件，他们是"由内而外"来推理的，即从实际落到他们手上的具体案件所涉及的问题开始，根据需要来决定要将讨论延伸到何种一般层次上去。他们从具体的问题和论证入手，然后基于辩护梯度上升的需要，才会去思考更广范围的法律实践所包含的抽象原则。与赫拉克勒斯那无所不包的知识体系相比，他们的探究范围会很有限。这种优先性一方面是基于时间的考虑，另一方面也受到他们实际能够碰到的和想到的论据的限制。在辩护梯度上升的过程中，并不存在一个逻辑上的或者先验的方法来确定，在什么时候，这个辩护必须上升，在什么时候必须停止。

但是，尽管有这些表面上的差异，在赫拉克勒斯和普通法律人所进行的法律推理之间并不存在本质上的不同。鉴于上述两种方法在表面上的差异，会有人认为现实中的法官同赫拉克勒斯之间的区别不只是能力上的，他们的角色和相应的法律推理方式也是完全不同的，因而德沃金在理论上所建构的赫拉克勒斯形象，对于指导现实的法官进行法律推理来说是毫无帮助的。德沃金尝试以科学上的全知者与工程师之间思维方式的关联为例，来类比说明这种反对意见是不成立的。在科学上构造一个赫拉克勒斯式的人物，意味着这个理想角色能够通晓诸如物理、化学、宇宙论、生物学等各种自然科学知识，将所有这些理论构建成协调一致的知识体系。当他在解决具体的实践问题时，比如说建设一个桥梁，他就能够从他完美的知识体系中推导出答案。这是一种赫拉克勒斯式的由外而内的工作方式，当然，没有一个现实的科学家能够成为科学上的赫拉克勒斯。当一个现实的科学家在解决桥梁建设中遭遇的难题时，他是以从内而外的方式进行工作的。当工程中出现了亟待解决的技术难题，他可能发现这些技术难题要求他向一般的科学原理寻求帮助，而如果他发现这个原理帮不了他，或是发现这个原理可被质疑，他就发现了一个挑战这个一般原理的机会。这种由实践问题向一般层次理论发起反思和挑战的可能是存在的，我们说此处存在着理论梯度上升的可能。

德沃金想用这个类比说明,我们在具体问题上的回答经常预设了某种一般性的论证前提,经常将之视为不言自明。[1] 但有时,在具体道德问题上的强烈直觉,就如同在具体工程问题上的经验证据一样,扰动着我们的神经,促使我们产生对前提预设的怀疑,从而参照更为一般的更高层次上的信念去重新检验和修正这个前提预设。尽管现实的法律人是从某个较为具体的法律领域开始思考的,但是,他们所追求的同样也是赫拉克勒斯所追求的融贯体系。在这个意义上,两者的思维没有实质上的差异。只不过鉴于能力、条件与时间的限制,普通的法律人只能逐步地、一点一点地去追求赫拉克勒斯一次性获得的思想体系。在这个过程中,他总是保持着修正既有思想体系的开放性,随时准备把它修缮得更为融贯与完整。也正是因为现实的法律人既与赫拉克勒斯有着同样的理论建构目标,同时又永远没有赫拉克勒斯做得出色,赫拉克勒斯作为裁判理论上所建构的法官理想型才有指引普通法律人的价值。

三 法官的道德理论建构任务

在拥有了前述概念之后,我们初步回应那些反对法官进行道德理论思考的观点。这种批评认为,内置型方法会迫使法官从事没完没了的道德理论探究,使法官偏离了他本身的角色,去从事道德哲学家的工作。但是,正如前面的分析所展示的,内置型方法并不意味着要求法官像道德哲学家一样从事没完没了的道德理论探究。法官的工作是一项证立性工作,因此容易面对辩护梯度上升的压力。在反思一般层次上的预设的时候,法官需要从事道德理论的思考。但是,他的思考不同于道德哲学家,道德哲学家终身致力于去构建协调一致的道德学说体系,但是法官的思考是从具体案例出发,在

---

[1] See Ronald Dworkin, "In Praise of Theory", in his *Justice in Robes*, Cambridge, London: The Belknap Press of Harvard University Press, 2006, pp. 55–56.

时间与能力等条件的约束下，尽可能地寻求法律体系的融贯性。因此，法官与道德哲学家在进行道德推理时的差别，主要是思考方向上的不同和反思程度上的不同。

除了上述差异外，笔者认为，道德哲学家和法官的工作还存在主动性与被动性上的区别。法官是否要进行辩护梯度上升的过程，受到法庭上被实际提出的意见的影响。譬如，在德沃金所谈论的妇女索赔药厂案件中，如果双方当事人共同认可了一条适用于该案的原则，那么法官就无须从事辩护梯度的上升。但是，如果双方当事人各自提出了相互竞争的原则，就需要法官去考察哪个原则能够最佳地为相关领域的法律实践辩护。这可能要求他上溯至更一般性的原则，以发现相互竞争的两条原则哪个能够获得更为一般性的原则的支持。当然，如果双方当事人为各自提出的原则又都找到了为之辩护的更一般性的不同原则，那么这个辩护梯度上升的过程还要持续。因此，是否要进行辩护梯度上升，是由法庭的辩论情况所决定的。而道德哲学家没有这种场域的限制，他必须主动去寻找那些挑战他理论的道德直觉或者理论，主动去对自己的立场进行无止境的反思平衡。所以，笔者认为，此种被动性与主动性之间的不同，是区分法官角色和道德哲学家之道德思考各自特征的一个关键。

总结一下，法官在司法裁判中面临着进行道德推理的任务，他必须尝试提出对相关法律实践领域作出最佳证立的一般性道德原则，在这个意义上，我们可以说法官也在从事道德理论探究。但是，这同道德哲学家的道德理论系统建构是不同的任务。

第二节　基于实用主义对整全法理论的批判

以上讨论可以作为我们思考整全法批判意见的基础。我们首先要考察的这种批判意见是波斯纳从他所倡导的法律实用主义立场中衍生出来的观点。这种实用主义立场经过苏力教授出色的译介而为我国法学研究者广为知晓。近些年，苏力教授也借助这一理论资源不断地为社科法学研究进路辩护。以下，笔者将首先考察苏力教授所倡导的社科法学在裁判问题上持有的立场——法律实用主义，并指出笔者对于这种立场的若干疑问。然后，笔者将追溯到我国这一法律实用主义立场的理论渊源——波斯纳法律实用主义，考察它对整全法理论的批判意见。最后，将探讨整全法理论是否能够回应基于实用主义而提出的批判。

一　我国法学界的法律实用主义

（一）我国社科法学者所理解的法律实用主义

一些学者认为，发展社科法学是帮助法官解答疑难案件的真正出路。苏力教授将"社科法学"界定为"针对一切与法律有关的现象和问题的研究，既包括法律制度研究、立法和立法效果研究，也包括法教义学关注的法律适用和解释，主张运用一切有解释力且简明的经验研究方法，集中关注专业领域的问题（内在视角），同时注意利用其他可获得的社会科学研究成果，也包括常识（外在视角）"[①]。

具体到裁判方法问题上，社科法学者主要的主张可被概括为如下几点。

第一，司法裁判应当关注事实。苏力教授以社科法学与教义法学作对比，来说明社科法学在疑难案件问题上所着重关注的方面。他认为，在解释和适用法律的问题上，两者对事实和规范的关注程度有很大不同。法教义学集中或首先关注法律和法学教义，事实问题只是法教义分析中必须应对的要点之一。而社科法学则几乎完全与此相反，社科法学集中关注事实，具体包括本领域的相关知识、相关制度机构的权限、历届政府的政策导向、当下和长期可能的效果、社会福利，甚至还包括相关最新技术或科研发现、突发事件等。

[①] 苏力：《中国法学研究格局的流变》，《法商研究》2014年第5期。

尽管社科法学者也承认法律规范与教义的重要性，但认为它们只是不能被忽视的"事实"之一，而非必须不计一切代价予以尊重的天条或教义。①

第二，司法裁判应当关注后果，并且主要是司法的系统性社会后果。例如，苏力教授主张："法律人应以一种追求系统性好结果的实用主义态度，充分利用各种相关信息，基于社会科学的缜密思维，尽可能借助作为整体的司法制度来有效处理难办案件。"② 在他看来，法官虽然会按照法律文字的常规含义简单演绎其逻辑结果，但更多也更关键的是想象如此或如彼决定的直接或者间接社会后果。法官在判案时所做的不是一件对法律条文做文义解释的工作，也不是一个简单的涵摄和逻辑推理的问题，而是应当像美国的霍姆斯法官在"千客案"（Schenck）中那样从事以后果为导向的论证。在此案中，霍姆斯法官主张，表达自由并不是绝对的，对言论自由的最严格保护也不会放纵有人在拥挤的剧院中喊"失火了"。关于如何区分受保护和不受保护的言论，霍姆斯提出了一个有名的判准，即看使用语词的环境和使用的性质是否会产生明确和即刻的危险，引发实质性的或重大的恶。苏力教授很赞赏这种裁判思路，认为这种分析能够将关注点放在对于裁判来说真正重要的事情上，即言论会引发什么危险、引发多大程度的危险以及危险发生的紧迫程度如何等经验事实问题上来。③

第三，司法裁判无关道德哲学研究。社科法学者不认为法学家或者裁判者需要提供某种道德理论。概括说来，他们认为法律人没有必要研究道德哲学的理由主要有两个。其一，人们在道德问题上存在广泛分歧，这说明道德命题的真假是说不清楚的。例如，苏力

---

① 苏力：《中国法学研究格局的流变》，《法商研究》2014年第5期。
② 苏力：《法条主义、民意与难办案件》，《中外法学》2009年第1期。
③ 参见苏力《法律人思维？》，载《北大法律评论》第14卷第2辑，北京大学出版社2013年版，第432—434页。

教授认为,"即便我们可能分享一些被视为普遍价值的语词,如'善恶'等,我们也很难分享这些词所指向的具体人和事。关于什么是好的,可欲的问题,社会一定会并永远会有不同的判断"①。他认为:"我们没法找到一个能说服一切人接受并自觉遵循的'应当'或'不应当',因为在现代社会中各种'应当'会以各种根据和理由被不断塑造出来。"② 其二,在疑难案件中,人们一般对根本的道德问题没有重要的分歧。例如,苏力教授认为,在许多问题上看上去涉及价值判断,但只要不是涉及重大个人利益,其实大多数人的道德判断不会差别很大。所以,最后实际表现出来的判断上的差别,大多来自对许多具体的相关信息的把握和取舍不同。只要人们共同分享了这些相关信息,那么他们的道德判断也会有共识。而所有这些相关信息都必须来自实证的调查、研究,而不可能从概念分析或者道德哲学中获得。因此,在疑难案件的解决中,道德哲学研究并不相关。③

(二) 对我国法律实用主义的若干质疑

对苏力教授的上述立场,可以提出如下三点质疑。第一,法官要想充分实现对裁判结论的证立,是否只需要依赖于事实认知能力的提高?我们可以赞同苏力教授对法官应该关注事实问题的主张。事实不清,法官就没法准确了解案情,也无法在一些与科学相关的问题上作出判断,当事人就无法对裁判信服,这是一个无人提出严肃反对意见的正确道理。事实的重要性使我们有理由关注司法鉴定、专家证人、法官对事实部分论证说理等相关制度的发展。但是,法官应该提高认识事实的能力,这却不意味着法官只需要依赖此能力就足以完成对裁判的全面证立。法官代表法律对当事人作出权威性

---

① 苏力:《中国法学研究格局的流变》,《法商研究》2014 年第 5 期。
② 同上。
③ 参见苏力《如何分析道德,如何理解法律》,载 [美] 理查德·A. 波斯纳《道德与法律理论的疑问》,苏力译,中国政法大学出版社 2001 年版,译者序,第 XIV 页。

主张，对于他们的行动提出规范性要求。根据休谟原则，我们无法从单纯的事实前提中推导出规范性的结论。因此，法官的责任不仅包括厘清裁判相关事实问题，还包括证立相关的规范性前提。

第二，在价值判断问题上，人们总是存在分歧这个事实不能够证明不存在评价何种主张正确的标准。苏力教授似乎由"人们总是存在价值判断分歧"这一主张，直接跳跃到了"不存在评价价值判断主张正确与否的标准"这个主张。曾经，人们关于"地球是何种形状的"这一问题有大量分歧。然而，我们却不认为这个分歧能够表明在此问题上没有正确答案。在某些问题上人们存在广泛分歧这个事实本身并不必然意味着这些思想领域没有客观性。我们有必要在"关于道德的人类学、社会学或者心理学问题"与"道德问题"之间作出区分。① 前者是描述性问题或者说是事实问题，后者是规范性问题或者说是价值问题。"在道德问题上没有判断正确答案与错误答案的标准"这个主张本身是一个道德立场，根据休谟原则，它需要其他实质性的道德主张来证立它，而不能仅仅依赖某种关于人类道德生活的人类学、社会学或者心理学事实。对于证立"道德问题上没有对错之分"这个主张来说，仅仅提出"在道德问题上人们广泛存在分歧"无法构成一个充分的完整的论证，这是一个错误类型的或者说是不相关的理由。

第三，苏力教授反对法律人做道德哲学研究的两个论据之间有自相矛盾的嫌疑。他一方面说大量道德分歧存在，因此真假命题难辨；另一方面，他又说其实人们没有重要的道德分歧，只要双方对事实了解得更加清楚，对案件结果的判断分歧就会自动消失。这两项主张是矛盾的。苏力教授大概是感受到了人类社会在道德论辩上的一个重要特征，但是他没有准确地将它究竟是什么表达清楚。事实上，人们经常在某些较为抽象的道德原则上分享共识，诸如人们

---

① See Ronald Dworkin, "Darwin's New Bulldog", in his *Justice in Robes*, Cambridge, London: The Belknap Press of Harvard University Press, 2006, pp. 76-77.

一般都能够赞成我们应当对他人诚实，但是，人们在具体理解究竟什么是诚实的问题上会产生分歧。诸如，有些人可能认为，如果一位同事把工作做得很糟糕，我们应该诚实地告知他的不足，哪怕这样做会让他生气或者难过。但是，也有人却认为，诚实并不意味着我们在任何时候都要讲实话，或者是主动地讲实话。我们道德生活的这些方面被德沃金表述为"关于一个共同的道德概念的概念观的分歧"。我们在评价哪种概念观更好的时候，其中一定会涉及价值论证，需要参考我们的其他更具一般性、更为根本以及更为确定的信念来反思自己应该接受哪种概念观，这就是一个做道德哲学的过程。我们可以认同法律实用主义的部分主张，或许在裁判中某些后果的考虑是法官应当加以考量的。但是，我们仍然需要一种理论来判断何种后果考量在裁判中是相关的，以及判断不同后果影响裁判结果的程度。这种理论如果不是道德哲学理论，那么它还能是什么呢？

二 波斯纳与德沃金的第一次论战

鉴于我国的实用主义者留下的这些问题，有必要追溯其理论根源——波斯纳的法律实用主义，考察它是否能够解答我们的上述疑惑。笔者将依次考察波斯纳与德沃金之间发生的两场论战。在第一场论战中，波斯纳在《超越法律》（*Overcoming Law*）一书中提出了实用主义的法律推理方法，将之区别于德沃金的整全法裁判理论，认为这一理论的优点在于免去法官从事复杂道德理论探究的任务。德沃金在《理论的礼赞》（*In Praise of Theory*）一文中回应了波斯纳的批判。笔者在接下来将首先观察和梳理双方的论证，然后对这一场论战提出自己的分析与评论。

（一）波斯纳的实用主义

波斯纳区分了三种法律推理风格："自上而下的""自下而上的""实用主义的"，并认为自己所选择的第三种方法——实用主义方法——是法官的最优选项。

首先，所谓"自下而上的"推理是指法官从制定法条文或者是既有案例开始,运用诸如"类比推理"和"字面解释"等一些法律人熟悉的技巧来获得新案件的答案。① 波斯纳并不认同这种"自下而上的"推理方法,因为他发现,即使是在判例或者制定法含义相当清楚的时候,也仍然可能存在解释法律的需要。② 比如在判例法国家,当我们引证先例解决当前案件的时候,实际上必须借助某种理论才能完成。例如,在有些案件中,法官可能需要借助关于隐私的一般性理论;或者在另外一些案件中,法官可能需要借助关于正当程序的理论。法官无法简单地用"因为 A 案存在,所以 B 案应该这样判决"这样的方式来论证其判决结论。法官必须说清楚,他究竟从 A 判例中总结了什么原则用来决定 B 案。A 案例的存在本身无法直接告诉我们应该如何宽泛或如何狭窄地理解这个案件中蕴含的原则。③

其次,所谓"自上而下的"推理是指,法官首先创造或者采用关于某个法律领域的或者是关于全部法律的某种理论,用它来组织、批评或者辩护既有判例决定,使它们符合这一理论,然后根据这个理论对新发生的案件作出判决。④ 波斯纳认为,德沃金的整全法裁判理论就是这种自上而下的推理方法的代表。整全法要求我们从诸如法律文本、历史背景等各种材料中,解读出各种政治上的或者伦理上的价值观念,然后创造出某种权利或者原则理论。然而,在波斯纳看来,这种方法是"不谦虚""太不审慎""志大才疏"以及"喜欢抬杠并太缺乏说服力"的。虽然德沃金认为这种推理方法可以防止法院所坚持的教义随着法院人事变化而变化,但是波斯纳认为此种抱负不切实际,并提出了两点理由:第一,这过分夸大了法官在高度抽象层面上建构理论的能力;第二,这过分夸大了法官对其前

---

① 参见[美]理查德·A.波斯纳《超越法律》,苏力译,中国政法大学出版社 2001 年版,第 198 页。

② 同上书,第 201 页。

③ 同上书,第 202 页。

④ 同上书,第 198—225 页。

任法官立场的忠诚程度，法官实际上被他的个人政治态度与价值观念所影响。

最后，波斯纳阐明了自己所推崇并且身体力行的实用主义裁判方法。他用如下这些词语来形容这种方法的特征：实践的、工具性的、向前看的、能动的、经验的、怀疑的、反教义的、重视实验的。他强调这些观念在整全法裁判理论中没有占一点地位。① 在波斯纳使用"实用主义"一词时，是在指涉一种处理问题的实践性的和工具性的进路，与本质主义的处理方式相对应。实用主义者感兴趣的问题是什么东西有效和有用，而不是这究竟是什么东西。因此，它是"向前看的"，尽管它重视与过去保持某种连续性，但这种关注仅限于此连续性有助于我们处理目前和未来的实践问题。② 当然，他也意识到，实用主义可能被嘲笑"不像话、太主观、非认知主义、相对主义、没有根基以及它有非民主的特点，而且还无法用门第或原则来补救"③，但是我们之所以要接受实用主义，是因为其他的替代品更不具有吸引力。概括地说，他为这种进路提出的理由大致可以归结为四条：第一，司法判断总是比系统的理论建构重要，因为法官的首要义务就是解决手头上的纠纷，而不是提出理论学说；第二，那种有天分和能力创建全面性政治理论的法官数量很少，没有理由一般性地向法官提出建构理论的要求；第三，一般来说，我们任命法官的理由并不是因为他们比我们拥有更多的道德知识；第四，就作为行动的指南而言，本能要比分析更为确定。④

波斯纳承认法官在哲学、宗教、经济或者政治问题上的观点会对自身在裁判问题上的立场产生不可避免的影响，并且认为除此之外，不存在决定案件的其他办法。但是，波斯纳同时认为，司法纵

---

① 参见［美］理查德·A. 波斯纳《超越法律》，苏力译，中国政法大学出版社 2001 年版，第 13 页。
② 同上书，第 4 页。
③ 同上书，第 222 页。
④ 同上书，第 225 页。

然有暴政的危险,然而此种危险不应该被夸大。因为我们社会多样化的观点也会反映在法院组成人员的观念上,这能够阻止某种特定学说决定一切案件。疑难案件由合议庭审判,多数意见一般都会反映各种全面的学说之间的妥协。甚至,伟大的法官会通过将有争议性的价值观点带入裁判,来丰富一个共同体的政治思想和实践。法官无须保证这是所有通情达理的人都能赞同的观点,也无须担心他是否坚持了一以贯之的"主义"和立场。霍姆斯就是这种伟大法官的代表,他不像德沃金那样希望创造一个全面的理论,而是喜欢把各种不同的"主义"都纳入他的裁判中来,这可能包含实用主义、社会达尔文主义、逻辑实证主义、存在主义等。这是一种"实验的实用主义",出于对终极真理的不信任,而拒绝让政府压制和取代观念与意见的自由市场。①

(二)德沃金在《理论的礼赞》中的回应

德沃金注意到,在波斯纳的实用主义方法中,特别强调"向前看"和"奏效的",而自己的整全法理论因为不满足这两项标准而遭到波斯纳的诟病。他分别考察并回应了这两项批评。

1. 所谓"向前看"

波斯纳所说的"向前看"大致可以有两种理解。第一种理解是说,法律推理应当是结果导向的,而非道义论的。还有一种理解是,法律推理应当是追求福利主义,而不是追求其他意义上的结果。在德沃金看来,在任何一种理解之下,波斯纳对他的批评都不能成立。

根据第一种理解,整全法也可以被说成是"向前看"的。道德哲学上存在的一个难题是:我们是否可能有义务去做一件会使事态变糟糕的事情?譬如,我们是否应当一直讲真话,哪怕我们本可以通过说谎阻止某个糟糕的事件发生。结果论者认为,我们不可能有道德义务去做一件使事态结果变得糟糕的事;而一个道义论者会认

---

① 参见[美]理查德·A.波斯纳《超越法律》,苏力译,中国政法大学出版社2001年版,第226—228页。

为，在某些情况下，我们确实有道德义务做某事，即使此行为会导致某种糟糕的结果。德沃金认为，如果波斯纳想到的是结果论者和道义论者之间的这种区别，并且认为内置型方法一定是道义论的，那么波斯纳就误解了他的内置型方法，内置型方法也可以是结果导向的。[①] 首先，从总体的目标上看，整全法是结果导向的，因为它的目标是建设一种平等主义的法律共同体。其次，在具体层面上看，它也同样是结果导向的，整全法理论旨在确保某种事态，根据根植于我们实践的道德原则来看，这些事态是好的事态。所以，如果"向前看"意味着结果导向，那么波斯纳不能以此来批评整全法。

德沃金继续论证，在第二种理解上，我们又确实可以说整全法不是向前看的，但是，波斯纳若要证明这是整全法的重要缺陷，就得首先证明法官应当在这种意义上"向前看"。[②] 道德哲学上另一个重要争议是，当我们对事态进行权衡的时候，是不是只应该考虑人们在事态中的福利能否在某种意义上变得更好。福利主义者为了评估事态，就需要选定某些衡量福利的指标。有的道德理论会选取经济情况作为判准。这种理论会认为，如果一个法律或者判决结果能够使人们的经济状况变得更好，那么这个立法或者判决就是可取的。而有的道德理论可能认为，经济状况不是衡量福利的唯一指标。至少在有些时候，即使经济状况没有变好，如果其他的事态变好了，诸如某种权利得到了更好的尊重，那么我们也可以说此种事态下人们的福利状况变得更好了。在这种区分背景下，波斯纳的主张可以这样来理解，好的法律推理应当致力于发现使人们经济状况变好的那种决定。那么整全法如何评估事态结果的好坏呢？整全法并不必然反对以经济状况作为评估福祉的指标。接受整全法的法官可能会

[①] See Ronald Dworkin, "In Praise of Theory", in his *Justice in Robes*, Cambridge, London: The Belknap Press of Harvard University Press, 2006, p. 61.

[②] Ibid., p. 62.

发现，此种功利主义原则或许能够对某些范围的法律实践作出最佳辩护。但是，法官同时可能会发现，在很多法律领域，诸如宪法领域，无法以此种功利主义原则作为辩护，而必须以平等作为前提。因此，在这个意义上可以说，整全法确实不是"向前看"的。但问题是，如果要证明这是整全法的缺陷，波斯纳就得首先论证法官应当在此种意义上"向前看"。那么波斯纳至少首先应该针对学术史上已经对功利主义提出的重要批评作出回应，毕竟他所主张的这一特定版本的功利主义并非不证自明之理。

2. 所谓"奏效的"

我们再来看德沃金如何回应对整全法不够"奏效"的批评意见。波斯纳主张实用主义的另一个重要特征是，它追求"奏效的"裁判方式：法官不必考虑哪种裁判方案是宏大理论所推荐的，而是要看哪种方案是奏效的，即考虑哪种可行方案会使事态变得更好。但德沃金认为，即使"看哪种方案是奏效的"对要完成其他任务的人来说是好的建议，这也并不是一个适宜向法官提出的建议。① 如果一个人无法启动一辆抛锚了的汽车，或许我们可以建议他别去琢磨什么内燃机的原理问题，只要多试试不同方法，只要管用就行了。这似乎是个有用的建议。他可能尝试了一种很荒谬的办法，比如在反戴帽子之后再转动钥匙。假如在他在这么做之后，车子果真发动了，那么我们就没有必要再在原地去啰嗦争论，从科学原理上看反戴帽子这件事和启动汽车究竟有没有真正的因果关系，我们把车尽快开走就是了。也就是说，在某些问题上，最为重要的事情是取得某种结果与实效，而不是提供某种理论上可靠的解释。

但是，类似的建议并不适用于法官。如果我们要在妇女索赔药厂案中判定药品生产商是否真的应该对那位病人所遭受的损害承担连带责任，那么，"想一想何种判决什么是奏效的"这个建议对法官

---

① See Ronald Dworkin, "In Praise of Theory", in his *Justice in Robes*, Cambridge, London: The Belknap Press of Harvard University Press, 2006, p. 63.

们有什么帮助呢？德沃金认为这个建议在此时没有任何帮助，因为在我们判定什么是"奏效"之前，必须首先判定争论方所提出的哪条原则是正确的。① 假如一个判决能够比其他判决更多促进医学研究，或者能够使药品维持在比较低的价格水平，我们也不能因此就说这个判决是更"奏效"的。因为我们仍然需要判定，如果一个判决能够达成这些可欲的后果，却要以剥夺某些受到伤害的人获得补偿为代价，这是否是道德上可欲的？在法律和道德之中，关于"什么能够奏效"的建议实际上是回避了很多棘手的问题，此类建议并没有真正的指导价值。

（三）一点评论：法官无法回避道德理论建构

结合前面对整全法作为一种内置型法律推理方法的阐明，我们现在可以对波斯纳与德沃金之间的论战提出一些初步的分析。笔者认为，波斯纳所说的实践型方法看上去确实很有吸引力，它似乎十分脚踏实地、合情合理。但是，如果我们接受了德沃金关于司法裁判难题之性质的思考，那么就会接受他这样的结论：整全法所坚持的理论内置型方法，根本就是法官不可避免的选择。②

我们可以回顾一下本书第一章已经梳理过的德沃金关于司法裁判难题之性质的思考，并厘清这一思考如何帮助我们理解法官应当采取的推理方式。这一思考的出发点是：法官代表法律就如何行动的问题向人们提出规范性主张。为了使得这些规范性主张能够成立，法理学需要回答法律的正当权威是如何可能的，以保证这些规范性主张因为满足正当权威原理的要求而使人们有义务服从它。根据德沃金对三种社群模型的区分，原则的社群因为具有特别性、相互性、普遍性与平等性等特征而构成真正的社群。在这种社群中，人们能够真正对他人负有联合义务。原则社群的政治权威追求整全性，即

---

① See Ronald Dworkin, "In Praise of Theory", in his *Justice in Robes*, Cambridge, London: The Belknap Press of Harvard University Press, 2006, p. 64.

② Ibid., pp. 50-51.

追求政治权威以相互融贯的一组道德原则来统治社群成员。只有追求整全性价值的政治权威才是具有正当性的,法律作为政治权威的一种也应当追求整全性价值。整全性价值提示我们,法律若要能够具有指引行动的正当权威,它就应当像一个正直的道德主体在提出道德主张时那样,要追求从一组融贯的道德原则出发给出命令。当法律人在法律实践中就裁判方案发生分歧时,他们论证自己裁判方案的恰当理由就是找到那个可以对法律实践提供最佳证立的道德原则。

如此看来,法官可能会在两个层面上进行道德理论建构。第一个层面涉及的是对法律权威正当化原理的建构。法官在这个层面上争论着何种价值能够对法律实践作出最佳说明,他们或者基于正确性价值,或者基于安定性价值,或者基于整全性价值,来说明法律权威的正当化基础。无论如何,他们都是要从道德哲学上来论证为响应某些价值而作出的判决是人们有道德义务服从的。第二个层面涉及的是,法官在裁判中尝试响应他选定的那种能够证立法律权威的价值时,他有可能涉及道德理论的建构。假设一法官赞同德沃金的整全法理论,他就会认为他在从事法律解释的时候也需要建构道德理论,即需要思考何种原则能够为相关法律实践领域提供最佳辩护。当然,如果一个法官选择用安定性价值来指引他的裁判,他可能会拒绝在裁判时建构道德理论。可见,法官在裁判过程中必然涉及的那种道德理论建构是关于法律权威正当性如何可能的思考,他们必然在这个问题上采取了某种实质道德立场。总之,"寻找奏效的解决方案"这一建议帮助不到法官,法官总是面对着无法回避的道德权威理论建构难题。

三 波斯纳与德沃金的第二次论战

(一) 波斯纳对法官从事道德推理的批评

在德沃金发表《理论的礼赞》一文之后,波斯纳作出了回应。波斯纳想要指出,德沃金在批评他的过程中犯了一个的错误,这个错误就是宣布了一种对于"理论"的狭隘定义，然后将不符合这个定义的其他所有人都界定为"反理论者"。波斯纳主张，这个错误扭曲了德沃金对他的理论的分析，并且德沃金本人对理论的界定并不足以引导法官和其他人从事法律实践工作。①

1. 德沃金对"理论"的狭隘定义

波斯纳批评德沃金对"理论"的界定过于狭隘。根据波斯纳的理解，德沃金所说的用于指引法官在疑难案件中作出判决的裁判理论，要求法官证明支持其主张的那些原则，能够为更一般范围的法律实践提供最佳证立。在判断"符合"的时候，法官可能发现他自己面对德沃金所说的"辩护梯度上升"压力，即法官会发现他所面对的挑战是，考虑他已经提出的证立如何能够同更一般性的法律教义相协调。德沃金使用"辩护梯度"的概念表明他承认，法官经常从具体个案和论证开始向上推理，而不是从一个诸如平等主义或者功利主义这样的一般原则开始向下推理，这一点同波斯纳的看法相同。但是与波斯纳的主张有所不同的地方在于，德沃金坚持认为，法官可能经由辩护梯度上升到很高的层次的一般理论上，法律推理假定了政治道德上非常抽象的原则。如果一个法官在裁判过程中需要对某条法律加以解释，他就得深入政治道德中进行探究，或者说"对理论的深入探险"。如果法官拒绝面对这些哲学问题就是"鸵鸟"政策。德沃金主张此种研究并非很多理论中的一种，而是唯一正确的"理论"，所以像波斯纳这种不认同德沃金裁判理论的人就属于"反理论阵营"。②

波斯纳的回应从对"理论"一词的定义入手。他认为，"理论"一词没有固定内涵。譬如，科学家们可能将之理解为关于因果关系的抽象的、逻辑融贯的模型，能够用于分析物理世界或者社会实践，

---

① See Richard Posner, "Conceptions of Legal Theory: A Reply to Ronald Dworkin", 29 *Arizona State Law Journal* (1997).

② Ibid.

从理论中可以进一步引申推论，它们可以用通过实验或者其他系统观察获得的客观数据加以证实或者反驳。自然科学所取得的巨大成功，使得科学家们将他们的工作描述为"理论"研究。自然科学上的"理论"是"假说—演绎"意义上的理论概念。

然而，在道德和法律领域，什么能够被称为理论还是一个没有确定说法的事，当前还存在很多争议。一些人可能支持一种类似于自然科学上的"假说—演绎"意义上的理论概念，另外一些人则可能认为即使是最为深入的直觉性道德原则也可以被理论修正。因而波斯纳认为，我们大致上只能提出将一定程度的一般性或者抽象性以及对融贯的坚持作为"理论"的基本要求，除此之外再不能提出其他什么具体条件了。如果这就是德沃金所理解的"理论"，那么他就不会指责波斯纳是反理论家了。但是，德沃金用"理论"一词仅仅指涉自己的那种法律理论，这显然过于狭隘了。波斯纳最后指出，德沃金的法律理论仅仅是研究法律的一种可能方式，而非法律理论研究唯一的方式。①

2. 波斯纳的道德立场

德沃金认为波斯纳是相对主义者和不融贯的功利主义者。波斯纳对这两点都加以否定。他认为即使自己真属于这两者，也不会使他成为反理论者，因为相对主义和功利主义本身都是理论，这至多只会使他成为一个反对德沃金的理论家。我们分别来考察一下波斯纳对这两点的否定是如何展开的。

首先，波斯纳不承认自己是德沃金所说的那种道德相对主义者。道德相对主义在德沃金那里意味着主张所有的道德信念都仅仅是个人的不同意见而已，而没有对与错的分别。德沃金指责波斯纳像后现代主义者一样相信并不存在关于政治道德的客观真理，人们关于道德事物的所有信念，甚至是那些最为根本的信念，诸

---

① See Richard Posner, "Conceptions of Legal Theory: A Reply to Ronald Dworkin", 29 *Arizona State Law Journal* (1997).

如大屠杀是否邪恶的，都仅仅是语言游戏罢了。波斯纳拒绝承认这是他本人的道德立场，虽然他并不认为一个行为在道德上的错误性可以像证明某物存在那样加以证实，但他也不认为当有理性的社会成员关于某个行为的道德性产生分歧时，他们的分歧可以通过论辩来分清对错。分歧最终常常通过诉诸武力、借助经验，或者是偏好改变而得到解决，但很少能够通过论辩解决。波斯纳认为，道德论辩对于改变人们的道德信念来说是一种无力与无用的工具，美国人在人工流产问题上进行了几十年的政治道德辩论却仍无定论，这就证明了道德论辩本身的局限性。当然，波斯纳承认单是分歧存在本身不能证明没有道德真理存在，因为存在着比人工流产辩论更古老的科学争论，但我们仍然认为在科学上是有真理存在的。道德问题上的不同之处在于，关于某些争议性事件的道德辩论似乎永无结论，这不仅仅是像科学争论那样缺乏结论，而是似乎根本就让人看不到争论各方有朝着同一结论进展的可能性，这一事实要么证明了在诸如人工流产这样的道德问题上没有道德真理，要么证明了在该问题上我们缺乏确定哪种主张是道德真理的必要工具。[1]

波斯纳承认他不像德沃金那样地对道德推理的说服力拥有信心，但是这并不代表他就是一个相对主义者。此外，虽然他相信绝大部分道德真理都是局部真理，但这也不代表他是一个相对主义者。他用"局部真理"这个说法来表明，一个道德命题的正确性只能是针对特定的社会，而不是普世的。波斯纳举了很多例子来证明他的主张。譬如，杀害他人在某些情况下可以是无可非议的道德行为，在其他情况下则可能是无可非议的不道德行为。例如，一种人工流产行为可能是因为母亲的生命遭受威胁而不得不放弃胎儿，有的母亲人工流产可能只是因为胎儿的性别不符合她的期待，这两种行为尽

---

[1] See Richard Posner, "Conceptions of Legal Theory: A Reply to Ronald Dworkin", 29 *Arizona State Law Journal* (1997).

管都是人工流产，但两种情况下人工流产行为的道德性并不相同。又如，如果为了避免某人被杀害而不得不奴役他们，这和我们对奴隶制的道德评价是不同的。再如，在一个遭受饥荒的社会里杀婴和在一个物质充裕的社会中杀婴显然也有着不同的道德意义。[1] 波斯纳认为自己并不是道德相对主义者，至少不是德沃金所认为他所持有的那种相对主义，即道德信念仅仅是意见的问题。他与德沃金有分歧的地方在于，我们是否有可能从所谓普世的、抽象的道德原则中，获得关于具体道德议题的明确答案。

波斯纳所批评德沃金的道德理论是幼稚的"校园道德论"（academic moralism），校园道德论者认为大学里所进行的严谨周密的道德思考能够改进人们的道德判断和道德行为。波斯纳认为校园道德论是一种毫无用处的事业，[2] 被他所称为校园道德论的那部分道德哲学根本不可能对解决道德或法律争议或对改善人们行为有任何重要贡献。[3] 因为了解什么是应当做的事，什么是合乎道德的事，这不会为我们做此事提供任何动机，也不会创造任何动力，动机和动力必然来自道德之外。能够改变人们道德行为的是道德实业家，他们能够运用非理性的劝说技巧来影响人们的情感和行为模式。[4] 总之，波斯纳对校园道德论评价极低，认为它既无法制伏狭隘的自我利益，也不具有说服人的实效。[5]

3. 德沃金的法律理论不是好的法律理论

波斯纳认为德沃金从事法律研究的方法只是可能的方法之一，而不是唯一可以被称为理论的方法，甚至可以进一步说，德沃金的理论也不是从事法律研究的好方法。波斯纳这么说最为主要的理由

---

[1] 参见 [美] 理查德·A. 波斯纳《道德与法律理论的疑问》，苏力译，中国政法大学出版社 2001 年版，第 22 页。

[2] 同上书，第 19 页。

[3] 同上书，第 34 页。

[4] 同上书，第 50 页。

[5] 同上书，第 8 页。

是，德沃金所建议的方法太过于抽象了。即使道德理论可以为某些道德判断提供合用的基础，理论家也不应当建议法官用它来决定司法裁判。因为法官会对道德推理感到不自在，他们不擅长也不可能擅长道德研究。[1] 波斯纳试图论证，在解决具体实践中的法律争议问题上，道德理论是毫无用处的。[2] 甚至即使在充满道德意味的司法案件中，诸如人工流产、种族歧视、性别歧视、同性恋权利等，也是如此。法官们对用道德理论决定案件感到不放心，而这种不放心是很有道理的。波斯纳坚持认为，这种要求法官进行道德判断的法学理论在法学院中的影响是有害的，它使学术法律人偏离了他们的真正角色。他们的角色是为法官及其他法律实务者生产社会科学知识，疑难案件中的问题只能诉诸社会科学来解决，而不是道德哲学。现实中，大多数的法官都是实用主义者，而不是意识形态理论家。要得出解决问题的好办法，他们必须理解他们面临的法律争议中的经验性材料。譬如在性骚扰案件上，虽然男性法官和女性法官给出的判决会有不同，但是法官之间的差异其实并不出于理论立场上的差异，法官中男性沙文主义者或者激进的女权主义者其实都很少。他们之间的差异其实来自对事件相关事实，诸如某些心理学事实和后果事实的认知不同，而这些问题上的分歧是可以通过经验研究缩小的分歧。[3]

波斯纳还指责德沃金对法律实践的分析实际上暴露了他对法律实践的无知。在德沃金经常探讨的妇女索赔药厂案中，根本不涉及道德理论的问题，它涉及的只是简单的"联合责任"这一法律问题。而德沃金却认为这个案件涉及的问题是：法官应当努力决定药品制造商是否有联合责任？但是法官在确定这个责任的时候

---

[1] 参见［美］理查德·A.波斯纳《道德与法律理论的疑问》，苏力译，中国政法大学出版社2001年版，第4页。

[2] 同上书，原书序，第Ⅴ—Ⅵ页。

[3] 同上书，第138页。

会面对一种压力，即通常我们会认为在没有任何因果联系的情况下施加责任是不公平的。波斯纳认为："任何真正的法律内行都会认为这个问题很奇怪，并且不仅仅因为这里的争议并非法律技术意义上的联合责任而感到奇怪。"① 在美国的法律中，联合责任已经体现在诸多法律规定中，对于没有造成实际伤害的犯罪未遂行为或者是刚露头就被阻断了的阴谋，或者是未能着手实施的诈骗计划，或者是"无受害人"的犯罪行为，我们都施加刑事责任，而并不会担心被告行为与法律试图预防的伤害之间没有因果关系。波斯纳还举了一些其他的例子来证明德沃金所困惑的道德问题其实已经有了明确清晰的法律答案。诸如，在侵权法中，过失者的行为仅仅是伤害的充分条件而并非必要条件，即使此行为不符合通常的因果关系定义，我们还是要对过失者施加责任，对造成伤害发生的那个人的雇主施加责任，对那些仅仅没有避免伤害发生的人施加责任。有时，尽管受害人无法以优势证据证明因果关系，但是法律还是要求伤害者承担法律责任。

总而言之，波斯纳认为，法官总是无须在道德问题上表态。道德争议或者可以被省略掉，或者可以被重新表述为法律解释方法问题、制度安排问题、政治分权问题、遵循先例的问题，或者是司法自治的问题，等等。② 只有在某个道德问题上，有某种道德立场被人们所广泛接受的时候，法官才会把法律问题作为道德问题提出来。因为相对于这个共同体来说，这些被广泛接受的道德判断可以说就是道德真理了。而在有分歧的时候，法官则不会这么做，因为法官没有办法论证他所支持的道德立场优于其他人。德沃金认为，人们有道德分歧时，可以通过推理过程来获得道德真理。但是，波斯纳认为，道德理论不可能解决道德分歧问题，"因为它没有工具来沟通

---

① 参见［美］理查德·A. 波斯纳《道德与法律理论的疑问》，苏力译，中国政法大学出版社 2001 年版，第 139 页。

② 同上书，第 131 页。

道德分歧"①。波斯纳区分了法律与道德的三种关系。第一，某个法律争议对共同体具有某种道德意味，例如，人工流产的法律争议在美国社会就具有道德意味。第二，法官也许会依据一些道德理由来决定某些案件。例如，某些法律原则会受到共同体道德观念的影响。第三，法官也许会使用校园道德论的论证方法来决定某些案件。在这三种关系中，他承认法律与道德之间具有第一种联系和第二种联系，但是拒绝两者之间存在第三种关系。法官可以在解决某个法律争议时运用道德原则，但不可以在有争议的道德问题上表态站队，或者运用规范道德哲学解决这一争议。道德理论的不在场是恰当的，而不是遗漏。②

（二）德沃金的再反驳

1. 对道德的独立性的再强调

德沃金对波斯纳提出的总体批评是，尽管波斯纳想要证明普通人和法官都可以将道德理论丢弃一旁，但是他本人却一再诉诸道德理论，未能看到自身立场上的这一矛盾。而他之所以没有意识到其中的矛盾，很可能是因为他没有能够认识到道德哲学与道德社会学、道德人类学以及道德心理学这三者之间存在的重大差别。对于道德判断的研究，可能存在四种不同的智识兴趣，它们分属于不同的智识领域。③ 第一个领域是道德社会学，它研究的问题是世界各地的人们，不同时代的人们，或者是不同经历与教育背景下的人们都持有什么样的道德信念，他们是否对于某些重要的道德信念持有一致意见？或者这些信念在多大程度上有所不同？第二个领域是道德人类学，它研究的问题是如何恰当地解释人类发展道德判断的能力，是世界上存在的某种特殊的物质使人持有某种道德判断呢？还是其他

---

① 参见［美］理查德·A. 波斯纳《道德与法律理论的疑问》，苏力译，中国政法大学出版社 2001 年版，第 132 页。

② 同上书，第 133 页。

③ See Ronald Dworkin, "Darwin's New Bulldog", in his *Justice in Robes*, Cambridge, London: The Belknap Press of Harvard University Press, 2006, pp. 76-77.

什么东西能够解释在某个文化里的大多数人何以持有某种道德意见呢？第三个领域是道德心理学，它关注的问题是人们的道德意见是如何被改变的，论证还是说服的技巧何者更能影响人们的道德立场？第四个领域是道德本身，它关注的问题是某个行为在道德上真的是错误的吗，它在所有的时间空间条件下都是错误的？还是在某些情况下是错误的？有时波斯纳似乎承认前三个领域和最后一个领域不同，即能够区分"关于"（about）道德的问题与道德"的"（of）问题，并且声明自己考虑的是前者。但实际情况并非如此，波斯纳实际上作出的是"道德的"主张，而非"关于"道德的主张。并且只有是此种意义上的主张，才会同他所反对的学术立场真正有所交锋。① 波斯纳未能充分地把不同领域的问题区分开来，他首先给出关于道德分歧广泛存在的报告，然后进一步将这些关于社会学或者人类学的报告用于论证他所提出的一个实质性道德主张——道德相对主义。波斯纳可能认为他所提及的这些社会学和人类学思考，本身就能够证明某种反道德客观主义的立场。但是，波斯纳所批评的对象并不认可这一假定，因此他需要为这一点作出论证。在前面的论述中，我们看到麦凯也试图用关于人类道德生活的事实报道来支持道德怀疑论立场，但是如德沃金所批评的，单是这个事实本身不足以支持道德怀疑论立场。因为道德怀疑论立场是一个实质的道德立场，根据休谟原则，为了支持它，在前提中必须存在某个其他的实质道德立场。

2. 道德理论与日常道德思考的关系

波斯纳声称，他要提供的不是关于道德的实质立场，而是"道德理论"。但是德沃金认为他的策略失败了，因为这种区分不成立，在学者所从事的道德理论与普通人所从事的道德判断之间

---

① See Ronald Dworkin, "Darwin's New Bulldog", in his *Justice in Robes*, Cambridge, London: The Belknap Press of Harvard University Press, 2006, p. 7.

的差异，只是一个程度问题，而不是质的差异。① 普通人之所以进行道德反思，是因为他们感到自己在某些道德问题上游移不定。人们会努力思考诸如安乐死这样严肃而重大的道德问题，而不会认为这仅仅是个人情感、欲望或者偏好的投射而已。人们确实会担心他们所持有的道德信念是否真正可靠，并且严肃地认为搞清楚道德问题上的正确答案并且照此行动是非常重要的一件事。这些人是道德上负责任的人，这种责任促使他们关心自己的道德推理是否是一贯的，或者说他们会关心其道德信念的整体性（integrity），因为他们非常希望做道德上正确的事。波斯纳似乎认为，人们之所以关注道德反思与推理，其唯一可能的动机在于使世界上其他人都赞同他。但是，如德沃金所言，虽然人们确实常常希望自己能够通过提供好的论证来说服他人，但是这个目标并不是道德反思的核心目标。在乎道德反思的人们的首要目标，是消除他们自己在道德问题上的疑虑，知道自己是在做正确的事。他们希望那些利益受其决定影响的人们能够认为他们行事公道，能够认为他们秉持正直（integrity）之心而行动。所以，他们会用一种体现出反思的、真诚的和一贯性的方式来解释他们的道德信念。

但是，德沃金强调，看重道德反思的人们并没有认为，在他们采取某种道德立场或者作出任何事情之前，都需要首先建构一种像功利主义或康德道义论似的完整的道德哲学。他们采取的方式是"从内而外"的推理方式，即从一个特殊的具体问题开始寻找解决问题的道德原则，如果没有什么其他的因素引发他们对于这些道德原则的怀疑，他们就可以用它来指引自己的行为。当他们担心自己的立场是专断的，或者发现这个立场与自己的其他信念相矛盾时，为了平息这些疑虑，他们在智识与道德方面的责任感会促使他们去建构某种一般性理论。当人们承担某种重大社会责任的时候，诸如担

---

① See Ronald Dworkin, "Darwin's New Bulldog", in his *Justice in Robes*, Cambridge, London: The Belknap Press of Harvard University Press, 2006, p. 79-80.

任法官或者政府官员，他们就会认为自己有责任对照其他人的道德信念，包括道德哲学家们提出的更为全面和得到更为充分阐发的学说，来检视他们的反思。人们求助于这些智识资源的目的是对自己的信念作出检讨，发现自己目前持有的信念是否需要作出修正，或者考察自己的观点是否有更为精致的一般性理论的支持。总之，人们由于真诚地在乎做正确的事，就会将自己的道德信念置于其他更为一般性、更为普遍的道德信念中加以考察与审视。①

这个过程可以被描述为"辩护梯度上升"的过程。德沃金指出，我们无法在反思之前就能够预先决定我们将要在这个辩护梯度上的哪个位置停下来，我们无法划分日常的道德论辩与道德理论论辩的界限。我们必须在道德信念的矛盾得到化解后才能停下来，而不会预先知道在何种层面上的道德反思可以化解矛盾。当我们在作出初步的道德反思之后，如果发现某个判断看似不可靠或者专断，我们就要寻找更一般性的道德原则、视野或者理念，尝试为这个判断作出证明，或者是否定它。这个更高层次上的理论思考，"就像一场比赛打到9平之后加赛的做法是棒球比赛的组成部分一样"是道德推理的组成部分，而不是什么额外附加上去的东西。② 可以说波斯纳"既没能把握到种种激发起道德推理的动机的复杂性，也错失了反思与确信之间交互作用之为道德的现象所具有的复杂性"③。总而言之，在德沃金看来，我们无法像波斯纳所说的那样将普通人的道德判断同道德哲学家的理论研究作质的区分，因为他们只是辩护梯度上的不同阶段而已。

3. 对波斯纳"强"命题的批判

为了更好地理解和辨析波斯纳的主张，德沃金细致区分了波斯

---

① See Ronald Dworkin, "Darwin's New Bulldog", in his *Justice in Robes*, Cambridge, London: The Belknap Press of Harvard University Press, 2006, p. 80.

② Ibid., p. 81.

③ Ibid.

纳所提出的两个不同。"强"命题认为,没有什么道德理论能够为道德判断提供坚实的基础;"弱"命题认为,不论道德领域在日常生活或者政治领域具有什么样的影响力,法官们都应该忽略它,因为他们有更好的工具来达成他们的目的。德沃金对波斯纳的这两个命题一一作出批判。我们在这一小节里首先考察德沃金对第一个命题的批判,在随后一小节考察德沃金对第二个命题的批判。

德沃金首先对"强"命题的性质作出了分析。他认为,从性质上说,"强"命题本身也是一个道德立场,是一个"理论性的和普遍性的道德判断"。理由在于,是否有任何种类的道德主张能够为其他的道德主张提供基础,这本身就是一个道德问题。[1]"强"命题作为对于这个实质道德问题的回答,自然也就是一个实质的道德立场,只不过相较于具体的、个别的、日常的道德立场,它是一种抽象的、普遍性的、理论化的道德立场而已。那么我们要做的是考察这个实质性的道德立场能否成立。为此,从逻辑上说,波斯纳必须提供同样是实质性的道德前提来为这个命题提供支撑。但是波斯纳实际上提供了哪些论据呢?首先他似乎提出了一种道德虚无主义,因为他主张道德上没有什么对错之别。但是波斯纳否认了自己是道德虚无主义者,并将自己归属于"道德相对主义者"的行列。道德相对主义认为,存在有效的道德主张,评定道德主张有效性的标准是地方性的,即道德主张的有效性会随时空变化而变化。然而,在德沃金看来,波斯纳实际上并没有成功地勾画出一个融贯的相对主义版本。但这在当前不是一个大问题,因为如果道德相对主义是一种拥有实质立场的道德理论,而不仅仅是一个道德社会学上的主张,那么无论是哪种形式的道德相对主义,都无法为波斯纳的强命题辩护。

因此,德沃金认为波斯纳根本就没能为他的强命题提出什么可

---

[1] See Ronald Dworkin, "Darwin's New Bulldog", in his *Justice in Robes*, Cambridge, London: The Belknap Press of Harvard University Press, 2006, p. 82.

靠的辩护。① 他的大部分论述实际上都在论证一个不同的主张：没有哪种一般性的道德理论能够说服人们否定自己之前持有的道德立场。德沃金承认，道德理论要能够影响人们的道德立场确实是有条件的，这依赖于接触道德理论的人是否肯主动运用他的智力能力去尝试理解和思考这些道德理论的可靠性。这种主动性是被一种渴求道德整体性的动机所推动的。具有这种动机意味着，我们希望自己的道德信念是可靠的，并且能将道德信念实践在生活中。我们渴望在个人如何生活和与他人如何共处的问题上拥有正当的信念，这种深切的渴望解释了为什么最优秀的道德哲学著作可以跨越历史长河而具有持久的吸引力。这些具有激动人心力量的道德学说也确实能够改造我们的观念，推动我们创造新的历史图景。因此，历史经验证明波斯纳关于道德理论总是不能改变人们的既有道德信念的主张是错误的。当然，我们也可以找到一些经验事实发现人们很多时候就是固执己见，不为任何论证充分的道德论证所动。这正反两方面的经验使我们发现，波斯纳所提出的"道德论辩是否会改变人们的观念"是一个提得很拙劣的问题。"总是能够"与"总是不能够"显然都是错误的答案。如德沃金所言，只有极度天真的乐观主义者才会相信前一个答案，而只有独断的犬儒主义者才会坚持后一个答案。

4. 对波斯纳"弱"命题的批判

承接上文，我们继续来讨论波斯纳两个命题中的"弱"命题。波斯纳的弱命题认为，不论道德在日常生活或者政治领域具有什么样的影响力，法官们都应该忽略它，因为他们有更好的方法来达成他们的目的。德沃金认为波斯纳此处所犯的错误仍然是忽视"道德的独立性"。其中的逻辑很简单，如果在疑难案件中，法官没有必要去作道德判断，那么他们当然没有必要参考道

---

① See Ronald Dworkin, "Darwin's New Bulldog", in his *Justice in Robes*, Cambridge, London: The Belknap Press of Harvard University Press, 2006, pp. 83–84.

德理论。但是，如果他们所面对的确实是道德问题，那么他们就必须作出道德判断。而他们为了作出高质量的道德判断，就应当参考更具反思性、论证更为精致的道德理论。如果让法官诉诸社会学、历史学或者经济学等任何其他非道德理论来解决这些道德问题，就会出现一个"范畴错误"（category mistake），这就好比建议某个在代数问题上遇到麻烦的人尝试使用罐头刀来解决他的难题。①

波斯纳试图论证法官不会面临道德问题。证据就是，在德沃金所讨论过的最高法院判决的一些案件中，法官与律师们并没有提出什么道德问题。诸如在安乐死相关案件中，联邦最高法院的大法官们回避了哲学家们提出的哲学分析。但是，德沃金认为这个例子恰恰能够证明波斯纳是错的。哲学家们在这个案件中提出了两个道德上的主张：其一，有行为能力的临终者原则上拥有决定他们自己如何死亡的权利；其二，即使承认该权利在某种程度上会增加其他病人被迫违反意愿选择死亡的风险，增加的风险也不能为拒绝承认前述权利做辩护。德沃金认为，没有任何一位最高法院的大法官回避了这两项道德主张，有的法官是支持了这两个主张，有的法官则是采取了相反的立场。而在罗伊诉韦德（Roe v. Wade）一案中，联邦最高法院的判决也没有回避道德问题，这个道德问题就是，各州是否应当尊重个人在个人道德问题方面的自主性，以及一个早期的胎儿是否是具有自身的利益与宪法权利的人。再如，在种族隔离案布朗案（Brown v. the Board of Education）中，法院的论据似乎是一个非道德论据，即隔离会伤害到黑人的自我评价的心理学事实。但是，德沃金敏锐地指出，如果法院认为这个心理学事实能够影响判决，那是因为他们预设了一个实质的道德立场，即黑人和白人都应当受到平等尊重。这

---

① See Ronald Dworkin, "Darwin's New Bulldog", in his *Justice in Robes*, Cambridge, London: The Belknap Press of Harvard University Press, 2006, p. 84.

些例子表明，法院在这些案件中确实诉诸了某种道德立场，而不像波斯纳所说的那样在裁判时悬置了这些道德争议。

（三）一点评论

总结上文的讨论，在德沃金与波斯纳的论战中，涉及的辩论焦点主要有两个。第一是法律人在司法中实际上有没有争论道德问题；第二是法律人应不应当争论道德问题。笔者的看法是，第一个问题的答案是肯定的，第二个问题可以区分为两个不同层次的问题，在其中一个层次上，问题被消解，而在另外一个层次上，回答是肯定的。

首先，法律人在司法中有没有争论道德问题？波斯纳法律实用主义认为，并不存在什么道德判断上的难题，所谓的道德判断难题都可以被转化为事实问题。他认为，有时一个道德问题其实是经济上的成本与收益的问题。"像'公正'和'平等'这种词的问题没有确切的含义。它们是可以引人遐想的语汇，但无助于分析和决断……当仔细分析律师和法官所使用的'公正'和'平等'这两个词时，它们就归结为对后果的考虑。如果一个程序合理地平衡了错误的风险与减少错误的成本，那么它就是'公正的'。如果一种待遇的总体后果不好，那么它就会被说成贬义上的'不平等'。"[①] 还有的时候，他认为道德问题是较为复杂的社会事实问题。比如，在讨论我们是否应当赋予医生协助自杀的权利时，试图把它概念化为自主原则同生命神圣原则之间的冲突，或者把它当作如何解释《宪法》正当程序条款中的"自由"之含义的问题，这都是在逃避真正的问题。重要的是必须知道医生协助自杀的实际后果是什么。为此，法官需要研究这一做法在荷兰的效果，因为荷兰是世界上唯一将医生协助自杀完全合法化的国家。[②]

[①] ［美］理查德·A. 波斯纳：《法律、实用主义与民主》，凌斌、李国庆译，中国政法大学出版社 2005 年版，第 82 页。

[②] 同上书，第 92—93 页。

然而，此种认为法官仅根据事实裁判的说法是不符合实际的。诸如像医生协助自杀这类问题，关于它的实际后果可能有方方面面的情况，如果我们不清楚哪些方面的事实是裁判应当考虑的，我们甚至不知道到荷兰调查后果时要调查哪些事实。无论如何，我们都需要对各种后果所扮演的角色和分量作出决定，而这不能是任意的。在决定这些问题时，我们会发现我们诉诸不同的一般性前提，而正如德沃金在《生命的自主权》（*Life's Dominion: An Argument about Abortion and Euthanasia*）一书中所展示的，对这些前提的追问终会溯及诸如自主原则和生命神圣原则等根本的道德问题上来。① "任何关于实用主义的更为精确的版本，必须具体地阐明某种结果主义观念：它必须具体说明，如何确定一个判决的哪些后果是最佳的。"② 如果它不给出这种判断可以依赖的原则，这种理论就剩下空洞的口号。让我们回忆一下波斯纳对回避实用主义的法官的批评："对于那些认识到自身的实用主义本质的法官是否可能沉醉于权力感，我认为，通常情况下，人们知道自己在做什么会比懵懂无知做得更好。法官知道自己在行使裁量权的时候，要比他认为自己仅仅是传送别处作出的决定时，更少而非更多可能成为权力狂。"③ 我们可以用波斯纳批评形式主义的话来提示他自己注意这样一点：通常情况下，人们知道自己在做什么会比懵懂无知做得更好。法官知道自己实际上拥有某种道德立场的时候，要比他误以为自己仅仅是在中立地作决定时，更少而非更多地犯下道德错误。因为在这种情况下，法官至少可以清楚地了解他们所面对的问题的性质，进而知道应该去哪里寻找解决的

---

① 参见［美］罗纳德·德沃金《生命的自主权》，郭贞伶、陈雅汝译，中国政法大学出版社2013年版。

② Ronald Dworkin, *Justice in Robes*, Cambridge, London: The Belknap Press of Harvard University Press, 2006, p. 21.

③ ［美］理查德·A. 波斯纳：《法律、实用主义与民主》，凌斌、李国庆译，中国政法大学出版社2005年版，第115—116页。

办法。

其次，法官应不应该关注道德问题？波斯纳可能认为，即使法官确实像德沃金所说的那样会面对道德问题并作出道德判断，但这只能说明这些法官逾越了他们的权限，法官也不应该参与实质性的道德推理与论辩。比如，在安乐死案件中，无论地方立法机关所制定的法律是支持还是反对安乐死，联邦最高法院都应该予以支持这样的制定法。这不是基于对安乐死相关的道德原则的判断，而是基于这样一种考量，即基于对民主价值的考虑国家应该将该问题置于日常政治领域决定。但是，德沃金可以对此作出反驳，法官基于对民主价值的理解来拒绝亲自考量道德问题，这本身就是法官在政治权威之正当性问题上采取的道德立场。波斯纳又或许主张，法官基于民主价值来确定恰当的裁判风格，这不是在回答什么道德问题，而仅仅是提出了关于政治与司法之关系的主张。但是，德沃金敏锐地指出，此类主张就是道德判断，因为它们是关于政治与司法机构应当如何运作的规范性主张。它们是高度有争议性的道德判断，是关于政府权力应当如何分配、如何行使，以及这些权力在何种情况下应当出于对个人道德权利的尊重而受到限制的道德判断。[①] 可见，无论如何，法官只要是从事裁判，就无法回避一个根本的道德问题，即法律的正当权威是如何可能的。当然，法官回答这个问题的不同方式，决定了他们在裁判中如何对待道德考量。如果一个法官赞同德沃金的整全法，他就会认为法官在从事具体的法律解释过程中也需要考量道德；而如果他赞同波斯纳对某种意义上的民主价值的坚持，他就会拒绝作出道德考量。但是，在这不同理论立场之间的选择是道德性质的选择，也是法官们无法回避的选择。既然无法回避选择，应不应当去选择的问题也就不存在了。

总结一下笔者关于法官应不应当在裁判中作出道德判断这个问

---

① See Ronald Dworkin, *Justice in Robes*, Cambridge, London: The Belknap Press of Harvard University Press, 2006, pp. 87-88.

题的看法。笔者建议，我们首先将这个问题区分为两个不同层次的问题。第一个层次的问题是法官应不应该考虑法律权威正当化如何可能这个政治道德问题。由于这个问题是法官在裁判中必然会以自己的实际行动表明立场的问题，因此它是无法回避的，这进一步意味着法官应不应当在这个问题上采取道德立场的问题就被消解了。在另外一个层次上，涉及的问题是，根据法律权威正当化原理，法官应不应当在确定法律是什么的过程中考量道德？根据不同的权威正当化理论，答案是不同的。在这个问题上，波斯纳与德沃金之争涉及的主要问题是，究竟是法律实用主义还是整全法理论能够对法律权威的正当性作出最佳证立？在这一问题上，笔者支持整全法对法律权威正当性的说明。

第三节　基于未完全理论化协议对整全法理论的批判

一　孙斯坦的未完全理论化协议理论

（一）什么是未完全理论化协议？

孙斯坦认为，我们在法哲学上必须回答的难题是：在由基本价值观存在巨大差异的人们所构成的异质性社会中，法律事业如何可能？[1] 在这种社会条件下，法律实践的参与者们就必须使法律推理模式适应这样一种事实，即人们在基本原则问题上正当地持有不同观点。这要求我们遵循这样一种法律推理模式，即搁置在重大问题上的根本分歧，通过追求在特定事项上的"未完全理论化协议"（incompletely theorized agreements）来解决案件。这种方法特别适用于存在根本社会分歧的情形，即人们对于富有雄心的一般性理论非常

---

[1] See Caas R. Sunstein, *Legal Reasoning and Political Conflict*, New York: Oxford University Press, 1996, preface, pp. vii–viii.

不信任。他强调，未完全理论化的协议是社会稳定的重要来源，是人们在法律活动中表达相互尊重的重要方式。在社会生活中，人们进行推理的方法源自他们所担任的特定角色，而未完全理论化协议的思考方法对于法官所担任的特定社会角色来说尤其适合。[1]

孙斯坦认为，未完全理论化协议理论对于像德沃金那样要求法官进行复杂道德论辩的法律理论来说，构成了一种非常严重的挑战。[2] 德沃金的裁判理论是从一般理论出发，运用某种简单的、单一的、高度抽象的价值标准来处理案件。根据这种裁判理论，法官只需运用简单的演绎法就可以获得具体案件的结论，特定案件的结果被视为一般理论的逻辑推演结果。从表面上看，这是一种逻辑严密的推理，但是由于人们在何种一般理论是正确的问题上常常存在巨大的分歧，因此，如果法官独断地坚持特定一般性理论，则很容易被指责为自以为是。人们可能会认为，道德不是建立在一种价值观之上，而是建立在许多无法进一步化约合并的、各自独立的、各不相同的价值观之上的。[3] 有鉴于此，孙斯坦希望能够提出避免整全法裁判理论缺陷的推理方法，即以未完全理论化协议进行推理。

那么，什么是孙斯坦所说的"未完全理论化协议"呢？这一概念是相对于"完全理论化"（completely theorized）而言的。根据孙斯坦的界定，"完全理论化"是指既接受某个一般性理论，同时又接受联结这一理论与具体结论的一系列步骤。[4] 看上去，这是一个解决问题的理想方式。但是，在多元化的共同体当中，我们能够达成这种从理论到具体实践方案的完全共识的情况非常稀少，因而就出现了三种未完全理论化的解决办法。[5] 第一种未完全理论化协议是

---

[1] See Caas R. Sunstein, *Legal Reasoning and Political Conflict*, New York: Oxford University Press, 1996, preface, pp. 5-6.

[2] Ibid., p. 6.

[3] Ibid., p. 16.

[4] Ibid., p. 35.

[5] Ibid., pp. 35-36.

"未完全具体化"（incompletely specified）协议，我们常常会在某个一般原则上达成共识，但接受这一原则的人们可能就它在特定情形中的要求持有不同观点，这就是未完全具体化协议。例如，人们普遍赞同"禁止谋杀"这一道德原则，但是对于人工流产是否不道德则存在巨大分歧；人们通常也都支持种族平等原则，但在一种反歧视行动是否正当的问题上则可能存在分歧。孙斯坦认为，未完全具体化的协议有着重要的社会作用，其优点主要在于实用性方面。它允许人们抛开大范围的分歧，有效地制定决策和行动框架。同时，它有助于建立一定程度的社会团结和共同承诺，以及允许人们表示高度的相互尊重。第二种未完全理论化协议是指，人们在某个中等层次的原则上取得一致意见，但在一般原理和特定实例两方面都存在分歧。例如，法官们可能都从原则上认为政府不能搞种族歧视，但他们既没有分享相同的宏观的平等理论，同时在某些具体种族政策问题上也没有一致意见。第三种未完全理论化是指，人们能够一致赞同某个具体行动方案，以及作为这个行动之基础的范围狭窄的或低层次的原则。当人们在某些相对高层次的主张上产生分歧的时候，如果他们降低讨论的抽象程度，也许能够在较小范围内达成一致意见。可见，这三种未完全理论化协议是根据达成的协议的抽象层次来划分的，第一种未完全理论化协议是人们在最为抽象的层次上所达成的原则共识，第二种未完全理论化协议是人们在中等抽象层次上所达成的原则共识，第三种未完全理论化协议是人们在最具体层次上达成的原则共识。

（二）法律中的未完全理论化协议方法论辩护

孙斯坦为支持未完全理论化协议提供的理由大体可归结为如下五个方面。

第一，未完全理论化协议允许法官将权威的基础同关于真与善的抽象理论分离开，争议案件中的败诉者就更可能会由于没有被迫放弃其根本理想而自愿接受法律义务，由此也可避免人们因为持久争论而导致发生的高额成本。如果法官没有为某种一般性理论背书，那么在特定案件中败诉的人的损失要小得多。① 我们可以说，他输掉的仅仅是一个判决，而不是整个世界。他们可能在另外的场合下还有机会使自己所赞同的那种一般性理论获胜，在裁判中被驳回的仅仅是他们在某个问题上的具体主张，而不是他们所支持的一般性理论。这相当于告诉失败者，他们最深的信念仍可能在法律的其他领域发挥作用，这对于他们来说显然是一个巨大的安慰。

第二，未完全理论化协议有助于我们推动道德发展与进步。② 相反，完全理论化的判断无法适应社会在事实或价值方面不断发生各种的变化。如果我们将某种法律文化作为理论上的最终状态加以认可和固定，它就会变得太过严格和僵化，这无疑对子孙后代有害无益。当然，如果有某种完全理论化判断是正确的，那么将它认可与固定下来是件好事，但问题是，要获得它，恐怕是我们人类依靠目前所拥有的能力无法实现的梦想。人们在事实和价值问题上的看法，经常会发生许多变化。例如，我们有时候不愿意提前很早就决定何时结婚、要几个孩子、在何处定居等问题，这是因为我们可以预料到，自己在这些事实和价值的看法上都可能发生诸多改变，甚至我们的个人认知与定位可能也会发生很大变化。因此，这种事前的全面承诺，这种关于我们生活规划的完全理论化设想就会失去意义。与此相类似，我们无法一劳永逸地提出一个关于平等、自由或正义的完全理论化解释。一方面是因为建构这种理论是一个不断学习、不断修正与完善的过程；另一个重要的原因就是社会对事实和价值的理解会随着时间推移而发生变化。

第三，未完全理论化协议对于时间和能力有限的人们来说，是解决问题最为实用的方法。③ 就人们所拥有的现实条件来说，完全的

---

① See Cass R. Sunstein, *Legal Reasoning and Political Conflict*, New York: Oxford University Press, 1996, p. 41.

② Ibid., pp. 41–42.

③ Ibid., p. 42.

理论化是遥不可及的。普通法系的法官在裁判案件时依循先例是个很聪明的做法，关注先例的目的正是缩小问题和材料的范围，减轻他们的工作负担。类似地，对于普通的律师和法官来说，未完全理论化协议有着同样的优点。这可以帮助他们设置一个谦虚的、有限的目标，即只要进行简单的类比推理就可以完成本职任务，而不需要在某个具有重大争议的基本问题上站定立场。

第四，未完全理论化协议很适合于那些裁判受到先例约束的法律体系。① 一个有着丰富、漫长历史的成熟法律体系总是包含着无数既有判例，显然法律不可能在所有这些判例中都用一个声音说话，想要将过去的案例统合进一个协调一致的原则系统，这是根本不可能的。如果法官要运用完全理论化这种太具抱负的方法，就必须抛弃很多判例，这与法官司法职责相违背。我们通常会认为，法官和律师应当将先例视为不可反抗的，如果他们试图追求完全理论化协议，就会使得先例的地位降至仅供参考的"审慎判断"而已。而法官原本不应当如此无礼地处理那些判断，就算这些判断不能同他本人的反思平衡相一致。合同法领域可能和民事侵权法或财产法有矛盾，而合同法自身内部也可能存在矛盾，然而法官的任务不是指出矛盾的哪一方是正确的，而只是找出最为相近的判例，严格依据它裁判新的案件。未完全理论化协议能够适应此类法律体系的历史与现状，并响应它们对司法职责的要求。

第五，未完全理论化判断有助于促进价值多元化。② 我们人类的道德观承认不可还原的多样的善，它们无法被归于一个主价值之下。一种简单的、一般化的、一元的价值理论，很可能过于粗糙不能适应于我们对不同具体领域的多元价值的最佳理解。所以，试图用某种单一的价值观把各种判决组织起来，是很荒谬的想法，是不切实

---

① See Caas R. Sunstein, *Legal Reasoning and Political Conflict*, New York: Oxford University Press, 1996, pp. 42-43.

② Ibid., p. 44.

际的。虽然很可能有某种"自上而下"的完全理论化的方法也拒绝一元论,主张多重价值观,但是,这样的方法仍然会陷入困境,因为关于如何最佳描述和具体化相关价值,人们有很大分歧。

当然,孙斯坦也意识到未完全理论化也有自身的缺陷。其一,某些未完全理论化协议可能是不公平的。因为如果一个协议的理论化程度高,它就会对受影响的各方给予更全面更平衡的关注。其二,更高程度的理论化,即对判断的基础进行范围更广和更深入的探究,这样做是有价值的,这甚至是避免矛盾、偏见和自私的必要条件。[1] 然而,在他看来,这些缺点仅仅意味着,我们应当不断努力追求更高程度的理论化,但无论如何,未完全理论化都是唯一的可行之路与必经之路。

孙斯坦对未完全理论化协议理论辩护,同时构成对德沃金整全法理论的批判。德沃金似乎要求法官形成一种高层次的理论,而不赞成他们保持理论探究上的谦虚。按照他的观点,在我们判决有关侵权法的案件时,需要提出和依赖某种平等理论,而在判决有关言论自由的案件时又需要建构和依赖某种自治理论。但在孙斯坦看来,这些沉重的任务并不是现实中的法律人能够做到的。对于法律参与者们来说,这种问题太难、太大,没有任何限制条件,根本无法处理。法官必须在裁判中避免宽泛抽象的问题。如果法官陷入构建一般性理论的泥潭,这就会阻碍那些在深奥的原则问题上存在分歧的人们就某些特定的结果达成共识。[2] 所以说,律师和法官都不应当致力于从事创立抽象政治理论的工作。他们避开这一工作有着很好的理由:第一,该工作会耗费大量的时间;第二,这一工作对于解决具体案件来说并无必要;第三,一般的理论创建工作往往遭到人们

---

[1] See Caas R. Sunstein, *Legal Reasoning and Political Conflict*, New York: Oxford University Press, 1996, p. 44.

[2] Ibid., p. 49.

抵触，因为它经常打算改变人们在其内心最深处坚持的道德承诺。①因此，孙斯坦认为，从工作性质上说，普通法官和赫拉克勒斯没有共同之处，普通法官并非一个时间和精力永远有所欠缺的赫拉克勒斯的低劣版本，而是承担着完全不同的角色和任务。②

二 德沃金对孙斯坦的回应

德沃金称孙斯坦所倡导的法律推理方法为"职业主义"，并试图通过重申赫拉克勒斯与普通法官的共同之处来驳斥孙斯坦理论的独立性，将对手的观点收编到自己的阵营。他认为，赫拉克勒斯和普通法官之间的差异在于他们反思的方向和抱负的大小，而不在于他们反思的材料或者反思的性质。确实，普通律师和法官就具体法律问题所作的推理是从内到外的，他们会在遇到实践问题后，向上寻求一般理论的支持。但是，那个问题究竟会把他们带到辩护梯度的何种层次，他们无法事先设置一个确定的限度。所要解决的问题本身的复杂性，决定着他们必须追溯到何种理论水平上来讨论它，这个确切的层次是无法事先得知或事先加以规定的。当然，一位律师或一位法官进行法律探讨的时候，不必超过这样一个点，即在这个点上，他们已经能够可靠地假定整体性已尽可能地得到了满足。他们在判定何时能够可靠地假定这一点的时候，必须考虑审判的实际环境，包括作出判决的需要以及其他责任的压力。③ 如果孙斯坦真的想要拒绝德沃金对法律推理的说明，他就必须假设，律师或者法官在整体性问题明白呈现出来的时候，应当拒绝去正视它们，或者应当对此类问题视而不见，但这显然是不合理的。

孙斯坦所建议的依循判例的裁判方法不能有效地区分于整全法

---

① See Caas R. Sunstein, *Legal Reasoning and Political Conflict*, New York: Oxford University Press, 1996, p.49.

② Ibid. p.50.

③ See Ronald Dworkin, "In Praise of Theory", in his *Justice in Robes*, Cambridge, London: The Belknap Press of Harvard University Press, 2006, pp.66-67.

理论。孙斯坦认为，法官不应当转向更抽象的理论水平，而是应当以一种更像法律家的方式，即通过类比来判决疑难案件。但德沃金认为，类比只是"说出"结论的一种方式，而不是"获得"结论的方式，后一种工作必须依赖理论才能完成。[①] 孙斯坦退而承认说，类比的方法需要诉诸一般性的原则，但他坚持认为，这一让步并没有破坏在他的观点与内置型解释之间所作出的区分，因为类比方法适用时所需诉诸的只是"中等程度"的原则，而不是整全法要求法官去求助的"高等程度"的原则。但是，德沃金认为这其实是一个没有什么实在帮助的区分。其一，"中等"与"高等"这个分类法没有告诉我们任何有用的东西。譬如，说明言论自由为何特别重要的政治理论究竟是一种"中等程度"的理论呢？还是一种"高等程度"的理论呢？其二，这种方法试图预先为法律推理进行反思的抽象程度确定一个边界，但是这种要求在逻辑上以及现象上都难以理解。法律家们在达到一个可靠的落脚点之前，无法预判在探究的过程中他们需要进行反思的范围有多大。他们无法实施这样一种方法论，即它预先规定一个他们必须止步的地方，无论他们的反思在那一点上是多么摇摆不定或多么缺乏确信。[②] 因此，孙斯坦诉诸类比方法，根本无法把他的方法和德沃金的理论内置型方法区分开来。

三 未完全理论化协议并非更优选项

笔者认为，孙斯坦攻击了一个不存在的理论对手，一个假想的稻草人。根据他的设想，站在他对立面的理论对手德沃金会主张，现实的法官像赫拉克勒斯一样在建构完一个融贯的知识体系以后，直接将这套理论演绎地用于裁判案件。但是这并不是德沃金所实际

[①] See Ronald Dworkin, "In Praise of Theory", in his *Justice in Robes*, Cambridge, London: The Belknap Press of Harvard University Press, 2006, p. 67.

[②] Ibid., p. 68.

主张的。德沃金能够认识到普通法官和理想型法官赫拉克勒斯之间的差别，并且知道现实的法官总是在追求赫拉克勒斯式的理想，而不可能完全地达到。现实的法官无法一劳永逸地建构一个融贯的道德原则体系，而只能局部地、渐进地追求它，每一次只能获得一个暂时可依赖的信念之网，随时准备根据其他有力挑战修正它。所以，德沃金认为，法官达成的就是孙斯坦所主张的那种未完全协议，他看不出他们的主张有实质上的差异。

但是笔者认为，他们之间还是存在一些重要不同。在德沃金看来，如果法官用以证立法律体系的道德原则之间存在冲突，这些冲突应该被视为法律体系的缺陷，应予以消除。而在孙斯坦那里，这种冲突与不一致，甚至是人们有理由加以赞赏的。孙斯坦为这种赞赏态度提供了三个理由，但笔者认为这三个理由尚不能充分证明他的立场。

孙斯坦的第一个理由是，如果我们能够保持这种不一致，那么道德分歧中的各方可能会认为他们更有理由服从法律，但事实并非如此。在孙斯坦看来，如果法官没有为某种一般性理论背书，那么在特定案件中败诉的人会认为自己只是输掉一个判决，他所信奉的道德观念仍然可以在另外的场合下被法官认可，因此可能更愿意接受眼前的判决。[1] 表面上看，这种裁判方式彰显了公平，因为它体现了不同道德立场之间的妥协，让每种意见在国家的法律中都得到实现。但实际上，它恐怕并没有看上去那么公平。这种策略其实就是德沃金所说的"棋盘式"法律（"checkerboard" laws）[2]，或者说是"所罗门式方法"[3]。这种安排把社群的公共秩序当成依照分配正义来分配的某种商品，如德沃金所注意到的，由于此种法律体系允许

---

[1] See Caas R. Sunstein, *Legal Reasoning and Political Conflict*, New York: Oxford University Press, 1996, p. 41.

[2] Ronald Dworkin, *Law's Empire*, Cambridge, Mass.: The Belknap Press of Harvard University Press, 1986, p. 178.

[3] Ibid., p. 179.

自己对相同事件予以不同处理，我们会从直觉上反感它。① 之所以我们会反感"棋盘式"法律，是因为我们体会到这样一种强烈的直觉：如果人们在某个正义问题上产生分歧而必须有所妥协的话，这个妥协必须是"外在的"，而不能是"内在的"，即它必须是关于采纳何种正义原则的妥协，而不能是一个被妥协了的正义体系。德沃金所讲的整全性政治道德能够解释我们的此种直觉。根据这一政治理想，用内在妥协方式来制定或者实施法律的国家，没有以原则性的方式来行动。为了证立其法律的某些部分，它必须为某些原则背书；但为了证立其余部分，它又必须支持相冲突的其他原则。整全性指责的就是这种原则的不一致。因此，当一个国家的法律体系是内在妥协式的，它的公民未必会觉得这是一种值得赞赏的公平。他看到他认为正确的那个原则在别的地方被坚持，却没有在他的案子里被坚持，因此会觉得有理由基于法律的不公平对待而拒绝认为自己有服从判决的义务。

孙斯坦提出的第二个理由是，保留证立法律体系的道德原则之间的冲突，对于我们推动道德进步有很大帮助，笔者认为这个理由也不能成立。孙斯坦认为，如果我们真的能够制定某种真正正确的完全理论化协议，这当然很好，然而这其实是依靠我们人类目前所具有的能力无法实现的天方夜谭。如果我们实际不具备这种能力，却强行为法律体系确定某种严格和僵化的价值框架，这对子孙后代无益。我们无法一举提出一个法律上的完全理论化协议，这既是因为建构这种理论是一个不断学习的过程，也是因为对事实和价值的理解会随着时间变化。② 笔者认为，德沃金也会在相当大程度上认可孙斯坦的观点。第一，德沃金无疑也会承认，无论是在事实还是在

---

① See Ronald Dworkin, *Law's Empire*, Cambridge, Mass.: The Belknap Press of Harvard University Press, 1986, pp. 179–184.

② See Caas R. Sunstein, *Legal Reasoning and Political Conflict*, New York: Oxford University Press, 1996, pp. 41–42.

价值问题上，人们都不断会有新的发现与认知，用它们去修正我们对世界、他人与自我的既有理解。人类的认识无法一蹴而就，而是一个不断探究的过程。第二，德沃金也会承认，情况总是会发生变化，我们要能够灵活地应对这些变化，僵化地照着一套已经不合时宜的计划来行事，当然是不明智的。那么，在德沃金与孙斯坦之间真的有什么重要分歧吗？以笔者的观察，这个分歧在于，孙斯坦认为法律体系应该通过故意保留某种原则上的不一致来容纳未来我们信念的变化和事实的变化。以他之见，或许法官已经明确认识到两个原则是相互冲突的，但是他不应该将此看作一件坏事，因为他可能发现人们在某些问题上更支持第一种原则，而在另外一些问题上更支持第二种原则，这样他就可以根据大众在具体问题上的态度，灵活地选择自己在具体案件中支持哪个原则。如果他事先宣布了他会绝对地支持哪种原则，他在司法裁判中就会陷入被动。孙斯坦勾画的这种法官想象似乎是狡猾的、瞬息万变的、见机行事的。在德沃金的整全法中，法官应当尽可能追求整全性的法律理想，不会故意保留法律在原则上的不一致。法律体系面对未来的响应能力，不在于法官暗自作了两手准备，而在于法官的道德推理可以不断地根据我们新的道德认识而作出调整，法官会将他所建构的原则理解为暂时性的，准备随时完善它。

　　孙斯坦的第三个理由是，保留证立法律体系的道德原则之间的冲突，可以促进价值多元化，笔者认为，他的这个论述因为不够清晰而缺乏证明力。在孙斯坦看来，世界存在不可还原的多样的善，它们无法被归于一个主价值之下。一种简单的、一般化的、一元的价值理论，很可能过于粗糙而不能适应于我们对不同具体领域的多元价值的最佳理解。所以想用某种单一的价值观把各种判决组织起来，是很荒谬的。[①] 这些论述看上去很具有吸引力，它的表述满足当

---

　　① See Caas R. Sunstein, *Legal Reasoning and Political Conflict*, New York：Oxford University Press, 1996, p. 44.

下人们对"政治正确"的要求。但是,孙斯坦所讲的"多元性"仍是一个非常模糊的概念。笔者认为它至少有两种可能的含义。第一种是伦理意义上的价值多元,这讲的是有很多不同的有价值的生活方式,我们不能说某种生活比另外的生活更好,因为没有一个共同的标尺来衡量这些不同的生活。譬如我们不能说哲学家的生活方式一定优于政治家的生活方式,人们在这两种生活方式中追求的是不同的善。另外一种多元指的是道德意义上的价值多元,认为我们在道德生活中面临着一些无法解决的冲突,我们无法确定这些相互冲突的道德要求中哪个正确哪个错误。笔者赞同第一种意义上的多元性,反对第二种意义上的多元性。关于这个立场的论证将在第五章中详述。此处仅仅指出,孙斯坦没有清晰地区分这两种多元性的含义,也没有提供详细的理由,这导致我们无法评估他的观点。

第 四 章

道德分歧与法律的功能

斯科特·夏皮罗（Scott J. Shapiro）和杰里米·沃尔德伦（Jeremy Waldron）基于现代社会道德分歧现象，支持一种规范性实证主义的立场，反对德沃金所提倡的司法中的道德判断。夏皮罗理论的核心是"法律规划命题"，该命题的内容是：法律体系是社会规划制度，它的根本目标是去弥补合法性环境下其他规划形式的缺陷。他认为，整全法理论要求法官深入道德哲学和政治哲学中去发现法律的内容，这挫败了法律存在的目的。沃尔德伦基于对现代立法机构特征的分析，为文本主义的法律解释提供了一种辩护。这一结论与德沃金的整全法理论对法律解释的看法针锋相对。除此之外，沃尔德伦提出了另一个可能威胁到整全法理论的主张，即道德判断客观性即使是存在的，也不能够支持法官在裁判中进行道德判断。本章将依次考察夏皮罗和沃尔德伦对整全法理论提出的批评，并思考德沃金能否依赖其自身理论资源成功回应它们。

第一节 基于规划理论对整全法理论的批判

笔者首先分析夏皮罗如何基于他的法律规划理论为法律实证主义辩护，然后考察他在此基础上提出的法律解释方法，接着梳理他如何基于这些讨论反对德沃金的整全法理论，最后尝试分析借助德沃金自身理论资源应对法律规划理论挑战的可能性。

一 基于规划理论的法律实证主义辩护

（一）法律规划理论的基本概念与命题

夏皮罗基于对法律实证主义既有缺陷的反思，试图对之提供一种替代性论证方案——法律规划理论。他的总体策略是要说明，存在一个规划领域（the realm of planning），确定规划之存在及其内容的恰当方式是指出它们被采纳和接受的事实，而不是通过道德考量。规划的存在是一回事，它的好坏则完全是另外一回事。① 法律的存在条件与规划相同，因为法律体系的基础规则就是规划。这一规划的功能是构建法律活动，使得参与者可以共同追求某种若没有法律就无法实现的善和价值。因此，要想知道法律权威存在与否，只能是采取社会学的方式，即去查明相关官员是否实际接受了一个授予某主体以权威的规划。法律权威存在与否不是一个关于权威的道德正当性的问题。② 夏皮罗认为，把基础性法律理解成规划，不仅能证成实证主义的法律观，还可以为法律权威如何可能的问题提供很有说服力的解释方案。

夏皮罗的主张可以被集中概括为"法律规划命题"，该命题的内容是：法律体系是社会规划制度，它们存在的根本目标是弥补合法性环境下其他规划形式的缺陷。③ 法律为社群制定规划主要有两种方式：告知社群成员他们能做和不能做之事，以及确定谁有权决定社群成员能做和不能做之事。根据这个主张，法律规则本身是普遍化的规划或者说是类似规划的规范，由那些拥有权威为他人制定规划

---

① See Scott J. Shapiro, *Legality*, Cambridge, MA: Belknap Press of Harvard University Press, 2011, p. 119.

② Ibid.

③ Ibid., p. 171.

的人所颁布。而裁判涉及的问题是将这些规划和类似于规划的规范运用到它们所适用的那些人身上。法律通过此种方式组织了个人和集体的行动,从而使共同体成员可以获得某些道德善(moral good)。而如果没有法律,此类善就无法实现,或者不能很好地实现。①

规划命题中包含两个关键概念。第一个是"社会规划"(social planning)。夏皮罗在说明这个概念的时候着重将它同某些臭名昭著的"大规模公共工程"(large-scale public projects)相区分。前者是指引、协调与监督人们行为的必不可少的有效手段;而后者是政治权威自负地、强制性地推行某种独断的、未经检验的意识形态,通过自上而下的指令来激进地变革社会。后者是一种家长作风,其假定了统治者是垄断了科学和道德伦理知识的专家,因此有权将他们自己关于理想社会的看法强加给所有人。② 另外一个关键概念是"合法性环境"(circumstances of legality)。如果一个社群面对大量重要的道德问题,并且这些难题的既有解决方法是复杂的、有争议的或者是专断的,则我们可以说这个社群处于"合法性环境"之中,这是夏皮罗参照了大卫·休谟的"正义的环境"概念所构造的概念。③ 在合法性环境之下,用诸如即时措施、自发秩序、私人合意、集体共识等非法律手段来解决道德分歧的代价和风险会很大,甚至大得过分。此时,处于合法性环境下的社群成员,就有强烈的理由降低这些相关成本和风险。为了做到这一点,他们不得不依赖于社会规划这一项复杂技术,在当代社会,它的具体实现方式是法律制度。法律的目标是通过以正确的方法进行规划从而弥补非法律方法在解决社群道德分歧时的缺陷。此处强调是"正确的"方法,所说

---

① See Scott J. Shapiro, *Legality*, Cambridge, MA: Belknap Press of Harvard University Press, 2011, p. 155.

② Ibid., p. 154.

③ 休谟主张,正义的环境包含四个要素:(1)适度的资源匮乏,(2)有限的利他主义,(3)大致的平等,(4)适度的社会依赖。只有在此种社会条件下,正义才是一项德性。[英]大卫·休谟:《人性论》,关文运译,商务印书馆1980年版,第532页。

的是以道德上正当的方式，采用敏感于道德考量的规划。①

　　法律规划理论命题由几个命题渐次发展而来。首先是"规划命题"（Planning Thesis）：法律活动是一种社会规划活动。② 法律机构通过向社群成员宣布可为和不可为之事，以及授权部分社会成员为其他人做规划，从而为它所主张权威的社群成员做规划。该命题首先强调法律是项规划，这意味着，人们通过参考被指定为具有权威性的那些规范来解决他们实践中的疑问和分歧，而无须再去考虑一件事本身的性质。从规划的实在性出发，可以推出法律的实在性。从法律的实在性出发，可以进一步推出它和道德规范的重要差异。在道德问题上，人们通过自己对事件与行为的内容进行考量与反思来决定什么是正确行动。人们各自进行的道德慎思不一定能够将他们引向共识与共同行动，例如，没有什么道德规范能够告诉司机应当在道路的哪一侧驾驶汽车。可以说，道德规范不能解决合作难题。而像法律这样预先确定的规范能够解决此类问题，这得益于它已经是一个被确定下来的专断性的（arbitrary）选项。进一步说，规划命题并不只主张法律活动是一种规划活动，还强调它是一项"社会"规划活动。这种规划在三种意义上是"社会的"：第一，制定和实施法律就是在制定和执行代表公共行为标准的规范；第二，法律通过提供一般性行为规范来规制大多数公共活动；第三，法律用公众可理解的表达方式，公开地规制他们的公共活动，对于它所适用的那些人来说，它是可知的。③

　　其次是"共享行动命题"（Shared Agency Thesis）。④ 共享行动命题的内容是：法律活动是一种共享活动。一般来说，人们会承认法律活动在某些方面是共享活动，例如立法机构的成员一起从事立法

---

① See Scott J. Shapiro, *Legality*, Cambridge, MA: Belknap Press of Harvard University Press, 2011, pp. 170-171.
② Ibid., pp. 195-201.
③ Ibid., p. 203.
④ Ibid., p. 204.

活动，法官组成合议庭一起进行裁判活动。然而，共享行动命题的主张要比这些观念更强硬更具一般性，它主张，法律活动不仅在某些方面是共享的，而且它的整个过程也是共享的。法律活动是共享活动这一点体现在，各种法律实践参与者在这同一种社会规划活动中扮演特定的角色：有些人通过影响规划的制定参与其中，而另一些人则通过适用规划而参与其中，每个人都在规划活动中承担一部分任务。夏皮罗提出法律活动是共享活动这个观念，意在解释法律制度如何能够做它们通常所做的那些事。法律制度通常承担的那些功能，诸如维持秩序、对财产实施再分配、提供纠纷解决机制等，都是单纯依靠个人行动无法实现的。为了实现这些目标，集体行动是必不可少的，社群成员必须以一种组织化的方式一起行动。

最后是"法律道德目标命题"（Moral Aim Thesis）：法律活动的根本目标是治疗合法性环境中的道德缺陷。[1] 当一个社群面对大量且重要的道德难题，并且如果解决这些难题的既有方案是复杂的、有争议的和专断的时候，某些类型的规划，诸如即时措施、自发秩序、私人合意、集体共识等可能会成本过分高昂，有时候则是根本不具有可行性。除非社群能够找到一种方式降低规划的成本和风险，否则解决这些道德难题将会是代价高昂的，或者是根本不可能的。根据规划理论，法律的基本目标是提供一种有效的方式满足这种道德需求。法律的基本目标是弥补习惯、传统、劝说、共识和承诺等方法的缺陷，法律在这些机制无法发挥作用的时候来解决社群中出现的道德难题。值得注意的是，说法律的使命是解决其他形式的社会安排无法解决的道德缺陷，并不是主张法律制度始终都能完成其使命。现实的法律可能实际上追求了不道德的目标，在人类历史中，现实的法律制度经常没有完成其使命。但是，当我们从法哲学上分析法律是什么的时候，其在应然层面上追求何种目标，才是关注焦

---

[1] See Scott J. Shapiro, *Legality*, Cambridge, MA: Belknap Press of Harvard University Press, 2011, p. 213.

点所在。就像夏皮罗所强调的："使法律成为法律的是它有一个道德目标，而不是它的确实现了该目标。"①

(二) 基于规划理论对法律实证主义的辩护

关于法律本质的规划命题支持法律实证主义立场，它使我们看到"社会事实的首要性"。法律体系的根本规则构成了一个共享规划，确定一个共享规划之存在及其内容的恰当方法，是通过审查相关社会事实。只有当一个规划是为了群体的考虑而设计，意在让他们参与这个合作活动，并且它实际为群体中的大多数人所知道并且接受，这个共享规划才存在。因此，如果我们希望了解奠定一个法律体系的根本规则是否存在及其内容为何，只需要考察相关社会事实就可以了，这个社会事实就是官员们实际上想了什么、主张什么、做了什么。② 共享规划的存在不依赖于任何道德上的评价，它有可能是道德上令人憎恶的。例如，一个社群可能将社会规划的制定权交给了一个邪恶的独裁者或者是某个特权阶层，因而社群的大多数人可能不支持这个规划，甚至十分憎恨它。但是，如果相关的社会事实——大多数官员接受了该规划——确认了该规划的存在，那么，它就是存在的。

值得强调的是，其存在和内容由社会事实决定这一点，是共享规划一种非常重要的属性。如果规划想完成它的功能，它就必须完全由社会事实来决定。因为共享规划存在的意义是通过解决关于如何行动的怀疑和分歧来指引与协调行动，如果只有当它满足某种道德要求时它才存在，那么它就不能发挥解决关于如何行动的怀疑和分歧的功能。如果人们为了适用一个规划，还需要对这个规划旨在解决的问题本身进行慎思，那么规划就没有存在的必要了。因此，规划之所以存在的内在逻辑要求，人们不需要重新

---

① Scott J. Shapiro, *Legality*, Cambridge, MA: Belknap Press of Harvard University Press, 2011, p. 214.

② Ibid., p. 177.

回到一个规划所要解决的问题，就可以知道规划的内容。只有当规划仅依赖社会事实就能够被人们所识别时，它才能承担这个功能。

根据以上分析，夏皮罗提出了"规划实证主义"命题：规划是否存在及其内容是什么永远不取决于道德事实。[1] 如果法律旨在以规划的方式指引行为，那么它的存在与内容就不能由法律意图确定的那些事实来决定。如果要以此种方式确定法律的存在与内容，就需要对不同行为方式的优缺点进行慎思。但是，拥有规划的本来目的就是免去人们自己承担这个慎思工作。如果发现法律的存在与内容还要我们自己对法律本来旨在考量和决定的问题进行思考，这就挫败了让规划代替我们思考的目的。夏皮罗将上述原理称为"规划的一般逻辑"（Simple Logic of Planning，以下简称SLOP）：一个规划的存在和内容不能够由该规划旨在处理的相关事实来确定。[2] 他以一个生活中的简单例子来说明规划的基本逻辑：如果某人已经制定了去某处度假的规划，那么，要确定这个规划是否存在及其内容的恰当方法就不能是让他再去思考他是否有理由度假，因为规划存在的全部目的就是回答这个问题。思考去度假的理由会违背度假规划之所以存在的内在逻辑，他就做了规划本已经替他决定了的事情。或者说，如果为了发现这个规划的存在及其内容他还必须去思考是否有理由以及有何种理由去度假这个问题本身，那么，我们就还不能说他已经有了一个度假的规划。

根据规划的一般逻辑，夏皮罗尝试揭示包容性法律实证主义的根本错误，强化自己所支持的排他性法律实证主义立场。既然拥有法律的目的是要确定道德对我们提出了何种要求的问题，那么，如果我们还要亲自进行道德推理，法律规范的存在就没有意义了。这

---

[1] See Scott J. Shapiro, *Legality*, Cambridge, MA: Belknap Press of Harvard University Press, 2011, p. 178.

[2] Ibid., p. 275.

就像是当一个罐头已经被打开了，我们再拿起开罐器就没有任何意义了。基于此，允许人们在确定法律内容时进行道德判断的包容性实证主义立场就存在缺陷。相反，排他性实证主义认为法律存在与内容只能由社会事实决定，这不会破坏我们拥有法律的目的。社会事实由经验观察决定，而不由道德慎思决定。同时，排他性实证主义也能够解释那种包含道德概念的法律体系。假如一条法律规则规定了"内容不合情理的合同不得执行"，尽管这个规则本身确实没有能够解决它提出的道德问题——何种合同能够被说成是不合理的，但是这个规则确实解决了一个十分重要的问题——不合理的合同是否应该被执行。与没有这一条规则时的情况相比，法官无须再进行无限制的道德推理：他们会聚焦于对"不合理"的分析，考察案件中的合同是否是不合理的，然后拒绝执行他们认为不合理的。作为规划，法律并不需要排除所有的道德推理，它只需要排除某些道德推理。只要它将某些问题挪出桌面，指引法官遵循特定方向考虑问题，规则就作为一个规划完成了它的功能。因此，规划理论应当会支持排他性实证主义。

二 规划理论视野下的法律解释

夏皮罗基于他的法律规划理论发展了法律解释理论。他认为，规划是对信任的分配，如果法官想要确定什么是解释法律的恰当方法，就需要考察社群法律规划是如何在不同的法律活动参与者之间分配信任的相关事实。一个法律体系的规划对待信任分配的态度，决定了适用于该法律体系的法律解释方法是什么。下文具体展示这一理论演绎过程。

（一）规划与信任分配

夏皮罗认为，我们可以从规划理论得到的推论是：法律所预设的对法律实践参与者的信任态度决定了什么是恰当的法律解释方法。根据规划理论，我们越是信任一个人，就会给予他越多自由解释空间;反之,如果我们越是不信任他,就会给他越少自由解释空间。[1] 夏皮罗发现,事实上很多富有经验的法律人都已经敏感地体会到了信任问题的重要性,法律人可能会借助日常生活中的信任、授权与忠诚等观念,来证立他们在自由解释和受限制的解释之间的选择。然而,令人感到遗憾的是,法哲学家们却对信任问题不敏感,他们没有意识到这一问题在法律解释方法论上的重要意涵,德沃金所提出的解释理论就是此种不敏感的典型例子。为了弥补这个空白,夏皮罗希望对信任问题在法律解释问题上的意涵提供一种法哲学层面上的、充分理论化的研究。

为了理解规划与信任之间的关系,我们可以从一般的规划情境中开始我们的观察。可以投资规划的设计和执行为例。[2] 假设一个理财顾问为他的客户制定了一个投资规划,我们可能就如何解释该规划提出如下一些问题:解释该文本的何种方法是恰当的?客户是应当按照文本字面意义来遵循该投资计划呢,还是应当尝试按照理财收益最大化这一规划目标来解释它呢?一种有诱惑的回答可能是,由于规划的本旨就是要帮助客户实现理财收益最大化这一目标,所以客户自己在解释该规划的时候,也应当按照这一目的来解释。此种观点进一步主张,当客户认为按照理财顾问所提供的规划文本的字面意义来行动会有损自己的理财收益,那么他就不应该照字面意义来解释文本。但是,这一解释方法存在重要缺陷,如果客户按照财富增值这一目标来解释投资规划,可能会挫败他拥有这个规划的本来目的。客户之所以要向理财顾问寻求建议,恰恰是因为他自己无法最佳地判断如何追求财富收益最大化,规划存在的目的就是帮助他弥补理财知识上的不足。如果客户按照他自己对最佳理财方式的理解来解释规划,那么这个规划就没有存在的意义了。

---

[1] See Scott J. Shapiro, *Legality*, Cambridge, MA: Belknap Press of Harvard University Press, 2011, pp. 331–332.

[2] Ibid., pp. 332–334.

可见，规划是一项在理财顾问和顾客之间分配决策权的活动，理财顾问解决了哪些措施最有助于资产保值增值的问题，因为顾问不信任客户，所以他判断决策权的最佳分配是由他来掌握制定规划的权威。当然还有一种可能的情况是，顾问信任他的某位客户，为这位客户撰写了一份比较原则性的、框架性的理财方案。例如，他向客户推荐了可以考虑购买的若干种股票，指示客户基于自己可获得的最佳信息来具体决定购买其中哪种股票，理财方案可能只是为客户粗略地列出了每种股票可以买进的价格区间。而在之前的那种情形中，顾问会具体指示顾客在多少价位时买进哪种股票。在后一种情形中，可以说是顾问给了这个客户更大的信任，所以在理财规划中赋予了客户更大的裁量权。这样的安排可能对客户很有好处，可以使客户更为灵活地利用那些只在将来才可能出现的信息，而详细的规划却会对客户造成不必要的束缚。

夏皮罗通过这两个例子提出：规划是管理信任和不信任的高级工具；人们可以通过它授予他人以信任，也可以通过它管控不被信任的人。[①] 上文的第一个例子展示了规划控制不被信任者的方式，它通过使用非评价性的、不需要适用者进行灵活判断的概念来规定明确具体的操作条款。第二个例子则体现了规划授予信任的方式，顾问通过使用概括性的、评价性的概念，为客户规定了原则性的行动方案，从而给予客户很大的自主判断空间。规划的设计以信任的分配为基础，我们可以一般性地讲，规划越是信任执行者，就会分配给执行者越多的自由裁量权，允许他以规划目的之名义偏离规划字面意义；相反，规划越是不信任执行者，就会越严格地要求执行者忠于文本或者是规划者的具体意图。回到前面的两个例子中，根据信任分配决定解释方法的原理，在第一个例子中，如果给予客户偏离规划字面意义的自由，则与该规划对信任的分配不一致；在第二

---

① See Scott J. Shapiro, *Legality*, Cambridge, MA: Belknap Press of Harvard University Press, 2011, pp. 334-336.

个例子中，如果用彻底的文本主义方法解释规划，也会与规划对信任的分配不一致。

（二）信任分配原理在法律规划上的应用

夏皮罗进一步将规划与信任分配的一般原理用于思考法律解释问题。他主张，我们应该根据规划对信任的分配来确定什么是解释法律文本的正确方法。假如我们信任法律适用者，我们就应该给予他们更多的解释裁量权；而如果我们不信任他们，就应该支持诸如文本主义、原意解释一类的对适用者施加更多约束的方法论。[①]

关于在法律制度中如何分配信任主要存在两种观点。第一种是"上帝之眼"（God's eye）方法，这一方法将恰当的解释方法论与信任分配对象的实际的能力与品质相关联。根据这种理论，一位试图确定他应该运用哪种解释方法的解释者需要对他自己是否值得信任作出评价。第二种是"规划者"（Planners）方法，这种方法认为，解释者不能根据他是否值得信任的自我评价来决定法律解释方法，而是应该根据法律制度的规划者对他能力和品质的评价来决定法律解释方法，他的任务是提取出规划者关于信任分配的态度是什么。[②]夏皮罗反对第一种方法，这种方法虽然具有直觉上的吸引力，但是这种做法至少会部分地再次使合法性环境下的缺陷重现，从而挫败了法律实现其基本目标的能力。通过要求执行规划者决定他们自己到底有多么值得信任，上帝之眼的方法再次打开了"潘多拉的盒子"。而规划者方法不会违反规划的基本逻辑，因为它忠诚于规划者对信任分配的态度，不要求解释者自己去回答"谁应该被信任做什么"的问题。通过把规划者的回答作为正确答案，实现了法律管理信任的功能。此外，夏皮罗还认为上帝之眼的方法会存在正当性上的缺陷，因为它侵犯了拥有道德权威的统治者的权利。根据规划理

[①] See Scott J. Shapiro, *Legality*, Cambridge, MA: Belknap Press of Harvard University Press, 2011, p. 336.

[②] Ibid., pp. 344–345.

论，统治意味着为社群作出规划，拥有统治的道德权利就是拥有制定社会规划的道德权利，因此，阻止正当的统治者作出社会规划就是剥夺了他们进行统治的道德权利。①

但是，夏皮罗强调，他并不是在主张规划者的方法就是正确的元解释方法论，② 而是主张，确定正确的元解释方法论需要我们对特定法律制度事实进行考察。在很多情况下，规划者方法是适当的，但并不是在所有情况下都是如此。为了知道谁关于信任的态度具有优先性，法官必须了解为什么法律制度当前的参与者接受或者至少打算接受规划者设计的制度。③ 对该问题的回答大体上有两种可能。第一种是"权威"（authority）体制，法律官员之所以接受法律体制，是因为他们认为这些规则是由拥有更高道德权威和更优道德判断能力的人所制定的。另一种是"机会主义"（opportunistic）体制，在这种体制中，法律官员认为规则的来源是与道德无关的问题，法律官员接受这些规则是因为他们自己认为这些规则在道德上是正确的。而一个特定的法律制度更类似于权威体制还是机会主义体制，这是一个经验问题。譬如，美国法律制度就更像是一个权威体制，因为在该体制中，国父的意见很受尊重，人们偏好民主这一政治正当化模式，宪法文本被给予很大尊重等。基于美国法律实践的参与者们将自己的法律体制理解为权威体制，那么他们在解释宪法时就必须敏感于宪法设计者在信任分配上持有的态度。

---

① See Scott J. Shapiro, *Legality*, Cambridge, MA: Belknap Press of Harvard University Press, 2011, pp. 348-349.

② 夏皮罗为了找到一个公共的概念框架来评价他和德沃金理论的优劣，提出将解决法律解释方法选择问题的理论称为"元解释理论"。例如，文本主义是一种法律解释方法论，主张和论证文本主义为恰当的法律解释方法的理论是一种元解释理论。See Scott J. Shapiro, *Legality*, Cambridge, MA: Belknap Press of Harvard University Press, 2011, p. 305.

③ See Scott J. Shapiro, *Legality*, Cambridge, MA: Belknap Press of Harvard University Press, 2011, pp. 350-351.

（三）法律规划的解释：文本主义 vs. 目的主义

文本主义与目的主义是当前学界两种主要的法律解释立场。根据规划理论，我们可以为文本主义辩护：如果受法律管理之人是不可信任的，那么他们不应被授予按照法律目的来解释文本的自由裁量权，因为限制不值得信任的人、要求他严格地遵守文本，比起让他直接诠释和追求法律的目的，可能会实现更好的结果。相应地，我们可以为目的解释方法提供的辩护是，如果法律制度对受法律管理之人十分信任，那么就应当授权解释者根据目的来解释法律文本，因为让忠诚于法律目的的行动者机械服从违背法律目的的字面意思，就违反了法律旨在实现的价值目标。因此，夏皮罗主张，文本主义者和目的主义者之间的争论无法被先验地解决，为了搞清楚何种解释方法是恰当的，必须探究该文本所处的法律制度，搞清楚它是如何分配信任的。[①]

可以看出，规划理论回答法律解释问题的方式同德沃金的理论有很大不同，它并不要求解释方法论从道德角度得到证立。夏皮罗相信，元解释者不需要知道公民为什么应当遵守法律，也不需要知道正义和公平的关系是什么。解释方法论与任何抽象的哲学或者社会科学真理无关，仅与法律制度对各种法律实践参与者的可信任程度的预设相关。他支持这样一个元解释规则命题：解释者在解释中被赋予的裁量权，应当与制度为他们所分配的信任程度相当。[②] 这个命题包含了这样一种意涵：我们不能抽象地谈论什么是正确的解释方法，法律解释的正确方法必须参照待解释文本所在的法律制度对信任的分配情况来理解。

根据规划理论，元解释者必须完成三个任务：第一，他必须确定不同解释方法论的基本属性，譬如去查明一种方法论是否要求解

[①] See Scott J. Shapiro, *Legality*, Cambridge, MA: Belknap Press of Harvard University Press, 2011, pp. 354-355.

[②] Ibid., p. 358.

释者具有大量专业知识。第二，元解释者必须努力从特定法律制度结构中提取如下信息：规划者对行动者能力和品质的看法，以及托付给他们的任务是什么。第三，元解释者运用从前两个步骤中收集到的信息来确定恰当的解释方法论，即根据他所提取的制度对信任分配的态度，来决定哪种解释方法能够最佳地促进制度所蕴含的信任分配态度。① 与这三个任务相对应着的是元解释的三个阶段。第一个阶段是"明确要求"（specification），即搞清楚不同类型的解释方法都需要解释者具有何种能力和品质。第二个阶段是"提取"（extraction），它包含两项任务：其一是判断规划者相信行动者拥有何种能力和品质，使得他们按照目前的状况对行动者分配了某些任务。其二是判断规划者打算让行动者促进和实现哪些制度性目标。第三阶段是"评估"（evaluation），假定行动者拥有规划者认为他们具有的能力和品质，决定哪种解释方法能够最佳地促进规划者打算让行动者促进的制度性目标。②

三　法律规划理论对整全法理论的批判

（一）法律解释理论与元解释理论的区分

夏皮罗认为，为了比较规划理论和整全法裁判理论的优劣，有必要首先找到某种通用标准作为可以公平地评价两者的框架，这个框架就是元解释理论。他的观点依赖于对人们在法律解释理论层面上的分歧和元解释理论层面上的分歧所作出的区分。在法律解释层面上，德沃金将关于法律解释的分歧理解为关于"法律基础"（grounds of law）的分歧；在法律基础方面，德沃金认为需要借助道德事实来确定法律的内容。但是根据规划理论，道德事实从来不决定法律的内容，因为根据规划的基本逻辑，规划的内容不能由下述

---

① See Scott J. Shapiro, *Legality*, Cambridge, MA: Belknap Press of Harvard University Press, 2011, p. 359.

② Ibid.

事实决定，即它们是其存在与否本身需要由规划本来要决定的那些事实。由于法律被认为是解决道德争议的规划，所以道德事实不能是法律的基础。因此，道德事实不能使一个法律命题为真或为假，只有社会事实命题才能使法律命题为真或为假。

由于对于某种事实是否能够被归为法律基础，夏皮罗与德沃金存在分歧，因此夏皮罗建议用一个中立的术语——"解释方法论"（interpretive methodologies）来指代解读法律本书的方法。[①] 例如，文本主义即是一种解释方法论，它建议法官按照字面意义来理解和适用法律。德沃金的整全法是另外一种解释方法论，这种理论认为，法官应当按照能够使法律呈现最佳道德状态的原则来解读法律文本。使用"解释方法论"这一术语的好处是，对于法官所援引的事实是否是法律基础保持中立。夏皮罗通过引入"解释方法论"这一概念使他和德沃金之间的分歧避免陷入言辞之争。换言之，这可以使他们不再争论法律解释是在诠释既存的法律，还是在制定新的法律的问题，而是帮助我们直截了当地去面对真正具有实践意义的问题，直接面对是采用字面解读方法还是寻回制定者原意解释方法的选择难题。夏皮罗将处理这一问题的理论称为"元解释理论"，因为它不是一种特定的解释方法论，而是一种关于判断何种解释方法论是适当的元讨论。

（二）整全法理论挫败了法律的目的

夏皮罗指责德沃金的元解释理论对法官的要求过高，它要求元解释者在决定解释法律文本的正确方法时，去从事高度抽象和复杂的道德思考，这一元解释理论挫败了法律的目的。[②] 根据规划存在的内在逻辑，作为规划的法律之内容必然不需要诉诸法律本来要考虑并且已经通过实在法所解决的相关道德问题。而按照德沃金的说明，

[①] See Scott J. Shapiro, *Legality*, Cambridge, MA: Belknap Press of Harvard University Press, 2011, pp. 303-305.

[②] Ibid., p. 307.

法官为了发现法律内容需要深入道德哲学和政治哲学中，而这些哲学探究恰好是法律原本要作出的考虑并且予以确定的内容。如果我们认为法律的目的是解决人们在道德问题上的分歧，那么它的内容就不能够依赖德沃金所建议的方式得到确定。如果为了确定恰当的解释方法人们还需要从事道德与政治哲学探究，他们就会重新提出法律本来已经解决的问题，这无疑会毁掉法律存在的目的。去回答一系列的道德问题正是法律意图要治愈的合法性环境下的"疾病"，德沃金式的法律解释相当于使已经治愈的病人重新被感染。这一解释方法将已经解决掉的问题重新摆上桌面，由此挫败了法律在合法性环境下指引行动的能力。①

（三）整全法未认真对待信任分配问题

夏皮罗还提出了一种对整全法的批判：德沃金的元解释理论未能从信任分配的角度来考虑法律解释问题，是一种不恰当的元解释理论。② 德沃金似乎认为，如果一个人不能成为好的哲学家，特别是好的道德哲学家，就没有希望成为一个好的法律人。德沃金的元解释理论要求法官在决定解释法律文本的正确方法时，去从事高度抽象和复杂的道德思考。这既对法官提出了过高的哲学思辨要求，同时也是给予了他们过多的思辨自由，而实际上这种安排只适用于那种对法官的能力和品格极其信任的法律体系。③ 反对者可能会认为，普通法官不具有对政治权威进行道德辩护的哲学分析能力，因而不应当授予他们如此大的自由裁量权。当然，德沃金会对法官提出"符合"这个限制性措施。然而，对法官的裁判方案作出符合方面的考察也十分困难，我们很难区分法官的判决是一种无心之错，还是故意滥用裁量权。④ 总而言之，夏皮罗认为德沃金用于支持其元解释

---

① See Scott J. Shapiro, *Legality*, Cambridge, MA: Belknap Press of Harvard University Press, 2011, p. 312.

② Ibid., p. 305.

③ Ibid., p. 312.

④ Ibid., pp. 325-326.

理论的论证由于没有认真对待信任分配问题而失败了。他的解释理论要求法官具有极高的智力能力和伦理品格，除非法律体系的设计者表明了对法官能力与个性的极度信任，否则授权于法官进行哲学分析的权限注定是十分危险的。①

四　基于整全法理论立场的回应

夏皮罗所提出的规划理论充满理论雄心，论证系统而精致，语言清楚明了。他从当今社会广泛存在的道德分歧入手，在法律性质的问题上提出了"法律道德目标"这个言简意赅、内涵深刻的命题，为法律实证主义立场提供了独特新颖的论证思路。对整全法裁判理论的拒绝，似乎是从法律规划理论中自然延伸出来的不容拒绝的逻辑结果。接下来笔者尝试考察整全法理论回应这一批评的可能性。

（一）"what is law?"和"what is the law?"两个问题之间的关系

夏皮罗的法律规划理论与德沃金的整全法理论，要解决的问题都是法官在司法裁判中如何确定"法律提出何种要求？"(what is the law?)的问题，并且他们都认为法理学对于这个问题的回答依赖于对"法律是什么？"(what is law?)这个问题的理论研究。但是，他们却在结论上有如此之大的不同，这就要求我们首先梳理清楚两位学者对这两个问题的确切定义，以及他们在解答问题的方法论上的看法。

表面上看，对于"what is law?"和"what is the law?"这两个问题的各自内涵以及两者之间的关系，夏皮罗与德沃金有相同看法。夏皮罗认为，"what is the law?"这一问题指的是在一个特定事项上当下有效法律的要求是什么，而"what is law?"这个问题并不关心

---

① See Scott J. Shapiro, *Legality*, Cambridge, MA: Belknap Press of Harvard University Press, 2011, p.329.

在具体事项上现行法律的要求，而是要对法律的性质加以哲学分析，或者说是对法律进行概念分析。① 但他主张，这两个问题存在内在关联，如果我们不解决概念分析的问题，那么许多困扰法律人的迫切的实践问题——"what is the law？"——也无法得到解决。我们对任何特定案件中法律的要求是什么这个问题的回答，决定性地依赖对法律性质的概念分析。② 因为我们为了确定具体事项的法律规定是怎样的，就必须要知道一个一般性的哲学真理，即法律权威和恰当的解释方法论是如何确立的。换言之，人们必须知道什么事实最终确定了法律体系的存在和内容。同样，在德沃金看来，这两个问题之间也存在直接联系。法庭上的法律人所处理的问题是"what is the law？"，即具体案件中的相关法律命题确定问题；而法理学处理"what is law？"这个一般性问题。但是我们如何回答后者，决定了我们会如何回答前者。对此，他曾提出如下著名主张，"法理学是裁判的总则部分、是任何法律决定的无声前言。"③

表面上看，两者的观点似乎相同，但实际则不然。因为在理解"what is the law？"这个问题上，两位学者的理解实际上存在重要差异。当我们在特定案件中回答"what is the law？"这个问题时，需要作出关于某人具有某种法律权利或者某种法律义务的陈述，而夏皮罗和德沃金在如何理解"法律权利"与"法律义务"表述中的"权利"与"义务"这些词汇的含义上存在分歧。德沃金认为，这些词语具有道德意义，一个法律义务一般来说就是一个道德义务，如果一个法律义务成立，那么原则上就确定了我们有道德义务做什么。④ 而夏皮罗则否认关于法律权利与法律义务的陈述必然具有道德意义。

---

① See Scott J. Shapiro, *Legality*, Cambridge, MA: Belknap Press of Harvard University Press, 2011, p.7.

② Ibid., p.25.

③ Ronald Dworkin, *Law's Empire*, Cambridge, Mass.: The Belknap Press of Harvard University Press, 1986, p.90.

④ Ibid., p.109.

他借助"形容性主张"（adjectival claim）和"视角性主张"（perspectival claims）这一对概念，区分了对于"法律权利"与"法律义务"可能存在两种理解。"形容性主张"是将"法律"这个词作为形容词来理解，用来修饰权利与义务，表示这是一种特殊类型的道德权利或者道德义务。"视角性主张"是将"法律"一词作限定词来理解，它限制了提出主张的角度："法律权利/义务"的含义是指从法律的视角看，某人拥有道德权利/义务。夏皮罗认为，我们应当以第二种方式来理解关于法律权利与法律义务的主张。在此种理解之下，"法律"这个词语起到一种"疏离"（distancing）作用，它使得我们能够谈论一个法律制度所持有的道德观，与此同时不必亲自真心接受这种道德观。当我们作出视角性主张时，并不旨在就法律的规范性判断是否是道德上正确的一事来发表意见，而只是在报告或者引用法律在这些问题上所作的判断。①

笔者认为，在这两种意见之中，应当接受德沃金的主张。理由是，在夏皮罗的主张中存在自相矛盾之处。夏皮罗认为"what is the law?"是一个实践性问题，同时他又认为，对这一问题作出回答的命题是"形容性主张"，这两种看法无法相容。所谓"实践性"问题关涉的是我们应当在不同的实践方案之间作出选择，只有当我们将法律义务理解为原则上能够给出人们真正的行动理由时，才能够说"某人有法律义务做某事"这样的主张是一个实践性立场，才能够说它所回答的是有关如何行动的实践性问题。而如果要像夏皮罗那样将法律义务主张理解为视角性主张，那么当我们主张"某人有法律义务做某事"时，就仅仅是在提及、谈论或者引用一个法律制度下的道德观，并没有表达自己对这种道德观的接受与认同。在这种情况下，关于法律义务的主张不是一种支持某种实践方案的实质性立场。因此，如果夏皮罗要将"what is

---

① See Scott J. Shapiro, *Legality*, Cambridge, MA: Belknap Press of Harvard University Press, 2011, p. 186.

the law？"视为实践性问题，他就不能同时主张回答该问题的相关法律权利与法律义务命题是视角性主张。如果我们关心的的确是实践性问题，那么我们应当在德沃金所建议的那种意义上将"what is the law？"这一问题理解为规范性的问题，并相应地将"某人有法律义务做某事"的主张理解为形容性主张。

不能否认，在有些语境下，"某人有法律义务做某事"这个陈述的确是视角性主张。譬如，当一个律师或者一个朋友给我提出法律上的建议时，他们可能并不认同法律的要求在道德上的正当性，或者也不认为它应该是我们最终的行动理由，当他们将法律义务告知我们，只是提醒我们的行为会导致什么样的后果，提示我们如果不履行法律义务可能会遭受国家强制力的惩罚。我们可以理解，当他们提醒我们存在一项法律义务时，并没有主张法律所要求的事就是我们真正有道德义务去做的事，他们甚至可能认为我们实际上有道德义务去做与法律的这项要求相反的事。在这些情形中，夏皮罗的视角性解释是适用的。然而，从现代法治观念来看，法官必然代表国家法律体系主张正当权威。[1] 那么，至少在法官代表国家法律体系对当事人作出判决的场合下，他们所做的必然是形容性主张。

（二）法理学研究的性质

法理学研究的性质应该根据它所关注的问题的性质而确定。如果我们认为法理学应该关注的问题是规范性的，那么我们所从事的研究自然是规范性质的研究。在德沃金那里，法律命题的识别问题，即特定案件中相关法律规定内容的确定问题，是一个最终依赖道德哲学基础来回答的问题。我们应当认真对待"法律声称道德权威"这个事实，如果法律声称其主张道德权威，并且当事人期望法官所确定的道德要求是能够具有真正道德权威的，那么我们就需要依赖

---

[1] Joseph Raz, "Authority, Law, and Morality", in his *Ethics in the Public Domain*, Oxford: Oxford University Press, 1994, p. 215.

道德哲学的根基。

但是，夏皮罗认为自己研究的性质是描述性的，而不是规范性的。我们可以具体看一下夏皮罗心目中的法理学研究版图。夏皮罗认为规范性法理学研究处理的是特定法的道德基础问题，即从道德视角研究特定法。它可以进一步被区分为解释性的和批判性的两种研究视角。解释性的法理学寻求对现行法的实际道德基础的说明，诸如解释现行法律为什么惩罚犯罪。批判性的法理学研究尝试从道德视角来探究法律应该是什么，它关注法律应该将什么作为惩罚犯罪的基础。前者查明现行刑罚的道德逻辑基础，后者考察这个逻辑是否能够被证立。而作为描述性法理学的分析法理学不关心道德问题，而是关注对法律性质的分析。它追问的是这样一些分析性的问题，诸如，是什么把法律体系和游戏、礼仪、宗教等社会实践形式区分开来？所有法律都是规则吗？法律权利是道德权利的一种吗？法律推理是一种特殊的推理类型吗？[1]

夏皮罗将他的著作定位为分析法理学，其核心任务是探究"what is law?"这个问题，即对法律的性质加以哲学分析。[2] 在他看来，"事物的性质"这一说法有两种可能的理解方式。第一种是指"事物的身份"（identity），即使得该事物之所以成为该事物所应具备的性质。例如，我们可以说水的性质是 H_2O，这是说 H_2O 这个分子结构使水成为水。第二种是指"事物的必然属性"，它是前一个问题的延伸，关注的问题是我们可以从一个事物之所以是这个事物的事实中推导出什么。夏皮罗对法律性质的研究抱负，既包括解答"是什么使得法律成为法律"这个问题，还包括解答"从某事物是法律这个事实必然可以推导出什么"这一问题。对法律性质进行分析的方法是"概念分析"，"概念分析的核心在于收集关于特定实体

---

[1] See Scott J. Shapiro, *Legality*, Cambridge, MA: Belknap Press of Harvard University Press, 2011, pp. 2–3.

[2] Ibid., pp. 7–12.

的不证自明之理（truisms）"①。而所谓"自明之理"指的就是"那些帮助我们确定系争客体之身份的线索"②。对法律性质的分析，需要在汇集关于法律的自明之理基础上进行。在夏皮罗看来，这些自明之理包括：某些关于基本法律机构的看法（诸如"所有法律体系都有法官""法院对法律进行解释""法院的功能之一是定纷止争"等）；包括关于法律规范的事实（诸如"有一些法律是规则""法律能适用于制定法律之人"）；还包括关于法律权威的事实（诸如"法律权威是由法律规则授予的""法律权威机构有实践强制的权力，即使它们的判断出现错误的时候也是如此"）；等等。为了确定法律的身份，法哲学家需要确定，为了具备上述清单所列之具体特性，法律必须是什么③。在对法律进行概念分析的过程中，这些关于法律的直觉构成我们暂时依赖的根基。概念分析基于直觉而展开，但是我们的直觉是可以被纠正的。我们需要全盘考量我们所拥有的直觉与信念，看看哪些更具有优先性，哪些是可以放弃的。可以说，这是一个"理性重构"的过程。一个概念分析理论的失败，可能是由于出现了精致的反例，或者也可能是由于忽视了显而易见的事实。

笔者大体赞同夏皮罗对法理学版图的理解，但是，即使我们能够说一般法律理论的第一步是对法律作出概念分析，也不代表法理学不需要在概念分析的基础上作出更多努力。德沃金的诠释理论也赞同，关于法律实践的诠释性学说必须抓住法律实践的基本特征，以使得一种诠释理论可以构成对法律实践的诠释，而不是对其他实践的诠释，或者是对某种杜撰出来的实践的诠释。尽管两者有此初步的共识，是什么导致了两者关于法理学研究性质的分歧呢？笔者认为，是两人在对法律作出概念分析的时候出现的分歧，导致了他

---

① See Scott J. Shapiro, *Legality*, Cambridge, MA: Belknap Press of Harvard University Press, 2011, p. 13.

② Ibid., p. 14.

③ Ibid., p. 15.

们关于法理学研究性质的进一步分歧。在德沃金看来，我们关于法律的讨论，一般来说都接受这样的预设：法律是证立国家强制力的基础。[1] 德沃金认为法律对其自身道德权威地位的主张，是一个关于法律实践的自明之理，或者说一种普遍持有的直觉。基于此，他认为法理学应当关注的问题是，法律如何能够为国家强制力的行使提供证立，这个问题的回答，必然是一个道德哲学上的问题，由此我们就可以顺理成章地说，法理学是规范性研究。如果夏皮罗不能接受德沃金所提出的这个预设，那么他就会继续坚持法理学的研究的主要内容是对法律的概念分析。笔者接受德沃金的这项预设，接受的理由在于，法官在司法裁判的正式场合必然主张法律义务是一项真正的道德义务。[2] 在现代法治社会中，法律主张其具有道德权威的地位，即主张人们有服从法律的道德义务。法官作为法律的代言人，其制度性身份必然要求他在裁判活动中主张：基于某行为是法律所要求的，因此公民有道德义务做此事。

（三）作为诠释理论的规划理论

夏皮罗关于法理论的性质和理论的实践后果的理解存在自相矛盾。他宣称自己想要提供的是关于法律的概念理论，同时又主张这种概念研究最终要回答的是具有实践意义的问题。但是根据休谟原则，我们从单纯的描述性前提中，不会推导出任何关于应当如何行动这一实践问题的回答。为了使夏皮罗的规划理论具有实践上的价值，笔者认为，最好将之理解为一种关于法律的诠释理论，因为它已经包含了一个诠释理论的所有要素。首先，它包含了某种关于法律实践之特征的概括，法律的特征是在分歧的环境下为行动提供明确指引；其次，它包含了对法律这项实践之价值

---

[1] See Ronald Dworkin, *Law's Empire*, Cambridge, Mass.: The Belknap Press of Harvard University Press, 1986, p. 93.

[2] See Joseph Raz, "Hart on Moral Rights and Legal Duties", *Oxford Journal of Legal Studies*, Vol. 4, No. 1 (Spring, 1984).

本旨的说明，规划理论认为法律的价值是弥补合法性环境下的道德缺陷；最后，它还提出这项实践应当如何继续下去的规范性主张，即提出了关于如何确定恰当的法律解释方法的主张，夏皮罗认为他的规划理论可以作为最优的法律实证主义来对抗和批判自然法理论。

但是，夏皮罗恐怕会反对我们将他的理论作为一种诠释理论加以重述。夏皮罗认为法律实证主义和自然法之间的分歧是关于法律的必然属性，或者说是关于法律的性质的分歧，这是一个需要法理学家通过中立的概念分析研究来解决的争议。然而，笔者认为，夏皮罗对于这种分歧的性质和解决方式理解有误，至少可以说他的这种理解同自己提出的其他主张之间是存在矛盾的。夏皮罗认为法律实证主义和自然法之间的争论有着重要的实践意涵，这个分歧关乎如何解释诸如"不得施加残忍的不同寻常的惩罚"这样的条款，因此，法律实证主义与自然法的争论会产生重要的实践差异。[1] 在笔者看来，夏皮罗的这两项主张之间存在自相矛盾，他将问题的性质理解为关于法律性质的分歧，却认为这个分歧的解决具有实践意涵。根据休谟原理，这是不可能的。如果他希望我们对于法律的研究，能够指导我们选择法律解释方法和确定特定案件上法律的内容，那么这种研究就不可能是单纯分析性的。夏皮罗的法律规划理论在寻求准确中立的概念分析与有效指导实践这两个目标上存在内在冲突。

因此，笔者坚持认为，对夏皮罗规划理论的最佳理解方式，是将之作为一种关于法律实践的诠释理论来理解，以便使他的规划理论能够具有他所期望的实践上的影响力。我们可以用诠释框架对规划理论作出重述后，来考察他在符合与证立两个维度上的说服力。回顾一下夏皮罗提出的法律的道德目标命题。这个命题主张，法律

---

[1] See Scott J. Shapiro, *Legality*, Cambridge, MA: Belknap Press of Harvard University Press, 2011, pp. 27–29.

制度的基本目的是弥补合法性环境下的道德缺陷。而如果我们认为法律的目的是解决关于道德问题的分歧，那么它的内容就不能够依赖德沃金所建议的方式得到解决。因为，如果为了确定恰当的解释方法，人们还要从事道德与政治哲学的话，他们就会重新提出法律本来要解决的问题。从规划理论的观点来看，这种方法会打破法律的目的。去回答一系列的道德问题正是法律意图要治愈的疾病，德沃金所建议的包含道德判断的法律解释相当于再次感染已经治愈的病人。①

笔者能够赞同夏皮罗所提出的规划的基本逻辑。问题是，如果我们要处理的是规范性问题，那么它就不是一个简单地识别既有规划是什么的问题。我们需要区分下述两个问题之间的差异。第一个问题是，为了规划能够拥有它意图发挥的功能，它必须是什么样子的。那么正如夏皮罗所言，它的内容必须是人们可以通过经验观察的方式来发现的，否则就因为不具有规划的形态与功能而没有资格被称为一个规划。第二个问题是，为了规划能够具有指引人们行动的正当权威，我们必须如何解读它的内容？我们可以问，尽管一个规划的内容是我们可以通过经验观察来了解清楚的，但是当它的内容不合理时，我们是否应当遵循这个规划呢？假设我们的目的是请营养师为我们制订减肥饮食计划，但是如果在他所提供的计划中，存在即使是外行也能够识别出来的错误，诸如太多的脂肪摄入，或者不能提供维持健康所需的最低能量，此时我们是否仍然应当服从这个减肥计划呢？可见，存在一个规划并且它的内容可以为人所知是一回事，要确定这个规划是不是我们有理由遵从的是另外一回事。鉴于这种区别的存在，我们需要认真思考的问题是，一个试图为法官提供实践指引的裁判理论，它究竟应当如何构造它的问题意识？在笔者看来，如果一个裁判理论的存在是为了给司法实践提供指引

---

① See Scott J. Shapiro, *Legality*, Cambridge, MA: Belknap Press of Harvard University Press, 2011, pp. 309-310.

的，它就得考虑，如何恰当地理解规划，以使它真正地给我们的实践提供有益的指引？笔者赞同德沃金对裁判理论难题的建构，他认为裁判理论应当致力于帮助法官确定法律命题的内容，也就是那种可以真正带来服从义务、拥有正当权威的法律的内容。

夏皮罗的规划理论无法充分概括法律的功能。在很多时候，法律的规则不应该被视为我们考虑了所有相关因素后所确定下来的结论，而应被视为考虑了部分相关因素后的一个暂时性结论。至少在那种有重要道德意涵的问题上如此，诸如，何为应当受到刑事惩罚的杀人、强奸和盗窃行为。在疑难案件中，当我们认为有必要对法律背后的道德原则作出反思的时候，并不意味着要再次重复立法前进行的道德争论，而是发现了立法之时没有考虑到的重要因素，因此有必要将这个考虑因素纳入进来。说绝对的不能重启分歧是奇怪的。至少在某些情况下应当重启分歧，因为此时，法律并不是对人们已经明确意识到的道德分歧的解决。在制定规则的时候，立法者很可能忽略了某种考量。总之，笔者认为夏皮罗对法律价值本旨的说明是存在缺陷的。很多时候，法律的存在并不是在各方相争不下的情况下确定一个统一的行动方案，而是在相关考量不清楚的情况下，尝试性地确定行为暂时依赖的准则。当法官在司法过程中，发现这些有待作出考量的因素究竟是什么变得更为清晰之后，法官可以将这些因素纳入考量。笔者建议，我们对规划理论作出一点修正，即允许我们在某些情况下把它对行动的指引看作是暂时性的、可调整的。

（四）作为合作事业的法律与法律解释方法

夏皮罗认为，要确定恰当的法律解释方法，应当去考察该法律体系在信任配置上所采取的态度。如夏皮罗所主张的，我们对法律解释方法的选择与法律体系对信任的分配存在重要关联，这种关联基本上是后者决定前者的关系。但需要厘清的问题是，我们是要在规范意义上来研究两者的关系，还是要在事实上研究两者关系。在这个问题上，夏皮罗仍然存在自相矛盾的嫌疑。他认为法律解释方法是一个实践问题，但是却认为对这个问题的回答，依赖于特定法律体制对信任分配的事实情况。根据休谟原则，我们无法通过单纯的描述性研究来回答规范性问题。关于"什么是恰当的法律解释方法？"这一问题，无法通过对现有法律体系如何分配信任的经验性研究来回答，而必须通过研究法律体系应当如何分配信任这个规范性问题来回答。在这个论证上，他再次违背了休谟原则，即用一个经验性方法去回答一个规范性问题。鉴于此，我们可以将他的理论稍加修正，使它符合休谟原则的要求。这个被修正后的主张是，要确定恰当的法律解释方法，需要思考的问题是：应当如何在不同的法律体系参与者中恰当地分配信任？

但是，在我们尝试将夏皮罗的理论进行合理化重构之后，笔者仍然怀疑这种理论的正确性。夏皮罗是这样理解信任分配问题的：当我们授权给谁权力的时候，我们就是给予了他完全的信任，这种信任要求我们不能再对他的权力运用方式与过程加以监督。根据夏皮罗的看法，如果我们认为谁更有能力完成某项任务，那么我们就授权给他，从此以后，我们就再也不能监督他、批判他、否定他或者拒绝他。在笔者看来，我们没有必要这样理解授权与信任。单纯地谈论权力分配，只会将问题简单化，这本身并不能够告诉我们权威应该如何发布命令和权威对象应该如何监督权力。诸如在法学中，研究者喜欢讨论立法者权力和司法者权力的区分，陷于诸如"司法不能越权"的陈词滥调。我们应该做的是深入去探讨立法者和司法者承担何种责任，以及它们如何互动才能是法律运行的最佳状态。

尽管笔者拒绝夏皮罗对授权与信任的理解，但是仍然赞同他所提出的一个重要主张，即我们应当将法律视为一项合作事业。从这个思考出发，我们就不必把向法律实践中各种主体分配任务与责任的问题，看作一次性地分配信任与划定权力范围的问题。我们的思考点将从权力分配问题转换为责任分担的问题，从权力话语转为责任话语，使我们可以获得一种可以与权威和权威对象的尊严相容的讨论方式。"权力"所包含的观念是，一方对另一方发布以暴力威胁或者其他形式的强制力为后盾的命令。如当代道德哲学家所分析的那样，权力的观念同被命令者的尊严的观念不相容。[①] 同时，权力的观念同权力承担者的尊严也不相容。权力承担者有着两面性。一方面，他可能受到利益和偏私的诱惑，另一方面，我们应同时看到他同样有着对尊严的需求和对职业尊荣感的渴望。应通过明确法律实践的价值，来促进法律实践中的各方积极主动地响应该价值。对人的尊重，意味着以价值与理由激发其行动。处于权力之上的人也需要这种尊重。当我们以责任观念来思考对权力者的监督，就不再是一种充满不信任的敌视，而是共同探讨与促进彼此在法律实践事业中的相互责任的伙伴式关系。当我们不再谈论权力，而只谈论责任分配与担当的时候，我们才拥有一个好的制度，才拥有一个良性互动的共同体。当前人们普遍意识到限制权力和监督权力的重要性。然而，监督者与批评者承担着以恰当的方式进行监督、批评的责任，批评监督也不可任性。只有监督者以恰当的方式进行批评监督，才能够促进权威实践朝向其理想形态方向运行。

基于这些分析，可以化解我们关于法官在司法中作出道德判断的担忧。我们可以对司法裁判机构进行道德论证的情况进行监督。法官进行道德判断的权利并不是一个不受到监督的权力，关键是我们有没有能力提出规范其运作的指导性理论，从而以恰当的方式指引它、约束它和监督它。没有必要作出一锤定音的信任分配，没有什么阻止我们去监督法官道德判断的过程，我们面对的不是夏皮罗所构想的那种"要么全有，要么全无"的选择。这种主张确实基于这样一种信心，道德判断之客观性是可能的，人们也可以理性地讨论它。当然夏皮罗可能会反对这种信心，转而强调分歧。但是，笔者的主张是，真正的道德义务决定法律义务，服从法律的道德义务是一个程度性的问题，它取决于法官通过诠释法律追求整全性政治

[①] 参见［美］斯蒂芬·达尔沃《第二人称观点》，章晟译，译林出版社2005年版，第133页。

价值的能力。

(五) 小结

总结一下，针对夏皮罗基于规划理论对整全法理论的批判，笔者主要提出了三个方面的回应意见。第一，法理学的研究若具有实践意义，它所关注的"what is the law?"与"what is law?"两个问题就应该都是规范性问题。那么，很自然地，对这两个问题作出解答的法理学研究必然是规范性研究，而不是中立的、描述性质的研究。夏皮罗的法律规划理论在寻求中立的概念分析与有效指导实践这两个目标之间存在内在冲突，他既希望自己的规划理论对指引司法实践有所帮助，同时又希望自己的规划理论作为中立性的、描述性的理论而具有客观性。根据休谟原则，回答实践问题的理论只能是规范性理论。所以，夏皮罗面临一种选择，要么将自己的研究限制在概念分析的范围内，那么他的理论就不可能再具有指引实践的价值；要么使自己的理论具有实践价值，那么他就必须抛弃对中立性和描述性的法理学方法论立场的坚守与宣称，而自觉地参与到"究竟什么是证立法律实践的政治价值"的实质性道德辩论之中。

第二，为了使法律规划理论具有夏皮罗所期望的实践意义，应当将之作为一种关于法律实践的诠释理论来理解。当我们将规划理论作为关于法律实践的诠释理论加以重述之后，可以发现规划理论对法律之价值本旨的说明存在缺陷。规划理论认为，法律的价值本旨是解决人们的道德分歧，因此如果法官在确定法律是什么的时候还要考虑道德，就是破坏了法律存在的目的。但笔者认为，规划理论对法律价值本旨的界定是有些独断的，至少可以说它因为不能涵盖某些情形而不够周全。法律是一个媒介，我们借助它来更好地实现我们对他人的道德责任。然而，基于人类认识的有限性，我们无法通过立法一次性地确认道德责任的所有细节。至少在某些时候，法律的存在并不是为了在各方相争不下的情况下确定一个统一的行动方案，而是在相关考量不清楚的情况下，尝试性地确定行动者暂时依赖的准则。在司法中，当这些有待作出的考量究竟是什么清晰之后，法官可以将这些考量纳入进来对原来行动准则作出修正。

第三，法律解释方法的确定问题，并非如规划理论所理解的那样是个一次性信任分配问题，而是一个分工合作、持续互动与监督的问题。笔者接受夏皮罗关于法律是一项社会合作事业的主张，并且沿着该逻辑尝试发展出这样的思考：法律作为一项合作事业要求在某些情况下由法官作出道德判断。法律是一个媒介，我们借助它来更好地实现我们对他人的道德责任。然而，基于认识的有限，我们无法通过立法一次性地确认我们道德责任的所有细节，需要法官通过司法中的道德判断，参与到对法律事业的完善工作之中。夏皮罗关于信任和法律解释方法之间关系的理解，违背了他关于法律是一项社会合作事业的理论承诺。

第二节　基于现代立法机构之多元性对整全法理论的批判

沃尔德伦基于对现代立法机构特征的分析，为文本主义的法律解释提供了另一种辩护。同夏皮罗一样，沃尔德伦也关注人们在道德问题上存在巨大分歧，并以此作为构建其法律理论的基本出发点。但是，与夏皮罗从一般层面上为实证主义立场辩护不同，沃尔德伦为一种更为具体的特定实证主义立场辩护：我们应当认真对待通过多数投票程序产生的法律文本。计算票数的方式虽然看上去没有顾及法律在内容上的正确性，但是这种技术化的解决方式恰恰是道德分歧环境下唯一可以获得证立的集体行动方案确定方式。沃尔德伦的文本主义立场对法律解释的看法与整全法针锋相对，它反对法官在裁判中作出道德判断。

除此之外，沃尔德伦还提出了一个主张威胁到了整全法理论。

他认为道德判断客观性即使存在，这也不能够支持法官在判决中进行道德判断，道德判断客观性是否可能，与我们解决如何确定适当的裁判风格无关。因为道德判断客观性即使是成立的，也不能因果性地控制法官获得客观上正确的那个道德命题，更不能为我们分辨正确与错误的道德命题提供帮助。因此，关于道德判断客观性的信念无法化解我们关于司法中的道德判断之任意性缺陷的担忧，最终它也无法为反实证主义立场辩护。

本节的前两部分将梳理沃尔德伦是如何展开他这两个论证的。在本节的第三部分，笔者将探讨基于德沃金整全法立场应对这两个批评的可能性。

一　沃尔德伦对文本主义的辩护

（一）现代社会立法机构的特征及其权威正当性难题

1. 现代社会立法机构的特征：多元性与形式化

沃尔德伦认为，现代社会立法机构的第一个典型特征就是立法成员结构的多元化。[①] 现代立法机关的任务是，让人们聚集在一起作出关于集体行动的决定，这些人之间并不必然具有友好关系，他们不是作为个人与朋友交谈，而是作为代表参与立法协商。集合在立法机构的各方代表的背景、经历和信仰各不相同，他们关于政策、社会正义和权利等观点也经常相互对立。他们共享的东西可能非常少，经常不存在对某个共同问题的重叠共识。沃尔德伦认为，法理学必须能够解释，经由此种立法机构的协商程序所获得的法律，如何能够在某种程度上避免党派偏见和无止境的分歧。他认为，关注现代立法机构的多元性，将有助于我们理解立法机构伴随多元性而必须面对的诸多挑战，从而确定与之相适应的集体决定技术。他特别提示，我们应该小心地避免将任何伦理和文化上的同质性作为塑

[①] See Jeremy Waldron, *Law and Disagreement*, Oxford: Oxford University Press, 1999, pp. 72-75.

造我们政治和立法模型的必要条件。一个成功的法律理论必须赞扬多元性或者至少在某种程度上接受它。因此，我们应当尽量清楚阐述多元性的观念，并将之作为我们建构法学理论的核心基础。

瓦尔德隆将现代社会立法机构的另一个特征总结为立法的形式化，这种形式化包括立法程序的形式化和立法结果的形式化两个方面。首先，立法机构中的商谈活动具有一些形式化的特征，这些特征使得那些在立法机关所发生的活动更像是"程序"（proceedings），而不是朋友间的"对话"；这也使得立法程序的结构更像是"标准"（canon），而不是"共识"。① 因此，我们在理解立法机构的时候，不能将朋友之间的非正式交流作为理解它的模板。立法活动在程序上的形式化体现于，立法机构总是遵循某种议事规则来商讨问题，这些议事规则通常涵盖了如下问题：某项议程如何启动？如何选择讨论的主题？如何确定不同主题之间的优先性？谁有权发言以及发言的时间长度和频率如何？谁可以打断发言？谁可以提出问题？问题如何被回应？如何确定最终结果？沃尔德伦认为，过去法理学对这些问题的关注不够，将程序规则简单地视为任意的惯习，而没有注意到这些程序规则背后的哲学基础。

其次，结果方面的形式化指的是，人们感受到被立法机关制造的文本上的语词所约束，这种受到约束的感觉要大大强于其他法律渊源带给我们的约束感。② 立法机构依赖文本推动整个立法流程。立法机构的活动有明确的议题，必须推动某项法律的制定，当讨论结束的时候，就需要投票，而投票是对某个以文本的形式加以呈现的法律草案进行投票。由于现代立法活动要经过一系列的复杂程序，因此必须有一个文本来聚焦和协调立法过程的各个阶段。如果没有这样的一个文本，使得人们对它关注、讨论、修正、投票，那么立

---

① See Jeremy Waldron, *Law and Disagreement*, Oxford: Oxford University Press, 1999, pp. 75-76.

② Ibid., pp. 77-82.

法过程就会非常混乱。对于一个小的组织来说,人们或许能够在非正式的对话基础上就某项行动方案达成共识,不依赖文本也可以完成这个过程。但是,对于一个大型的、组织成员意见多元的现代立法机构来说,一个文本是非常必要的。

2. 现代社会立法机构的权威难题

现代立法机构的多元化与形式化特征,对其自身的权威正当性提出了独特难题。首先,现代立法机构的多元化为说明它的权威性提出了难题,在立法成员意见分歧无法通过协商化解的情况下,如何产生一个能够让各方都接受的结果作为行动的权威指南呢?古典政治哲学理论,极为依赖权威指南的实质正确性作为其正当性根据。例如,亚里士多德曾经从实质内容的优越性方面,为多数立法的正当权威提出过一个有名的论证。他提出,"就多数而论,其中每一个别的人常常是乏善可陈;但当他们合为一个集体时,却往往可能超过少数贤良。"[①] 其背后的理念是,众多的参与者在一起出谋划策,这些观点汇集后就可以达成一个比任何人单独作出的决定都更好的决定。这种论证思路把政治想象成一个程序,人们在其中通过辩论形成一个优于任何个人智慧的最佳方案。然而,沃尔德伦认为,这种证立方法无法用于证立现代立法机构的权威。在现代社会中,共同体成员中存在着各种不同的观点,这是必须要考虑的重要因素。[②] 对理性的关注可能希望我们通过协商获得共识,用实质内容的正确性来担保立法权威的正当性。但沃尔德伦认为,好的立法理论应当注意到,在真实的世界中,即使在协商之后,对于政策、原则、正义和权利等议题,人们还会继续存有分歧。好的协商民主理论的一大特征应当是,它们能够接受这一点并把它融进对立法权威的理解

[①] Aristotle, *Politics*, Bk. 3, Ch. 11. Quoted from Jeremy Waldron, *Law and Disagreement*, Oxford: Oxford University Press, 1999, p. 85.

[②] See Jeremy Waldron, *Law and Disagreement*, Oxford: Oxford University Press, 1999, p. 72.

与证立之中。法理论应当将此种分歧的可能性作为立法理论的核心，忽视它或者希望除去它，就好像要在正义理论中除去稀缺性一样，都是对实践问题的不恰当简化。①

其次，现代社会立法机构的形式化也对权威的正当性提出了挑战。② 现代立法机构通过对一项议案进行多数表决的方式来决定它是否最终成为正式法律，由此带来的问题是：当立法以计算票数这种明显是任意性的方式来做决定时，我们如何有理由认真对待立法权威呢？在足球开赛时，如果通过抛硬币来决定哪一方开球，我们会觉得这个方法很公平。但我们会认为，对于决定哪个议案应该被制定为法律从而使它构成对人们行动的权威指引，抛硬币显然不是一个足够严肃的办法。然而，现代立法机构用计算票数的方法来决定制定何种法律，却很像是抛硬币，而不像是一项推理和智力活动。因为议案一旦在立法机关投票通过，它就有资格作为法律受到尊重与服从，再无关乎其内容优劣如何。那么，对于那些认为有充足理由相信立法存在错误的人来说，有什么理由承认法律的权威呢？立法似乎本应是一个理性发挥作用的情境，因为它处理的议题关涉的是重要的个体利益的平衡点，如果处理得不合理，就会有一些人的利益被压制或者被不公平地对待。但是，投票的决定方式似乎与正义所要求那种关切相反，它具有任意性特征。如果计算某张投票时，恰巧某个人没有在立法机关，或者如果他是在一时冲动之下投了票，那么我们如何把立法看作一种可尊重的法律渊源呢？一部制定法的权威的问题是：当一个明智且负责任的公民或者代表，非常认真严肃地思考立法议题，他们为什么应该根据立法者的观点而不是自己的观点来行动呢？当他们投票所支持的立场没有最后取得胜利，为什么他应该承认获胜观点的权威呢？③ 亚里士多德的论证是，集合体

---

① See Jeremy Waldron, *Law and Disagreement*, Oxford: Oxford University Press, 1999, p. 93.
② Ibid., pp. 89—90.
③ Ibid., p. 98.

汇集了各位成员的聪明智慧，集合体选择的答案比任何单个人的作答都好。但在具有多元性特征的社会，我们需要问，如果两个竞争的完备性观点出现——一个是他自己的，另一个是在议会中更受欢迎的观点，该公民为什么不应该根据他自己的观点而行动呢？为什么我们不能像政治义务的怀疑论者那样坚持只有立法比我们更聪明的时候才拥护它的权威呢？①

结合现代立法机构的多元性与形式化特征，我们可以完整描绘出立法权威的正当性难题：当立法机构成员之间的多元性与分歧难以消除的时候，以多数决定方式所确立的法律文本为什么值得我们尊敬？

（二）立法权威难题的理论建构及其解决

我们需要对现代社会立法机构所面对的权威正当性难题用更为概念化的方式加以理解，而"政治的环境"就是一个非常有帮助的概念工具。沃尔德伦通过建构"政治的环境"这个概念将现代立法机构的权威正当性难题理论化，并且指出多数决定这种看似具有任意性的方式实际上具有重要优点，足以支持立法权威的正当性。

1. 政治的环境

沃尔德伦建议，我们使用"政治的环境"（the circumstances of politics）这个概念来理解现代立法机构的处境。这是沃尔德伦从罗尔斯的"正义的环境"这一概念获得灵感引申发展而来的一个概念。罗尔斯用"正义的环境"（circumstances of justice）② 指涉那些使正义作为一项美德有存在之必要的人类社会条件，诸如适度稀缺和个人有限的利他主义。沃尔德伦认为，遵循类似的思考方式我们可以提出，当一个社会在某个问题上感到需要有一个共同行动的框架或

---

① 参见［英］约瑟夫·拉兹《服从的义务：修正与传统》，毛兴贵译，载毛兴贵编《政治义务：证成与反驳》，江苏人民出版社2007年版，第252页。

② ［美］约翰·罗尔斯：《正义论》（修订版），何怀宏、何包钢、廖申白译，中国社会科学出版社1999年版，第97—100页。

者决定，但是人们对这些框架和决定应该是什么存在分歧的时候，我们就可以说他们处于"政治的环境"中。他认为这一概念是我们理解众多政治美德的关键所在，但遗憾的是，当前法哲学和政治哲学研究对这个概念的关注极少。这一概念对于我们理解程序性的决定规则，诸如多数决定，以及理解政治活动中的权威、责任和尊重等观念来说，是必不可少的。[1]

像"正义的环境"这一概念中的稀缺性和有限利他一样，政治的环境也包含两个成对出现的要素。一方面，如果在某个事项不需要协调一致地行动，人们之间是否存有分歧就变得不重要；另一方面，如果人们对应当如何协调一致行动没有分歧，那么对共同行动的需要也不会导致政治的出现。

政治的环境之第一个要素是共同体对合作的需要。有很多事情只有当我们很多人在一个共同的行动框架中发挥各自的作用时才会取得成功。诸如环境保护、运作医疗保险系统，维护市场经济运行条件，或者提供争端解决机制，在这些事项上，如果没有人们制定共同行动框架并且共同参与实施，这些社会合作事业就没法运作。协调行动并不容易，尤其是当人们觉得与他人协调行动可能会与自己的个人计划相冲突的时候。因此，如果社会成员能够通过共同行动促成某项合作事业，可以说这是非常了不起的成就。[2]

政治的环境的第二个组成要素是分歧的存在。[3] 必须共同生活于一个共同体的人们之间可能并没有分享关于正义、权利或者政治道德的看法。就如同自由主义所不断强调的，各种相互冲突的和不能和解的完备性学说的大量存在不是一个很快会消失的历史

---

[1] See Jeremy Waldron, *Law and Disagreement*, Oxford: Oxford University Press, 1999, p. 102.

[2] Ibid., pp. 101-102.

[3] Ibid., p. 105.

条件，而是民主公共文化中一个永久的特征。① 但是，沃尔德伦认为自由主义者在一个重要的问题上处理得不好，即他们认为在一个秩序良好的社会，共同体成员必须分享一个关于正义的观念，以保证我们达成共识并一起行动。他指出，对共识的需要并不会使分歧存在的事实消失。我们必须要解决的问题是如何在存有剧烈分歧的情况下确定共同的行动方案，期望基于共识来确定这些行动方案只能是无法实现的空中楼阁。法律理论应当能够解释，那些在分歧条件下所确定的立法，如何也能够为自身主张权威与尊重。②

2. 纯粹的技术性的解决方案

沃尔德伦进一步主张，鉴于人们无法通过交流化解分歧，那么确定共同体合作方案的方式必然是技术性的。③ 所谓技术性，就是能够避免诉诸合作方案本身内容上的好坏，而以一种独断的方式确定合作方案。假设我们打算在问题 M 上共同行动，但是其中有些人认为应当遵从 X 方案，而其他人认为应当遵从 Y 方案，并且没有人有理由认为其他人的判断比自己的更好。再假定，我们都知道 M 问题的解决要求共同行动，每个人在其中起到独立又必不可少的作用，并且，在 X 方案下的行动同我们在 Y 方案下的行动是相反的。在此类情形中，下述办法是无法解决问题的，即让每个人都按照他自己认为解决 M 问题的恰当方式来行动。我们必须找办法选择某个统一的解决方案，以使得我们尽管对各种方案的优缺点有分歧，但还是能够共同行动。既然选择一旦被确定，我们每个人就能独立行动，那么每个人必须有办法识别什么是我们应该遵从的那个方案。这个能力不包含使用像下面这样的标准："对于 M 来说，恰当的解决方

---

① 参见［美］约翰·罗尔斯《政治自由主义》，万俊人译，译林出版社 2011 年版，导论，第 4—5 页。

② See Jeremy Waldron, *Law and Disagreement*, Oxford: Oxford University Press, 1999, p.106.

③ Ibid., p.107.

案是什么。"因为人们在这个问题上有分歧。因此，确定一个方案是"我们的"方案的办法必须是任意的。多数投票满足了这个要求，因为无论一个成员是否认为 Y 方案是否是一个明智的方案，他都可以识别 Y 是被大多数人所支持的方案，进而能够参与该共同行动。①

（三）对多数民主的辩护

沃尔德伦认为，多数决定是一项在分歧情况下解决社会合作问题的技术性措施，并且是一种道德上可尊敬的技术性措施。他从如下三个方面阐述了多数决定的道德价值。第一，多数决定是一种尊重大众的立法方式。② 沃尔德伦认为，多数投票立法值得尊重的最为重要的理由是，它是一个尊重人的成果。实际上，对多数投票立法是否尊重人，从表面上看，是存在很大疑问的。一个投票者可能会感到，无论他是基于深思熟虑而投票，还是基于抛硬币来投票，其中差异丝毫不能影响他的选票的分量，他的意见会无足轻重地淹没在数百万的投票中。在这个意义上，他可能会感到多数投票没有将他作为一个思考的个体来尊重。但是沃尔德伦认为其中的担忧与疑问可以被化解。如果我们相信，受某项立法决定影响的每个人都有权利在该问题上发言，那么就只能通过计数的方式来评估所有人的意见。问题是在分歧面前我们没有其他的选择：如果一个问题影响到数百万人，那么一个尊重人的决定程序就要求这数百万人倾听彼此，以一种将每个人的意见都纳入考量的方式来确定共同行动方案。当分歧存在时，很容易想到三种决定共同行动方案的办法：第一种是抛硬币的方式；第二种是选择一个霍布斯式的领导者，让他个人观点作为共同体行动的唯一基础；第三种是基于多数投票结果来确定集体行动方案。可以看到第三种方法有前两种方法所不包含的东西，即对个人的尊重，它认真对待了这个事实，即团体中特定数量

---

① See Jeremy Waldron, *Law and Disagreement*, Oxford: Oxford University Press, 1999, pp. 107-108.

② Ibid., pp. 110-113.

的成员持有某种特定观点。

第二，多数决定是一种尊重分歧的立法方式。沃尔德伦认为，证立多数决定立法的另外一个理由是，它通过尊重我们在正义和共同善问题上存在分歧这一事实来尊重个体。多数决定不要求贬低任何人的观点或者隐藏任何人的观点，多数决定也不会假装反对的观点不存在，它也没有将反对意见视为必然由无知、偏见与自私所导致。① 这不需要我们抛弃关于真理之存在的确信，也不需要支持任何像相对主义那样的东西。因为尊重涉及的问题是，在分歧存在时，我们应该如何对待彼此的正义信念，而不是我们应该怎样对待真理的问题。无论我们对自己的观点的正确性抱有怎样的自信，我们都必须理解，正是因为我们不是一个人生活在地球上，我们与同我们有不同观点的人共同组成了一个世界，所以政治才有必要存在。并非只有我们自己对问题的解决作出了认真的思考，那些意见同我们不一致的人也可能是智慧的、用心思考的。理性的人们会存在分歧，这是一个容易预期的自然事实。

第三，多数决定之所以值得尊重还因为它具有某种平等性。对于这种以人数来决定集体行动方案的方法可能存在一个质疑，它没有考虑到不同观点的质量可能是不同的，而对人的尊重似乎要求我们认真对待他论证的理由和质量。这种质疑意见要求我们对理性与智慧的差异作出回应，这可能会证立某种复合投票方案（plural voting scheme），而不是简单多数决定中所蕴含的"平等分量"（equal weight）。② 但是沃尔德伦认为，我们只能依靠数量来解决，因为如果要对谁的观点更为明智作出实质判断，我们无法在没有违背对人的平等尊重的前提下进行这个评估工作。赋予个人投票以平等分量是对个人的尊重，在这种意义上，多数决定不仅仅是一个在

---

① See Jeremy Waldron, *Law and Disagreement*, Oxford: Oxford University Press, 1999, pp. 111-112.

② Ibid., p. 115.

政治的环境下寻求协同合作的技术性设置，而且是一个尊重人的程序。通过有秩序地投票，少数人可以根据多数人的观点来行动，就好像它是他们自己的一样，这表明了对某种尊重和公平观念的追求。前述分析支持了一种文本主义的法律解释风格。法律文本作为立法机构以投票这一技术性方式所确定下来的立法成果，构成了指引人们行动的权威。

二　沃尔德伦论道德判断客观性与法律解释的不相关性

接下来我们将考察沃尔德伦提出的另外一个对整全法具有威胁的论证。这一论证试图批判一种对道德判断客观性与司法裁判关系的假定。该假定认为，如果道德判断可以具有客观性，则我们有理由支持司法裁判中的道德判断。沃尔德伦认为这种关系是不存在的，即使道德判断可以具有客观性，但这既无助于化解人们在道德问题上的分歧，也无助于指引法官作出正确的道德判断，司法中的道德判断仍然由于具有任意性缺陷而应予以指责和消除。下文具体展现这一论证脉络。

（一）关于道德判断客观性与司法裁判关系的假设

沃尔德伦要批判的观点是：道德判断如果可以具有客观性，则我们有理由支持法官在司法裁判中运用道德判断。沃尔德伦使用"客观性"一词指的是，人们声称一些道德判断是客观上正确的，一些道德判断是客观上错误的时候所说的"客观"。他将那些认为在道德判断问题上存在客观上的真或假的人称为"道德实在论者"。道德实在论者对道德判断客观性的信念可以作如下技术化表达：存在使得道德判断为真的或者为假的事实，这些事实独立于任何人对这一问题的信念或者情感。相应地，反实在论者的立场可以作如下表达：不存在决定人们道德判断为真或为假的道德事实。[1] 在反实在论者看

---

[1] See Jeremy Waldron, *Law and Disagreement*, Oxford: Oxford University Press, 1999, p. 165.

来，我们仅仅能够谈论一些道德判断是我们所喜欢的，一些是我们所不喜欢的，但是不存在客观事实证立这些判断和态度为正确或者错误。

　　表面上看，是否认同道德实在论会导致人们在法官司法裁判风格上有截然不同的看法。反实在论者会认为自己有理由支持规范性法律实证主义的立场，而道德实在论者则会认为自己有理由倾向于相反立场。规范性实证主义立场主张，法律的内容无须运用道德判断加以确定。如沃尔德伦所说，这种立场之所以是"规范性"的，是因为它本身是一个道德主张，它认为道德判断对法律决定构成一种"污染"，是道德上不可取的。[1] 霍布斯、休谟和边沁是此类立场的代表。他们认为，应该尽可能消除法官或者官员作道德决定的现象。这种立场的支持者所提出的理由主要是，禁止法官作出道德判断有益于法律的确定性的、保障人们的生活预期，防止任意性等。其中任意性指的是不可预测、无理性、无权威性正当性。基于这些理由，规范性实证主义反对法官作出道德判断，或者至少让法官对道德判断的运用降到最低限度。而几乎所有的规范实证主义反对者都是道德实在论者。[2] 这种关联似乎也很容易理解。道德实在论者相信道德判断有客观上的真假，并且相信法官有能力作出道德上正确的判断，那么就会倾向于法官运用道德判断确定法律的内容，使法律的内容真正符合正义，以避免机械司法造成的不合理判决。道德实在论者确实有理由比反实在论者更愿意让法官作出道德判断。[3] 但

---

[1] See Jeremy Waldron, *Law and Disagreement*, Oxford: Oxford University Press, 1999, p. 167.

[2] 沃尔德伦认为这个说法存在一个例外。德沃金是一个规范实证主义的反对者，他认为法官从事道德判断没有什么错，也不会造成司法裁判的任意性缺陷。他认为司法中的道德判断不可避免，并且相信道德判断也是一个好判决不可缺少的部分。但是，德沃金不是一个沃尔德伦所说的道德实在论者。See Jeremy Waldron, *Law and Disagreement*, Oxford: Oxford University Press, 1999, pp. 168-169.

[3] See Jeremy Waldron, *Law and Disagreement*, Oxford: Oxford University Press, 1999, pp. 169-170.

是沃尔德伦想要抨击这一具有吸引力的关联。他认为道德实在论对法学没有什么影响,无论是道德实在论者还是其反对者,都应该意识到法律中的道德决定具有任意性。因为即使是那些相信在道德争议上存在正确答案的人,也不能在我们如何获得正确答案的问题上取得一致意见。而法理学必须解决的问题是:面对所有这一切分歧,法官应该怎样行动?①

(二) 道德判断客观性与司法裁判方法选择问题无关

沃尔德伦要论证:道德判断的客观性无论是否成立,这对于我们决定是否支持法官在裁判中进行道德判断来说,都将是无关的。他并不关心道德判断客观性是否成立这个问题,而是它是否成立与法官能否在裁判中进行道德判断之间的关系。如果道德实在论是荒谬的,那么人们显然有理由反对法官在裁判中进行道德判断。因为,如果并不存在客观正确的道德判断,法官如何进行道德判断就全凭其主观偏好所决定。对此,人们可以提出有力怀疑:为什么法官的个人偏好具有这种决定他人命运的正当性?所以,几乎所有人都会赞同,若不存在道德判断客观性这回事,法官就必然不能在裁判中进行道德判断。

较容易出现错误的地方在于如何理解实在论对于司法裁判中道德判断这个问题的意涵。人们容易认为,道德实在论能够有力支持法官在裁判中进行道德判断。我们可能会认为,道德上正确的答案就在那儿,法官的判断是可以受到它约束的。② 但是,沃尔德伦认为,如果在道德问题上有一个正确答案,这只能意味着存在某种事实,使得法官给出的某一种答案为正确,而提供的另一种答案则为错误。但这个事实却不能因果性地决定法官作出正确的道德判断,因为"事实并不能像神灵一样伸出手控制决策者,阻止他进行反复

---

① See Jeremy Waldron, *Law and Disagreement*, Oxford: Oxford University Press, 1999, p. 181.

② Ibid., p. 243.

无常的决定或以任何不可避免的方式支配他"①。这意味着，道德事实即使存在，也不能够像有形的轨道那样指引与约束法官作出正确的道德判断。存在一个正确答案这个事实，仅仅意味着当法官苦闷地去搜寻它时，他没有在自欺欺人地寻求某种并不存在的东西。但是，这个事实的存在不会担保法官必然会去追寻它，更无法确保法官必然会得到它。即使法官们都全心全意地去追求正确答案，不同的法官也会获得不同的结果，并且他们提供不出理由认为自己的观点比其他人的观点更正确。因而，沃尔德伦强调，最终是道德分歧，而不是道德主观性导致了我们对司法道德化的担忧。并且因为实在论者们几乎没有兴趣去讨论道德分歧的解决，故而实在论也不能够提供什么来减轻这些担忧。②

（三）道德判断客观性无法化解司法中道德判断的任意性危害

规范性实证主义者担心法官作出道德判断会导致司法存在三种意义上的任意性缺陷：不可预测性、不合理性与缺乏民主正当性。沃尔德伦希望论证，这些恐惧不能够被道德判断客观性信念所减轻。因为即使当事人是道德实在论者，他们也会继续问：为什么法官的道德观念应该优于他们自己的道德观念？道德实在论即使正确，也不会使任何特定个人的或者任何特定法官的道德信仰获得合法性。它最多只能改变了我们对道德分歧特征的理解，使我们意识到不同意见之中有正确与错误之别，但这不会进一步指导我们如何搞清楚其中究竟是谁对谁错。③

司法中的道德判断会导致三种意义上的任意性缺陷，而道德实在论者对道德判断客观性的信念无法解决这些任意性缺陷。首先，

---

① See Jeremy Waldron, *Law and Disagreement*, Oxford: Oxford University Press, 1999, p. 186.

② Ibid., p. 187.

③ Ibid., p. 181.

它无法化解第一种任意性缺陷——不可预测性。① 道德实在论无法担保和提升包含道德判断的司法判决的可预测性。假如某种版本的情感主义是正确的，那么可能会存在少许经验上的可预测性，人们可能根据这些法官的道德立场对判决作出预测。但这种判断无须假定任何的道德判断客观性。预测一个法官的道德信仰，是看他过去的道德立场，即使实在论不成立，此类判断的可预测性也可获得。假如道德实在论者提出了某种"道德知觉心理学"，那么这种立场或许可以提升法官道德判断的可预测性。但是没有一个现代道德实在论者还在主张这一荒诞的立场。

其次，道德实在论无法化解司法中的道德判断会导致的第二种任意性缺陷——不合理性（irrationality）。② 道德实在论者主张道德判断是对道德属性的理性报告，但是反实在论者否定这一点。但是一个坚信道德实在论的法官，通常并没有准备好为他的道德观点提供论证，他所能做的恐怕仅仅是直接宣告那些观点，或许还会加上一句：尽管他不能提出论证，但是当他看到对与错时，就能够知道它。某些实在论法官可能不说"当我看见它我就知道它"，而是说"这是一种直觉（perception）"。但是他所说的这些对他的道德主张的论证提供不了什么帮助。一个反实在论者可能说，主张一个道德立场仅仅是在表达主张者的个人偏好。他也可能将他在某个具体情形上的观点涵摄在他较为一般性的态度之下。看上去他似乎也在提供一个理由，和实在论者提供理由的方式差不多。可见，一个实在论法官对他的道德主张的说明不会比反实在论者对其立场的说明更加具有理性上的说服力。

最后，道德实在论者也无法化解司法中的道德判断会导致的第三种任意性缺陷——缺乏民主正当性。③ 沃尔德伦认为，法官运用道

---

① See Jeremy Waldron, *Law and Disagreement*, Oxford: Oxford University Press, 1999, p. 182.

② Ibid., p. 183.

③ Ibid., p. 185.

德判断而突破法律的表面意思会导致裁判在民主正当性方面的缺陷，而我们会发现道德实在论者无法化解这种对正当性的担忧。因为如果道德实在论是真的，那么于此处发生的事就是法官的信念同立法者的信念发生冲突；如果道德实在论是错误的，那么于此处发生的事就是法官的态度同立法者的态度发生冲突。无论是在态度层面上，还是在信念层面上，我们似乎都没有办法主张法官的高于立法者的。有一种为违宪审查辩护的主张将法官视为一个更高明的道德慎思者，认为法官比普通公民或者公民代表有更多的专业知识、更善于道德推理，而大众及其立法代表却只能停留在让个人利益和偏见所左右的层次上。因此，在道德问题上，法官的信念和推理更值得信赖。但是，沃尔德伦认为，道德实在论并没有提出一种支撑他们观点的认识论，它不能说清楚在何种意义上法官比其他人的道德思考更明智。总而言之，如果道德实在论是虚妄的，那么在法庭上相冲突的不过是人们不同的态度和感情；而如果道德实在论是正确的，那么在法庭上相冲突的是人们对道德事实的不同信念。就像我们无法证明某种态度比其他态度更优越一样，我们也无法证明一种信念比其他信念更优越。结果只能是，要么我们任意地将一种态度置于其他态度之上，要么我们任意把一种信念置于其他信念之上。无论是何种解释，法官的道德判断都会使司法的任意性确定无疑。①

三 基于整全法理论立场的回应

笔者将尝试从德沃金的理论内部寻找回应沃尔德伦批判的可能性。首先，通过比较沃尔德伦的多数民主观与德沃金的伙伴式民主观，指出后者更能够说明法律权威的正当性基础，并且进而支持司法中的道德判断。其次，笔者要论证沃尔德伦从"道德实在论与司法裁判方式不相关"这个命题直接跳跃到了"道德判断客观性与司

---

① See Jeremy Waldron, *Law and Disagreement*, Oxford: Oxford University Press, 1999, pp. 185-196.

法裁判方式不相关"这个命题。尽管前者可以成立，后者却不能成立。德沃金的诠释理论在说明道德判断在何种意义上具有客观性的同时，也给出了判断不同道德论证之优劣的标准，凭借它我们可以对法官的道德判断加以指引与监督，从而克服对任意性缺陷的担忧。

（一）多数民主与伙伴式民主

1. 德沃金对多数民主的批判

基于一种平等理念，沃尔德伦为现代立法机构以投票方式支持多数意见的做法提供了论证。但同样基于平等理念，德沃金却对此种多数民主提出了批评，其意见大致可概括为如下三个要点。首先，我们没有理由认为无论在任何问题上，当一个群体成员就应当做什么的问题无法取得一致意见的时候，多数表决总是集体决策的正确方式。他以一个假想案例来质疑多数表决总是具有正当性的集体决定方式这一常见传统观念。[1] 假设一些乘客被困在公海上，救生艇因为超载而面临沉没风险。除非一个人跳船或者被扔出船外，这个救生艇才不会沉。此时这些人应该怎么做决定呢？如果让乘客们投票来选择抛弃哪个乘客，结果很可能是，人们基于亲属关系、友谊、敌对、猜忌等因素来作出决定。然而，这些考量原本不应该在这种决定中发挥作用，而以抽签的方式来决定或许是更为公道的方法。这个例子揭示出，在多数投票的时候，人们可能基于不适当的理由进行决定，这构成多数决定的重要缺陷。

其次，在有些问题上，多数人是否有作出决定的正当权利也是成问题的。[2] 比如，在一个群体内部，人们就同性成人之间相互同意的性关系是否违反道德存在很大分歧。一些成员认为，应当在此事上进行集体决定，让那些无视多数意见的人受到法律的惩罚。但有些人可能认为，这个事应该留给私人自己进行决定。看上去要解决

---

[1] 参见［美］罗纳德·德沃金《民主是可能的吗？》，鲁楠、王淇译，北京大学出版社 2014 年版，第 125 页。

[2] 同上。

这一分歧，需要共同体首先就此事是否应交由多数投票进行一次投票。但是，假如后者的意见——这个事应该留给私人自己进行决定——是正确的，那么即使多数人投票决定了此事应该交多数投票，该问题的处理仍然是不公正的。

此外，从公平性方面来支持多数决定的论证也存在缺陷。[1] 根据沃尔德伦的分析，支持多数决定有一个非常重要的理由，这种决策方式允许每个人对决策施加同样的影响，因此它是一种具有公平性的决策方式。但是，德沃金指出，认为可以有哪种立法程序真的能够保证每个人具有相同的影响力，这根本是不现实的。事实上，投票只是提供表面名义上的平等，人们对政治决定的影响力必然是不一样的，甚至可能存在惊人的差异。在立法机构中，一定有一些人比其他人更具有经济实力，或者讨论中更有说服力和感染力，或者拥有更多的朋友和更庞大的家族势力，平等的政治权力只能是一个遥不可及的神话。实际上，我们有时甚至不希望人们的政治影响力是一样的，例如我们可能希望像马丁·路德·金这样的人具有更大的政治影响力。

总而言之，我们必须放弃那个熟悉的观念，即认为多数规则总是唯一公平的政治决策程序。有时它并不公平；而有些时候，当问题涉及是否应当就某个事项作出集体决定时，它就回避了问题。总之，德沃金想要主张的是："民主的多数主义理念是有缺陷的，因为它自身无法解释什么是好的民主。单纯的计算人数本身无助于彰显政治决策的价值。"[2]

2. 德沃金对伙伴式民主的辩护

德沃金所提出"伙伴式民主"作为多数民主的替代物。根据这一民主观，民主意味着民众将他人作为伙伴来对待，努力在集体的

---

[1] 参见［美］罗纳德·德沃金《民主是可能的吗?》，鲁楠、王淇译，北京大学出版社2014年版，第126—127页。

[2] 同上书，第128页。

政治事业中实现自我治理。多数人的决策只有在某些进一步条件获得满足的时候才具有真正的正当性,这个条件是:要平等保护每个公民作为该事业中的一位伙伴的地位和利益。[1]

要理解德沃金所说的伙伴式民主,首先需要理解他所提出的"联合义务"概念。德沃金认为,可以将我们对他人的道德义务区分为对陌生人的义务,以及对同我们有特别关系人的义务。后者可以进一步区分为两种:施为的义务(performative obligation)和联合的义务(associative obligation)。如果我们通过社会实践以自愿的行为(诸如许诺)和某人建立特殊关系,我们之间可以存在施为性义务。这个词的意思表明,这种义务通过自愿的、主动的行为与陌生人形成某种特殊关系而产生。而联合义务是由于某种被动的、偶然形成的联合纽带所形成特殊关系而产生的义务,诸如基于父母子女、亲属、合作事业的成员或者国家的公民之间的关系形成的义务。[2] 联合义务有两个特点。第一,从这种义务的形成方式上来看,它不是由有意识地选择或同意行为所致,而是基于某种生物遗传关系或者出生即具有的团体成员身份而形成。第二,这种义务具有相互性。如果关系中的其他相关方未能对我们尽到他在关系中应承担的责任,则我们也可以免除对他们的义务,我们并非对这些与自己有特殊关系的人负有无条件的义务。我们对朋友、爱人、邻居、同事、相亲等人的责任,敏感于他们对我们尽责的情况。在共同体中对同胞的义务就属于联合义务,它具备联合义务的上述两个特征。[3]

除了联合义务概念外,我们还需要厘清两种不同的共同体模型,以帮助我们理解伙伴式民主的内涵。第一种是规则手册(rulebook)

---

[1] 参见[美]罗纳德·德沃金《民主是可能的吗?》,鲁楠、王淇译,北京大学出版社2014年版,第118页。

[2] See Ronald Dworkin, *Justice for Hedgehogs*, Cambridge, London: The Belknap Press of Harvard University Press, 2011, pp. 300-301.

[3] See Ronald Dworkin, *Law's Empire*, Cambridge, Mass.: The Belknap Press of Harvard University Press, 1986, pp. 195-198.

式的社群。① 在此种社群中，共同体成员都承诺服从以某种方式所确立的规则。这些成员就像那些包含固定规则的游戏中的竞争者，或者是像商业协议中的合伙人那样，作为仅以自利理由驱动的参与者，服从通过谈判达成的规则。对于他们制定的规则，他们认为自己有义务去遵守，但会预设这些规则完全穷尽了自己对彼此的义务。他们不会这样看待他们的规则，即这些规则是出自潜在的道德原则，这些原则是进一步义务的来源，而是将这些规则仅仅视为敌对利益和观念间的妥协。第二种是原则社群。② 这种共同体中的成员会接受这样一种观念，即指引他们行动的是共同分享的原则，而不是敌对各方在政治斗争与妥协中绞尽脑汁想出来的规则。对于他们来说，政治是关于"社群应采哪些原则作为体系"以及"对何为正义、公平、与正当程序"的一部辩论剧，这不同于在规则模型社群中，其成员致力于在尽可能大的规则领域上插上自己信念的旗帜。原则社群的成员会认为，他们的政治权利与义务，并未被政治机构实际达成的特定规则所穷尽，而是系于这些规则所预设的原则体系。

基于上述两个概念区分，我们现在可以明确伙伴式民主的观念。第一，伙伴式民主是原则社群成员所遵循的民主活动方式。在这种社群中，人们进行民主辩论的动机不同于规则社群，人们辩论的动机是为了寻找关于正义、公平的一般性道德原则。社群成员将这些道德原则作为处理他们关系的根本指南，会根据这些根本原则来解释法律规则或者社会惯习。既有的法律规则不会被视为各方基于敌对利益妥协后的结果，不会以尽可能有利于自己利益的解释方法被理解。第二，伙伴式民主具有相互性特征。这意味着我们并没有无条件地接受共同体投票决定的道德义务。如果这种大多数在作出这种决定时，不是基于普遍性的道德原则，没有考虑到少部分人的平

---

① See Ronald Dworkin, *Law's Empire*, Cambridge, Mass.: The Belknap Press of Harvard University Press, 1986, p. 210.

② Ibid., pp. 210–213.

等尊严，那么少部分人就没有服从这个决定的义务。当少部分人生活在这样的共同体中时，那些大多数人已经不构成其伙伴，他们没有对少部分人尽到作为共同体成员的责任，基于这种关系与责任的相互性，少部分人也不再有服从投票决定的义务。可见，伙伴式民主会支持司法裁判中的道德判断，允许司法者去考察什么是能够从道德维度上对法律作出最佳理解。

3. 民主与相互尊重

沃尔德伦的问题意识是：当分歧存在，人们彼此无法互相说服的时候，我们如何能够以尊重人的方式确定一个集体行动方案？根据沃尔德伦的看法，如果我们按照关于谁的观点更明智来分配票数，这就不是一种尊重人的方式了。在笔者看来，沃尔德伦理论的缺陷在于没有深入分析道德论辩的性质，而只是停留在道德论辩的外部来看待道德分歧。事实上，我们从事道德论辩的经验告诉我们，当与他人发生分歧的时候，我们不是仅仅因为对方与自己的结论不同就认为他是错误的，而经常是有理由认为他是错误的。他的错误可能在于没有注意到某项事实，也或者是在于逻辑缺陷。我们也有过这样的经验，突然哪一天我们意识到我们的某种道德立场错了，这可能是基于某种新的生命体验，让我们了解到之前没有注意过的事实。当然，自由主义者可能认为，在道德问题上，尽管两方的意见不同，但是他们仍然可能都是对的，或者说我们没有办法用理性的方式论证谁对谁错。但如德沃金所言，"不能确定"与"不确定性"是不同的。"不能确定"是我们在道德问题上发生纠结时所处的精神状态，而"不确定性"是一个积极的道德主张，需要用实质的道德理由来证明它，而自由主义者没有为他们关于道德判断的不确定性立场提出实质论证。

确实，似乎在辩论陷入僵局的情况下，我们也仍然需要一个共同的行动方案。但是，笔者并不认为一个不公道的方案能够真的确立服从义务。当然，在某些情况下，尽管这种服从义务是不存在的，但是我们仍然可能有理由选择服从。这可能是基于对同胞的情感和友谊。就好像在家庭中，我们不会同家人太计较他对待我们的方式是否与我们的付出很相匹配。对此过于计较的人会被认为没有理解此类情感的本质。当然，有些人并不为这种情感所触动，他可能单纯地基于自利而选择服从。他或许认为，即使当下的合作方案是不公道的，但一个有效运行的法律体系对于他的生活福祉在总体上是有好处的。还有可能是有人基于不想破坏法律做好事的能力而权宜性地服从法律，因为即使我们有时确实有正当的理由违背法律，但是我们的不服从可能影响到其他人服从法律的意愿，这可能不是我们所希望的。因此，服从法律的义务虽然不能存在，但也仍然有很多考虑使得我们服从一个不公道的方案。

（二）道德实在论、道德判断客观性与法律中的道德判断

承接上文所述，即使我们能够论证相较于多数民主观，伙伴式民主是更为具有正当性的民主形式，但是在支持伙伴式民主与支持司法中的道德判断之间仍然可能存在逻辑断裂。人们可能反对说，伙伴式民主确实是更为理想的，但是却无法付诸实施。因为尝试让法官通过诠释法律背后的道德原则来促进伙伴式关系是不切实际的，法官并不具有分辨正确与错误道德原则的认知能力。对法官此种能力的否定通常来自对道德判断客观性的怀疑论者。但是，沃尔德伦认为，即使道德判断客观性为真，也不能支持法官在裁判中作出道德判断。笔者接下来要论证，尽管沃尔德伦花费了很多工夫来论证道德实在论无助于化解我们对司法裁判中道德判断之任意性的担忧，但是由于道德实在论只是坚持道德判断具有客观性诸多理论中的一种，他的论证没有证明，任何坚持道德判断具有客观性的理论都无法化解我们对司法中的道德判断之任意性的担忧。德沃金的诠释理论在说明道德判断在何种意义上具有客观性的同时，也给出了判断不同道德论证之优劣的标准，我们可以凭借它对法官的道德判断加以指引与监督。

1. 道德实在论与道德判断客观性

笔者首先要论证的是，道德实在论只是坚持道德判断具有客观

性诸多理论中的一种。尽管沃尔德伦论证了道德实在论无法支持法官在司法中作出道德判断,但是他却没有证明所有对道德判断客观性持有肯定立场的理论都无法做到这一点。对于道德实在论无法支持法官在司法中作出道德判断这一主张,德沃金是能够同意的。道德实在论主张了一种道德判断客观性之可能的依据,这种立场认为,一个道德命题之所以是正确的,是因为有某种实在之物保证了它的正确性。沃尔德伦认为,这个立场即使为真,对法官能够在裁判中进行道德判断的问题也没有任何影响。如果道德实在论是正确的,那么就存在某种事实使得法官提供的某种道德命题为正确,另一命题为虚谬。但问题是,存在在那儿的事实并不能保证法官知道并获得道德问题上正确的答案,因为使得道德命题为真的那些事实不会像精灵一样伸出手,指引法官看到它、认出它并主张它。道德事实存在,仅仅意味着当法官沉闷地去搜寻它时,他没有自欺欺人。但是法官们都真心诚意地追求正确答案,他们仍然会在道德问题上获得不同的结果,并且他们都无法给出理由认为其自身的观点比其他任何观点更正确。①

德沃金能够认同道德实在论与我们的司法判断风格的选择无关,但是给出了与沃尔德伦有所不同的理由:道德实在论并非为道德判断客观性的辩护的正确方式。② 道德实在论是一个以形而上学基础来为道德判断客观性辩护的立场。在德沃金看来,以形而上学主张为基础来辩护道德判断客观性的推理是存在逻辑断裂的。形而上学主张的是关于何物存在的描述性命题,而"道德判断具有客观性"这个主张是一个关于人们应当如何行动的规范性命题,从前者到后者的推理违反了休谟原则。这是一个不易被发觉的错误,原因是人们

---

① See Jeremy Waldron, *Law and Disagreement*, Oxford: Oxford University Press, 1999, pp. 179-187.

② See Ronald Dworkin, *Justice for Hedgehogs*, Cambridge, Mass.: Belknap Press of Harvard University Press, 2012, p. 67.

倾向于忘记"道德判断具有客观性"主张是一个规范性命题，而容易认为它是一个描述具体实质道德判断之性质的所谓"二阶命题"。但是，如德沃金所强调的，这一立场本身是一个实质的道德立场，能够为之辩护的一定也必须得是实质的道德立场，关于何物存在的形而上学命题并非恰当类型的理由。笔者认为，沃尔德伦的论证受制于自然主义客观性概念的局限，他仅仅从道德判断无法具有适用于简单的自然科学命题的那种符合式的客观性，就武断地认为道德判断无法具有客观性。然而，"客观性"就像"真理"的概念一样是诠释性概念，对这个概念的说明必须能够考虑到既有的思想探究活动，在捕捉到这些探究活动之特征的同时能够使这些不同的探究活动具有意义。我们可以在一个抽象的"客观性"概念之下发展出适用于不同思维领域的客观性概念。①

2. 道德判断客观性与诠释方法在道德领域的应用

在道德思维领域，有适应于它的独特客观性观念。这种客观性观念在捕捉到道德推理活动之特征的同时，使这项活动具有某种重要的价值本旨。我们接下来考察德沃金会支持何种道德判断客观性观念，以及其所决定的相应道德判断方法论。

我们通过与自然科学命题拥有客观性的方式对比，来看清道德判断客观性的含义。在自然科学领域，如果我们能够寻求到证明一个命题的相关证据（evidence），则我们可以说这个命题为真，并且可以说自然科学领域是一个能够拥有客观性的思维领域。证据是关于某项事实的存在，使得描述性命题为真的是某个事实的存在。譬如，使得"X星球上有水"这个命题为真的是那个星球确实有水的事实。但是，在价值领域，我们寻求的是证明命题的理由。价值命题不是当然正确，它只有借助理由的支撑才能为真。如果我们能够提出理由证明一个道德命题，则我们说这个道德命题为真。根据休

---

① See Gerald J. Postema, "Objectivity Fit for Law", in Brian Leiter (ed.), *Objectivity in Law and Morals*, Cambridge：Cambridge University Press, 2001, pp.99-143.

谬定律，这些理由还需要依赖进一步的道德判断。而这些进一步的道德判断，当然也不可能自明为真，只有当有进一步的理由支持它时，它才是正确的。人们可能会问，这种证明何时是个终点？我们要追求的目标，是使我们所有的道德信念组成一个相互联系、相互依赖的原则和思想网络。我们要论证这个网络中的任何一部分原则，只能依赖于其他部分，直到我们以此种方式证明所有信念。任何道德判断的真理都存在于无穷尽的其他道德判断的真理中并且这个真理也能够部分地证明其他任何部分的真理，建立于公理基础之上的道德原则等级制是不存在的。[1] 这是一种前文已经论述过的整体主义真理观。[2]

在上述意义上，我们可以说道德推理领域也是具有客观性的思维领域。我们可以根据道德命题是否与其他更为根本和普遍的道德信念相融贯，来暂时性地断定它是否正确。或许有人反对说，唯一正统的客观性观念就是像自然科学领域那样的客观性。但是，为什么我们要坚持它就是唯一正统的呢？客观性这个观念存在的意义是用于区分两种性质的思维领域，在被认为具有客观性的思维领域中，我们能够有意义地谈论不同主张的对错或者优劣，并且这些谈论对于我们的思想或者行动有着重要价值。在道德思维领域，根据它与我们其他根本的、普遍的道德信念相融贯的程度，我们能够有意义地谈论一个道德主张的优劣；并且谈论道德命题的优劣，对于我们认识、评价自己及他人的品格与行为具有重要意义，对正直与共同体的整全性的追求，促使我们不断努力让道德思考更为协调与融贯。因此，有理由支持整体主义的道德判断客观性观念。

3. 道德诠释理论能够化解对司法任意性的担忧

沃尔德伦认为，道德实在论无法化解人们对司法中道德判断之

---

[1] See Ronald Dworkin, *Justice for Hedgehogs*, Cambridge, Mass.: The Belknap Press of Harvard University Press, 2011, pp. 116–117.

[2] Ibid., p. 154.

任意性的担忧，因为道德实在论不能给出我们获得正确道德判断的方式。如果德沃金在坚持道德判断客观性立场的时候，能够给出相应的正确道德判断的认识方法，那么它的理论就可以化解我们对司法中道德判断之任意性的担忧。德沃金所建议的诠释方法能够帮助我们作出恰当的道德判断，用这个方法来指引和监督法官的道德判断，有助于消除人们对司法任意性的担忧。我们依次来考察它如何消除不可预测性、不合理性、民主正当性这三个方面的司法任意性缺陷。

首先，它可以约束不可预测性意义上的司法任意性。以诠释方法解释道德原则，有着更深层次上的可预测性。司法的可预测性程度取决于两个方面的因素。第一个方面是共同体内不同法官在不同时期的裁判方法与风格是否一贯；第二个方面是司法裁判所要考虑的因素与加工这些因素的方法是否具有可预测性。第一个方面的可预测性显然不会根据不同的裁判方法而变化，而仅取决于这个共同体的法官是否普遍地、前后一致地遵循同一种裁判风格。与其他的规范性裁判理论相比，整全法并不在这个意义上具有特别的劣势。从表面上看，整全法可能在第二个方面上具有独特劣势，因为它要求法官作出道德考量。但是，要求法官作出道德考量，并不就必然意味着这种裁判方法具有不可预测性缺陷。如果法官运用诠释方法来理解道德原则的内容，就不会具有不可预测性，因为这种做法依赖于其他更具根本性与普遍性的道德信念，在这个意义上会符合一般民众的预期。事实上，需要法官作出道德判断对不合理的法律规则进行修正的时候，恰恰是这个法律规则不符合人们对法律之正义性的预期。根据能够对法律实践作出最佳证立的道德原则来判断，才真正符合普通人对法律的期待。

其次，它可以约束不合理意义上的司法任意性。沃尔德伦指责道德实在论无法约束司法者的任意性，其理由是一个坚信道德实在论的法官，通常并没有准备好为他的道德观点提供论证，他所做的只是直接宣告那些观点。当然，或许法官还会加上一句：尽管他不能提出论证,但是当他看到对与错时,他就能够知道它。某些实在论法官可能不说"当我看见它时我就知道它",而是说"这是一种直觉"。然而,这些说法对他的道德主张的论证提供不了任何帮助。看来很多坚信道德实在论的法官没有什么办法使他们的道德主张比其他人的道德主张更具理性上的说服力。但是,笔者认为,沃尔德伦仅仅证明了道德实在论不能使法官的道德主张更具理性,却没有证明其他认为道德判断具有客观性的理论立场无法做到这一点。德沃金的道德判断客观性立场要求我们按照诠释方法说明道德,这种方法的说理根据是非常透明的,即依赖于我们更广阔的、更经得起反思的道德信念,它没有任何神秘、含糊之处。根据这种道德判断客观性立场,说一个道德命题为真,就是在主张这个道德命题比其他的道德命题更能与我们其他更为根本的、一般性的道德信念相协调。为了证明道德命题在这种意义上是正确的,法官就得争论为什么说这个道德命题比其他的道德命题更能与我们其他更为根本的、一般性的道德信念相协调。这种道德判断客观性立场能够明确指示法官如何对自己的道德命题作出论证,进而消除我们对法官独断行事、不加说理的担忧。

最后,它有助于约束违背民主正当性意义上的司法任意性。沃尔德伦担心,法官运用道德判断而突破法律的表面意思会导致裁判在民主正当性方面的缺陷,而道德实在论也无法帮助我们化解此种对正当性的担忧。因为如果道德实在论是真的,那么于此处发生的事就是"法官的信念"同"立法者的信念"发生冲突;而如果道德实在论是错误的,那么于此处发生的事就是"法官的态度"同"立法者的态度"发生冲突。无论是在态度层面上,还是在信念层面上,我们似乎都没有办法主张法官的高于立法者的。沃尔德伦由此认为,道德实在论并没有办法证明法官比其他人的道德思考更明智,那么如果让法官的态度、情感与信念具有高于大众与立法者的优越性,就会导致它在民主正当性上面的缺陷。笔者认为,如果我们所理解的民主是伙伴式民主,就可以看到法官对道德原则的诠释方式恰恰是促进民主的。根据伙伴式民主的立场，国家的法律应当通过追求整全性，即通过追求用相互融贯的一组道德原则来统治共同体，来获得正当权威。如果法官能够很好地解释法律追求整全性政治价值，那么他就是在促进伙伴式民主。当然，我们不能说允许法官作出道德判断，他就一定能够很好地完成这个任务，其实际工作可能是有残缺的。但他越是能够在更大程度上追求赫拉克勒斯式的法官理想型，就越对伙伴式民主有更大的促进。整全法并没有主张一个人只要披上法袍、坐上了法官的位置，他就自然具有了胜于他人的道德推理能力。整全法只是指出，法官应当追求更高水平的道德思考，应当将追求整全性价值作为自己的职业理想。他在这方面做得越好，就越是能够促进真正的民主。

4. 小结

总结前述讨论，笔者认为，德沃金的整全法理论能够回应沃尔德伦的批判。沃尔德伦实际上作出了两个主张：其一，一个认为道德判断具有客观性的人必然是一个道德实在论者；其二，道德判断即使具有客观性，这也无法支持法官在司法中作出道德判断。笔者在刚才的论证中意图说明这两项主张都不成立。

首先，沃尔德伦将道德实在论与认为道德判断具有客观性的理论立场相等同，没有意识到这两项主张之间的差异，这一做法是错的。笔者认同德沃金的观点，对道德实在论持怀疑态度，但不怀疑道德判断具有客观性。道德实在论认为关于何物存在的形而上学知识能够支持我们在道德问题上的立场，而如德沃金所论证的，在道德问题上，形而上学争论是无关的。因为根据休谟原则，道德领域具有独立性。道德实在论实际上是一种基于狭隘符合论真理观和客观性观念来思考道德主张的理论，但我们应当发展适合于道德领域独特性的真理观与客观性观念。道德判断客观性的支持者并不一定是实在论者，还存在着其他形式的支持道德判断具有客观性的理论立场，德沃金的道德哲学就是其中之一，他一直在为一种非实在论意义上的道德判断客观性观念辩护。对道德判断客观性的坚持并不依赖于道德实在论成立与否。

其次，沃尔德伦认为道德判断即使具有客观性，也无法约束法官作出正确的道德判断，他的这一看法不成立。虽然道德实在论与法官能够进行道德判断这个问题没有关系，但道德判断客观性的有无仍然与法官能否在裁判中进行道德判断有重要关联。沃尔德伦之所以反对法官进行道德判断，是因为他认为当法官与他人有分歧时，法官无法可靠地证立他自己是对的。但是，在整全法裁判理论中，道德判断客观性为真，意味着道德是一个可以理性辩论之事，当法官与当事人发生分歧时，可以通过给出理由的方式证立他的道德判断是正确的。并且除了给出理由的方式外，不存在能够保证道德判断为真的其他基础。德沃金的诠释理论在说明道德判断在何种意义上具有客观性的同时，也给出了判断不同道德论证之优劣的标准，我们凭借它可以对法官的道德判断加以指引与监督。如果我们认为德沃金关于道德判断客观性及其推理方法的说明正确，那么就可以认为，人们可以理性地辩论法官的道德推理的质量，对其推理实施有效的监督，从而克服其道德判断的任意性。

第五章

价值之不可通约性与法律的功能

当前哲学上对价值之不可通约性、价值多元性等问题的讨论日趋增多，这些讨论对法学领域也产生了深刻的影响，有不少学者基于这些思考来驳斥德沃金的整全法理论。[①] 其中，约翰·菲尼斯（John Finnis）的批评最为系统复杂。这种批评的出发点是，无论是在个人还是在社会生活的大多数情形中，我们都会遇到诸多不可通约的基本价值，因而在实践问题上可能存在若干互不相容的正确选择。在这种情况下，我们所能做的是尽量避免作出坏的选择，在不同的好答案中选择一个，但无法觊觎某种最佳答案。在这些情形中，说要寻找唯一正确答案是没有意义的。菲尼斯进一步主张，这个道理在法律实践领域中是相同的。一个案件之所以是疑难案件，正是由于我们遭遇了在若干不可通约的价值之间进行选择的问题，此时存在不是一个正确的或者说"并非错误的"答案。他认为，意识到这种不可通约性对于我们理解伦理、政治和法律问题都非常重要，然而很遗憾的是，在德沃金的理论中价值的不可通约性一直没有被

[①] 国内学者从价值的不可通约性的角度批评德沃金理论的研究，参见唐丰鹤《论德沃金的整体性司法》，《华东师范大学学报》（哲学社会科学版）2012年第4期；王彬《论法律解释的融贯性——评德沃金的法律真理观》，《法制与社会发展》2007年第5期；邱昭继《法律问题有唯一正确答案吗？——论德沃金的正确答案论题》，载陈金钊、谢晖主编《法律方法》（第9卷），山东人民出版社2009年版，第105—122页。

注意到。由于法律体系总是包含了不可通约的价值理念，这个事实意味着我们将法律体系重构成融贯体系的努力必然失败。在这一章的前两节中，笔者将考察菲尼斯如何基于价值之不可通约性建构他的法律理论，以及他对德沃金唯一正解命题的批判。在最后一节中，笔者将分析菲尼斯的这些批判是否成立。

第一节　菲尼斯论价值之不可通约性

菲尼斯在指出价值之不可通约性与多元性的基础上，勾画人类在追求社会合作事业方面会遭遇到的难题。法哲学关注的是，法律作为解决社会合作难题的基本方法，它所会遭遇的权威正当性难题。他认为，一种关于公平的恰当理解，可以解释正当的法律权威如何可能。

一　社会合作难题

菲尼斯以对社会合作难题的分析为基础，来剖析法律存在的价值。[1] 为了确定法律的本旨，我们需要找到一种适于在其之上建构法律理论的社会合作难题模型。既有研究多尝试利用 CP（Coordination Problem）模型来解释法律系统的功能，但是菲尼斯认为，这个模型对于分析法律问题来说是太过于简单了。在 CP 模型中，存在某个必须通过各方合作才能实现的目标，各方在实现这个目标上拥有共同利益，但是存在不止一种协调行动的方案可供选择。例如，A、B、C 三人希望选择一处地点使大家碰面，他们可以选择 P1、P2 或者 P3 作为碰面地点，现在他们要解决在何处碰面这一合作问题。根据各方的偏好情况，可以将 CP 模型区分为纯粹版本的 CP 和不纯粹版本的 CP。在 CP 的纯粹版本中，各方对于具体选择哪种合作方式没

---

[1] See John Finnis, *Philosophy of law*, New York: Oxford University Press, 2011, p. 59.

有自己特别的偏好。譬如 A、B、C 三人对于选择在哪个地点碰面都没有自己的特别喜好，三人都认为最为重要的问题是选择一处地点碰面，无论这个地点在哪，对于他们来说都是一样的。而在 CP 的不纯粹版本中，各方对合作方式有各自不同的偏好。例如，A 偏好在 P1 处碰面，B 偏好在 P2 处碰面，C 可能偏好在 P3 处碰面，但是各方都认为这三个方案都在他们可接受范围内，他们都认为，选择任何一处与大家碰面都要好于没有碰面。在这两种 CP 模型中，重要的问题都是确定一个合作方案，无论被确定的方案是哪种，对于各方来说都要好于根本没有任何合作方案。这个道理能够解释像道路交通一类的法律规则，规则的存在使得一个合作方案被凸显出来以便被各方所识别。这个方案一旦被选择，就会非常稳定地获得各方支持，因为在所有人的偏好排序中，它都是最优选项。

但是，菲尼斯认为，CP 这个模型作为解释法律出现的分析基础，是不够充分的。[①] 在 CP 模型中，当一个解决方案被确定之后，各方都不会破坏该方案的贯彻实施，因为各方都将有一个合作方案（无论它的内容是什么）作为个人偏好排序的第一位，因此，没有人有理性动机打破这个合作框架。在 CP 模型中，这个排序被认为是完整的和可传递的。然而，在有关实践理性运用的现实生活中，候选项并没有以可传递的方式排列。选项 P1 可能在某个方面优于选项 P2，而选项 P2 可能在其他方面优于选项 P1。不同类型的善是不可通约的，没有一个选项绝对优于其他选项。CP 模型假定各方拥有完全的、可传递的偏好排序，以及在各方的偏好排序中，都认为有一个合作方案优于没有任何解决方案。这对各方偏好的处理太过简单粗暴，我们没有办法用它来作为建构法律理论分析模板。在现实中，可能有一些人会希望大家最好不要达成任何共同行动方案，而不是偏好于存在一个共同行动方案，无论其内容如何。因此，适合用于

[①] See John Finnis, *Philosophy of law*, New York: Oxford University Press, 2011, pp. 59-60.

构建法律理论的社会合作难题模型应当注意到价值的这个不可传递性维度。

菲尼斯用一个河流管理的例子来说明一个现实版的社会合作难题的复杂结构。此处将耐心细致地呈现这个例子，一是因为这个生动的例子可以具象地帮助我们厘清菲尼斯的抽象理论表达；二是因为在后文中我们还将继续运用这个例子来反思他的主张，所以我们在此不能省略例子的细节。在这个例子中，菲尼斯所表达的观点是：现实中的合作难题之所以会出现，是因为即使人们都怀有善意，也会存在关于合作方案的分歧。[①] 这个例子是关于，在如何安排一条河流的使用问题上，一个社群的成员可能会提出多种合作方案：

第一种解决方案（S1）：保留一个完全清洁的河流。这一选项有如下优点：可以让社群成员拥有品质良好的饮用水源，享受美丽的河流带来的审美体验，从事水上运动等娱乐活动。这一方案还能够保护自然植被和鱼类，社群成员不仅能享受到一个健康的生活环境，还可以利用这条河流从事科学研究。

第二种解决方案（S2）：将河流作为一个免费的污水排放渠来使用。这一选项的优点是，生产者们获得了无成本的污水排放渠道，还能够为共同体节省下如果采取其他合作方案会产生的制度实施与管理费用。

第三种解决方案（S3）：允许人们向河流排放污水，但是要求排放者缴纳污水处理费，用以补偿需要另寻饮用水源的人，或者是用以补偿为河流污染所导致健康问题所需的医疗费用，或者还包括补偿人们因为河流污染而导致环境、审美等方面的损失。这个选项的优点是，排污的情况可能会比第二种解决方案下的情况有所减轻，并且会增加公共财政税收。

第四种解决方案（S4）：允许向河流有限制地排污，但是政府将

---

① See John Finnis, *Philosophy of law*, New York: Oxford University Press, 2011, p. 62.

监督污染物的成分和排放量，以使水质保持在某种的水平，以便可以维持一定的植被和鱼类生存，并能够保证社群成员享有一定的审美和健康环境，还可以适度享受第一种解决方案中的其他福祉，尽管这些福祉不如在第一种方案中的那么多，但会远高于第二和第三种解决方案。

对于方案 S1、S3、S4 来说，这些合作方案若要得到实现，必须依赖共同体成员的紧密合作。假如支持每种方案的人都只有社群成员总数的四分之一，并且在任何一个方案被确定之后只有那四分之一的人肯服从，那么显然没有哪个合作方案能够取得任何成效。除非大部分的社群成员在很高的程度上遵循了被选定的合作方案，否则方案 S1、S3、S4 就不会获得成效，它们都要求很高的服从程度才能实现合作目的。在这个例子中，关于河流的处置每个人都有不同的偏好，社群成员无法像碰面的那个例子一样基于自然偏好的重叠来统一合作意愿。在菲尼斯看来，此时只能借助这样一种解决方式，即尝试论证各方都有理由服从由权威所确定的合作方案，不管这个合作方案是否是他之前所赞同的。①

但是，人们真的有理由认同和服从权威所确定的合作方案吗？在河流管理的例子中，有些人可能会基于个人利益考量反对某种合作方案，例如喜欢水上运动的社群成员和热爱自然风光的社群成员会赞同方案 S1，而河边的工厂主却喜欢方案 S2。还存在的可能是，一些人并非出于私利而是基于某种公心来反对一种合作方案，例如有的人可能会认为，禁止企业向河流排污会给国家经济带来很大损失，政府可能需要用财政补偿河岸沿线居民，还需要提供垃圾与污水处理的替代性方法，企业可能因为排污成本增加而导致国家出口贸易紧缩，等等，因此反对者可能认为，社群成员没有理由去促进一项禁止河流污染的社会合作方案。因此菲尼斯认为，我们必须思

---

① See John Finnis, *Philosophy of law*, New York: Oxford University Press, 2011, p. 63.

考，是否有什么基础能够证立人们有义务服从一项他们心底里并不赞同的社会合作方案。

二 法律权威正当性难题

菲尼斯发现，当一项法律通过之后，人们通常就会认为自己有义务去服从他们之前所反对的合作方案了。他建议我们通过对比法律出现前后人们在实践推理上所发生的变化，来说明法律的独特作用。假如现在并没有法律在河流管理的问题上表达任何态度，仅仅有环保人士举办了一些环保宣传活动，或者也有可能在这些宣传的影响下，越来越多的人加入了保护河流的社会实践。此时，反对方案 S1 的人可能认为，这些事实的存在都不能对他施加道德约束力使他参与到方案 S1 中，他可能仍然认为这个实践对于国家是没有好处的，也可能基于他个人的利益考量而拒绝参与其中。[①] 但是我们会发现，如果一部支持方案 S1 的法律被国家立法机构正式通过，该事实会对这个反对者的实践推理造成重要影响，反对者会认为，法律的存在给了他一个新的、独立的理由去参与保护河流的社会合作。这个理由可能是"因为我从我生活于其中的法律体系中获得好处。受益于它给予的利益，我也应当接受它带来的负担"。或者是"即使我不服从可能会使自己获益，我也不应当违背法律，因为我希望做一个公正和正直的公民，就像我对他人的期待那样"。或者还有可能包括"在这个事项上，虽然我的观点被驳回了，但其他时候，我的观点也可能获得法律的支持。当我的观点是主流的时候，我希望法律被服从，那么当我投票失利的时候，我也应当服从"[②]。

菲尼斯试图以这个例子论证，人类的基本善具有多样性和复杂性，追求和实现这些善的合理方式也存在多种可能。就像在河流管

---

① See John Finnis, *Philosophy of law*, New York: Oxford University Press, 2011, p. 49.

② Ibid., pp. 49-50.

理的例子中，拥有清洁河流不会被所有社会成员普遍地视为善，或者即使被认为是一种善，也不会被认为是唯一相关的善，人们常常认为有理由坚持他自己的善追求。然而，我们可以发现法律似乎具有改变人们实践推理的力量，人们似乎有理由将法律的选择视为权威性的。那么，我们必须追问，为什么反对者有理由将保护河流的法律视为权威性的？在那个他认为是错误的，或者他认为可能对他造成伤害的合作框架中，他有理由看重、分享与响应的共同利益是什么？这就是法律权威正当性难题所在。①

三　法律权威正当性的证成

通过设想被法律改变实践推理的人可能给自己提出的服从理由，菲尼斯尝试从其中提炼出一种关于"公平"的观念来证立法律的权威。他认为，对法律秩序常规的、无偏倚的执行本身是一种善，这给了方案的反对者通过服从法律来与他人进行社会合作的理由。证立法律权威的关键在于，看到法律系统作为一个解决社会合作问题的方法所具有的独特品质。② 法律能够为每个合作难题确定一个公开的、被凸显出来的解决方案，并且无差别地向所有人提出服从这一方案的要求。由此，法律以其存在给我们的生活带来了两个好处：其一，法律可以为不断出现和变化的协调问题有效率地、清晰地制定解决方案；其二，法律通过对搭便车者和其他违规者实施强制措施，最终保证了社会成员之间关系的公平性。

在菲尼斯看来，法律将自己呈现为"无缝之网"，统治人们生活的方方面面，它不允许人们挑挑拣拣地选择服从某些规范或拒绝某些行动规范，法律将所有人的所有交往活动联系在一起。在没有相关法律的情况下，反对者可以合理地不关心他人的利益，他可以无

---

① See John Finnis, *Philosophy of law*, New York: Oxford University Press, 2011, p. 63.

② Ibid., pp. 63-64.

视环保主义者的诉求和关切。但是当法律禁止他污染河流，他就有了新的道德义务按照法律的要求行动。法律将反对者当前的处境与其他人的处境关联起来，也将反对者的过去和将来的生活与他人的生活关联起来。反对者必须整体地来考虑法律所能带给他的，以及他对法律应该采取的态度。在所有这些不同时间和情形中，法律都是适用的和具有强制性的。由于价值的不可通约性，法律没有办法同时确认和保护所有类型的善，在这种情况下，通过将法律理解为"无缝之网"，可以帮助我们充分认识我们与他人的复杂关联，从而基于一种得到妥当理解的公平观念认识到法律权威的正当性。[1]

如菲尼斯自己所概括的，他对德沃金唯一正确答案命题的拒绝，并不像我们前面已经分析过的那些批评一样基于怀疑论或者道德分歧，他提出的批评也并不基于我们没有人能够有赫拉克勒斯式的超能力这一事实。他的观点是，即使是具有超能力的理想法官赫拉克勒斯，也不能够正当地主张在疑难案件中有唯一正确答案，因为"在疑难案件中主张找到正确答案"是个没有任何意义的说法。[2] 德沃金认为诠释任务是使诠释的对象成为它所属类型的最佳形态，而整全法的目的就是通过对法律体系的最佳诠释，在每个案件中寻找"正确的那个答案"。但菲尼斯的看法是，如果我们选择了一个错误的答案，那么裁判确实是不正义的；只要没有选择错误的答案，我们就可以说裁判是正义的。实现正义并不同寻找"唯一正确答案"相关。[3] 在个人与社会生活的诸多情形中，存在一些互不相容的正确做法，我们应当寻找那些正确答案，避免那些错误答案，但是不能梦想获得一个"最佳"答案。

纵观菲尼斯的讨论，对他的主要论点和论证发展脉络可以作如

---

[1] See John Finnis, *Philosophy of law*, New York: Oxford University Press, 2011, p. 50.

[2] Ibid., pp. 291-294.

[3] Ibid., p. 291.

下概括：

　　a. 世界上存在多种不可通约的价值，它们为不同的个体所偏好；

　　b. 当我们要确定社会合作方案时，人们会在当前的合作方案应当追求哪种善这一问题上产生分歧；

　　c. 无论社会合作方案追求哪一种被社会成员所偏好的善，都可以被视为一个正确的社会合作方案；

　　d. 作为解决社会合作难题的手段，法律无法确定某个实际上并不存在的"唯一正确"合作方案，而只能在若干正确的合作方案中选择一个，法律权威的正当性基础也不在于它能够确定"最佳"或者"唯一正确"的合作方案；

　　e. 由于法律是一个统治所有人的方方面面生活的无缝之网，基于公平的考量，我们有义务服从它所确定的社会合作方案，即使在它所确定的方案中，我们无法追求自己偏好的那种善。

　　这个概括展示了菲尼斯是如何从善的不可通约性这个前提，推导出对唯一正确答案命题的拒绝，并为法律的正当权威提供了"唯一正确"之外的基础——公平。如果这一概括无误，我们将在后文来分析菲尼斯的论证是否在所有这些环节上都能够成立。在此之前，我们还要考察菲尼斯对唯一正解命题的另一批判。

第二节　菲尼斯论"符合"与"证立"的不可通约性

　　不像前一个批评那样依赖于曲折复杂的推理，菲尼斯对唯一正解命题提出的另一个批评则较为直截了当。这一回，他将批判的矛头对准了德沃金所说的"符合"与"证立"这一对评价裁判方案好坏的判准。

　　菲尼斯认为德沃金所提出的"符合"与"证立"是评价裁判方案的两个不可通约的标准。很有可能出现的情况是，在符合的维度上，判决 A 优于判决 B，判决 B 优于判决 C；但是在道德维度上，判决 C 优于判决 A。因此没有充分理由宣告 A、B 或者 C 中的任何一个判决是最佳答案。① 鉴于符合与证立是两个不可通约的评价标准，我们很有可能找不到一种判决方案在两个评价维度上都排名第一。这就好像说我们打算去评选既是篇幅最短的同时又是最浪漫的一部小说，这可能是个没有办法实现的任务。因为当我们按照"篇幅最短"这一标准来考核所有小说时，可能是小说 A 胜出；但是当我们按照"最为浪漫"的标准来考核所有小说时，这回可能是小说 B 胜出。我们很可能无法找到同时满足篇幅最短与最为浪漫两个标准的小说。菲尼斯认为，一个疑难案件之所以构成疑难案件，正是因为存在评价答案的不同的标准。② 因此我们可以说，在疑难案件中，实际上存在的是两个或者更多的正确答案，主张寻找唯一正确答案是没有意义的。

菲尼斯还进一步批评了德沃金为上述难题先后提出的两种解决方案，认为它们皆为失败。首先，菲尼斯认为德沃金在早期用"词典式排序"（lexical ordering）方式来解决不可通约性难题的尝试失败了，这种思路会导致我们的思考陷于无穷倒退的困境。德沃金提出的方案是，首先保证备选方案必须充分地满足"符合"这一条件，在这些满足这个"门槛"标准的前提下，再评选出那个在"证立"维度上排名最高的方案，虽然这个方案可能在"符合"的维度上不如其他方案。菲尼斯认为德沃金提供这个解决方案是空洞的，因为他甚至没有能够在一个框架的和原则的层面上说明什么时候一种"符合"是"充分"的。③ 或许，对于"何时充分符合"这个问题本身的候选答案也需要在"符合"与"证立"的两个维度上进行排

---

① John Finnis, "Legal Reasoning as Practical Reasons", in his *Reason in Action*, New York: Oxford University Press, 2011, pp. 221-222.

② See John Finnis, *Philosophy of law*, New York: Oxford University Press, 2011, p. 292.

③ Ibid., p. 293.

序。因此，这会给问题的回答造成一个无穷倒退的困境。

其次，菲尼斯认为德沃金尽管在后来正确地放弃了词典式排序的方案，但是他所提出的新方案仍然不尽如人意。① 德沃金承认，当我们在"证立"维度上评估不同的法律解释方案的时候，"符合"的问题又会重新出现，如果一种解释方法比其他候选者对整全性的伤害更小，它就更让人满意。即使一个解释满足了"符合"标准的门槛要求，它在"符合"方面如果不如其他方案，在对政治美德的总体权衡下，它也会被排除。菲尼斯认为，德沃金的此种论述实际上是暴露了暗藏在符合与证立之两项标准背后的不可通约性难题。他只告诉我们在选择解释方案时要权衡不同的政治美德。但是，由于缺乏评量不同政治美德的公共尺度，权衡只能意味着在考量不同相关因素后作出"选择"。而如果说这不过是"选择"而已，那么我们就不能说判决是在寻找一个唯一正确答案。因为"选择"的特征是，当一个选项被确定之后，支持这一现象的相关理由与考量的分量，就会超过支持那些被拒选项之理由与考量的分量。被选项因为被选择的事实，具有了一种优越性，似乎是唯一正确的。但事实上，这种选择不是由"它原本就是唯一正确答案"这个事实指引和决定的，而是通过选择者的情感和倾向所"建构"起来的。当这个选择是由法官作出的时候，就是为法律系统或者社群"建构"起了唯一正确答案。

总而言之，菲尼斯认为，一个案件之所以是疑难案件，就是因为在这种案件中存在不止一个正确答案。赫拉克勒斯式的主张模糊了这样一个现实，有良知的法官的确会在很多时候承认自己不是单纯地发现和适用法律，而是在创造新的法律，这种创造是他们通过选择、通过作出新的承诺来完成的。② 不可否认，法律人普遍拥有的

---

① See John Finnis, *Philosophy of law*, New York: Oxford University Press, 2011, p. 293.

② Ibid., pp. 294-295.

一项常识是，在某些情形中只有唯一正确答案，然而在另外一些情况中，存在不止一个正确答案。在菲尼斯看来，德沃金没有为反对法律人的这一常识性看法提供有效的论证。在这些情形中，无论是法律上的理性还是道德上的理性，都无法帮助我们识别哪种判决方案为最佳。

第三节　基于整全法理论立场的回应

与前面我们已经考察过的那些批判相比，菲尼斯对整全法的批判视角独特，这依赖于他对人类价值生活某些特质的敏锐观察。值得注意的是，他不是客观价值的怀疑论者，相反，他相信世界上存在真正善的生活值得我们追求。他也并不像波斯纳和孙斯坦那样认为法官没有能力对伦理道德等问题作出理论上的思考，但是他认为法官即使具有赫拉克勒斯式的超能力，也无法确定唯一正确答案。原因很简单，即客观上不存在唯一正确答案等待法官把它找出来。虽然他同夏皮罗和沃尔德伦一样注意到了人们在道德问题上的分歧，但是与两者相比，他更加积极地主张"在道德问题上没有正确答案"这个实质立场。

菲尼斯所依赖的前提——价值之不可通约性与多元性——似乎已是毫无争议的常识，这使得他对整全法的批判具有一个看上去坚不可摧的基础。然而，笔者认为，菲尼斯对那个前提的表述仍然有模糊之处，通过辨明这个模糊之处，可以看到我们并不必然要从价值不可通约性与多元性这个前提预设走向对整全法理论的否定。以下，笔者将尝试从三个方面为整全法裁判理论辩护。首先，在厘清价值之不可通约性与多元性在伦理和道德领域的不同意涵之后，笔者将主张，基于伦理上多元价值的存在，个体的选择给了他追求某项价值的理由；但是在道德问题上，菲尼斯还没有为"选择给出了理由"这一主张提供恰当类型的论证理由。其次，通过区分"作为互利的契约主义"与"作为相互尊重的契约主义",可以发现菲尼斯的公平观是以前者为基础的,而德沃金的平等观是以后者作为基础的。由于作为互利的契约主义作为一种道德哲学立场存在根本缺陷,因此我们应当支持德沃金的平等观对政治道德理想的说明。最后,笔者通过回顾诠释理论中"符合"与"证立"两者之间的关系,指出它们并不是两个相互独立的评价标准,而是互相依赖和配合、共同发挥作用的一体评价标准的两个组成部分,"符合"与"证立"之间的关系并不会对德沃金的唯一正确答案命题造成困难。

一 价值之不可通约性与道德问题的正确答案

必须承认,菲尼斯的关于价值之不通约的观点在当今我国的法学界很有吸引力。为了搞清楚这一观点在法理学和法律实践上的逻辑后果,我们必须首先仔细审视该主张的确切含义。德沃金区分了价值之不可通约性主张在伦理和道德领域的不同意涵,这有助于我们区分不同情况对"价值不可通约"的主张作针对性讨论。以下要论证的观点是,价值不可通约性与多元性是伦理生活的特征,但不是道德生活的特征。

(一) 伦理生活的价值多元与不可通约

根据德沃金的建议,我们应当区分"伦理"与"道德"两类不同的实践问题。"伦理"指的是我们应当如何自处 (live ourselves) 的问题,而"道德"指的是我们应该如何对待他人的问题。[1] 当我们在处理这两类问题之间的关系时,有时可能会发现,好生活和做一个有道德的人可能会相互冲突。因为道德有时候要求我们牺牲个人的利益,这影响到我们生活的福祉。这种冲突要求我们不得不在好生活与有道德之间作出艰难取舍,而无法同时兼顾两者。但是,

---

[1] Ronald Dworkin, *Justice for Hedgehogs*, Cambridge, Mass.: The Belknap Press of Harvard University Press, 2011, p. 191. 此处的翻译参照 [美] 罗纳德·德沃金《刺猬的正义》,周望、徐宗立译,中国政法大学出版社 2016 年版,第 211 页。

德沃金通过区分"好生活"（good life）与"好好生活"（live well）两个概念，化解了伦理与道德生活之间的表面悖论。"好生活"是一个结果问题，指的是我们生活福祉的实际情况。我们是否拥有好生活，除了我们自己努力之外，还取决于很多其他的偶然因素，诸如我们出身的社会阶层、我们的生理条件与才智天分，我们的"道德运气"①，等等。而好好生活才是一个有关行动选择的伦理问题，它涉及我们如何有意识地发挥自己的能动性。德沃金根据他的价值相互依赖性命题提出，我们关于伦理与道德的理解应当是相互支持的，这要求我们对"好好生活"的伦理问题和"应该如何对待他人"的道德问题，有一个融贯协调的整体诠释。我们在思考一个人该如何"好好生活"的时候，要兼顾他对别人承担的道德责任；在思考可以对一个人提出何种正当的道德要求的时候，要兼顾保障相关个体对"好好生活"的追求。当然，我们确实要从一个领域上的问题开始我们的思考，只要我们保持这样一种开放性，即用另一个领域上的重要信念修正我们之前的思考。德沃金首先从伦理领域切入，尝试揭示我们在这个领域上所持有的重要信念。

  德沃金尝试用两条伦理原则，来概括我们对好好生活的基本直觉理解。第一条是自尊（self-respect）原则：每一个人都应该认真对待他自己的生活，他应认为他的生活应当追求某种意义上的卓越表现，而不是在白白浪费机会或虚耗生命。第二条是本真性（authenticity）原则：每一个人都有一种特殊的个人责任，去决定在他自己的生活中什么算是成功，他有一种创造这种生活的个人责任。这两条原则联合起来共同构成了一种人的尊严观：尊严要求自尊和本真。② 自尊原则要求我们必须承认自己好好生活这件事的客观重要

---

① ［英］伯纳德·威廉斯：《道德运气》，徐向东译，译文出版社2007年版，第二章。

② See Ronald Dworkin, *Justice for Hedgehogs*, Cambridge, Mass.: The Belknap Press of Harvard University Press, 2011, pp. 203–210.

性。这个原则反映了非常普遍且根本的伦理直觉，我们普遍地对个人生活持有一种批判性态度。每个人都有过在生命的某个时刻回顾自己的人生，为之或者感到骄傲与欣慰，或者感到羞愧和遗憾。如果我们不认为我们好好生活是一件客观上重要的事，那么我们就不会有此严肃的批判性态度。本真性则意味着，我们要认真选择适合自己个性和自己所处环境的生活方式，为自己的生活确定某种"风格"。一种生活方式作为风格不需要是古怪或者新奇的，遵从一个值得尊敬的传统也是选择一种风格。重要的是，我们要体会到是我们自己有意识地自主选择了一种生活风格，而不是在盲从某种意见或者惯习。

从这两条伦理原则的内容可以看出，德沃金必然承诺了某种关于善的多元性和不可通约性的立场。首先，他必然会承认存在着多种多样的客观上有价值的目标，理由有两个：其一，如果没有客观上有价值的目标，那么他所提出的自尊原则就没有存在的必要了，因为没有什么真正有价值之事值得我们去追求，能够让我们的人生因为追求它们而有意义；其二，如果客观上有价值的事物不是多种多样的，那么本真性原则就没有存在的必要了，因为如果人生可以追求的善有着某种单一的标准，那么要好好生活就只有一种可能的路径，就是服从这种单一的标准，那么人们便没有必要坚持本真性原则所要求的自我选择。其次，德沃金必然也会承诺善的不可通约性，即在 A 种善与 B 种善之间没有可以公度的标尺，我们无法换算多少 A 种善可以等价于多少的 B 种善。过一种沉思性的哲学家的生活是一种善，过一种富有行动力的政治家的生活也是一种善。生命只有一次，如果我们选择了哲学家式的生活，那么我们就必须放弃后者。两种生活之善无法兼得，因为两种善对我们努力方向和内容的要求是不同的。鉴于这些善无法兼得的事实，我们更需要认真对待本真性，选择最适合自己的那种人生目标。

基于客观善的多元性和不可通约性，我们意识到了选择的重要。在多种多样有价值的生活面前，我们必须作出一个决定，决定自己将去追求哪种善。这个决定必须作出，否则我们就无法追求任何一种善。在我们作出一个决定之后，这个选项就从所有备选项中凸显出来，选择的事实本身产生了一个独立的理由使我们去追求那个善。[①] 在这个选择作出之前，我们无法批评一个人没有追求 A 种善，或者没有追求 B 种善，我们只能批评他迟迟不肯作出选择，并因为没有决定下来追求任何一种善而浪费自己的生命。但是在他选择致力于追求 A 种善之后，他就有了一个独立的理由去做那些为了实现 A 目标应当去做的事，如果他没有做到这些努力，他就对自己没有尽到责任。在这种意义上，我们可以说"选择"为他创造了某种独立的行动理由。

（二）从伦理多元不能推导出道德多元

从刚刚的讨论可以看出，德沃金在伦理问题上赞同价值之不可通约性与多元性。但是菲尼斯认为，价值的不可通约性与多元性，不仅仅局限在伦理领域，更重要的是适用于道德领域。他认为，在道德问题上，可能存在若干不同的正确答案，我们没有办法用一个通用标尺比较这些答案中哪个是最佳。菲尼斯认为，从社群道德生活的这两项特征中，可以得出一个推论：法律体系权威性地选择一个社会合作方案，能够为社群成员提供一个独立于这个方案之内容的行动理由。这个观点似乎与德沃金关于道德的正确答案命题相对立。我们接下来要考察，德沃金如何能够为自己的正确答案命题辩护。

德沃金反驳菲尼斯的主要根据是，如果我们要主张在某个实践问题上若干不同的备选答案都是正确的，就需要为这个主张提供实质性理由。例如，我们或许直觉上认为，在超市的货架上选择一个圆面包还是选择一个方面包，是一个无关紧要的问题，选择圆面包或者方面包都可以说是正确的选择。但之所以说它们都是正确的选项，实际上也要依赖于某种实质性判准。如果我们是根据面包的营

[①] See Joseph Raz, *The Morality of Freedom*, Oxford: Clarendon Press, 1986, p. 389.

养或者大小来选择面包，那么它是圆是方都不会影响它的营养成分和重量，因此没有理由偏好方面包或者是圆面包。但是，在有些情况下，我们有理由有所偏好。假设我们要将面包放入饭盒中带出去郊游，而我们有的是一个圆形的饭盒，无法将方形面包放进去，那么我们就有了一个理由买圆形面包。因此，在实践问题上，如果有人要主张两个不同的选项都是正确的，主张者需要提出实质理由来支持这个立场。这实际上涉及的是前文已经提及过的德沃金在"不确定性"与"不能确定"之间的区分。"不确定性"是关于问题与答案性质的主张，人们需要提供实质的积极的理由证立这个主张，它无法默认为真；而"不能确定"是我们无法确定哪个答案更好的情况下持有的谨慎的心理态度，对于这个态度我们无须提供实质理由。

这意味着，如果菲尼斯要主张在道德问题上存在若干不同正确答案，他就需要为这个主张提供实质理由，但是，在菲尼斯所讨论的河流管理的案例中，他并没有对"几个不同方案没有正确错误之分"这个主张给出实质性道德理由。他只是提及了这样一个事实，人们基于不同理由而对不同答案有所偏爱。对于证明这些答案没有正确与错误之分来说，这并不是一个相关的论证。因为它是一个描述性陈述，而不是一个规范性陈述。笔者推想，根据菲尼斯对基本善和多元价值的讨论来看，或许可以将这样一种实质性观点归属于菲尼斯：在道德问题上只要一种解决方案中包含了对某种善的追求，它就可以被视为是一个正确的答案。譬如，在河流管理的例子中，菲尼斯之所以认为这四种方案都是正确的，是因为每一种方案中都包含了某种善追求。方案1包含了对诸如审美、健康善、生态等方面价值的追求；而方案2包含了对经济发展这个方面价值的追求。由于这些方案所追求的目标都具有某种价值，没有哪种方案单纯地追求恶，所以菲尼斯认为它们都是正确答案。但是，我们对菲尼斯的这种看法可以提出的质疑是：是否只要我们在一种解决方案中诉诸某种我们自己所偏爱的善，这个方案就可以被说成是道德上正确的合作方案呢？笔者的看法是否定的。

　　笔者认为，在菲尼斯所举例的诸种方案中，存在一个评量它们之优劣的通用标准。根据价值的相互依赖性命题，我们对伦理和道德的理解应当是协调一致、相互支持的，这就要求我们对"好好生活"这个伦理问题和"应该如何对待他人"的这个道德问题，有一个融贯协调的整体诠释。根据"好好生活"的伦理原则，每个人好好生活这件事都具有客观重要性，这个伦理原则会对我们解决道德问题提供约束。如果我们相信我们自己的生活过得如何具有客观重要性，那么我们可以向自己提出这样一个问题：我们之所以觉得我们自己的生活具有客观重要性，是因为我们认为自己的生活中有某种特殊的东西，使得我们自己的生活重要而他人的生活不重要呢？还是因为我们认为所有人的生活都具有客观重要性？换言之，我们的生活重要究竟是因为它体现了某种普遍的重要性，诸如它因为是人类的生活而重要，还是因为它具有一种特殊的重要性，比如说我们自己的生活有某种他人没有的东西呢？① 我们找不到支持后一种答案的证据，因此，如果我们认为自己追求好生活这件事是重要的，那么我们就必须也认同他人追求好生活这件事是重要的。据此，我们可以进一步考虑如何平衡我们与他人关系的道德问题。确定道德原则应当关切到相关各方的平等尊严，能够意识到各方都有自己的善追求，并且这些追求具有平等的客观重要性。基于此，当我们考虑道德问题时，就必须问一问，何种答案能够体现对所有生命同等重要性的尊重。② 这意味着我们每个人不能认为，我们的善追求比别人的善追求更为重要，我们必须平等地对待所有人的善追求。于是，当我们考虑何种社会合作方案是符合道德要求的时候，就需要审查该合作方案是否兼顾了不同社会成员的善追求。这种兼顾做得最好

---

　　① See Ronald Dworkin, *Justice for Hedgehogs*, Cambridge, Mass. : The Belknap Press of Harvard University Press, 2011, pp. 255-256.

　　② Ibid., p. 271.

的就是最好的合作方案，是一个对所有相关社会成员都有着平等尊重的合作方案。因此，在道德问题上，并不像菲尼斯所说的那样没有一个统一的标准来评价不同方案。

我们可以用这个通用标准来尝试分析河流管理例子中的不同方案之优劣。首先，我们可以直接否定方案 1 与方案 2 的正确性，因为它们没有兼顾到社会成员不同的善追求，两种方案的提出者只是自私地考虑到满足自己的善追求。那么菲尼斯可能会继续主张，在方案 3 与方案 4 之间，没有办法评判哪个方案更道德。笔者认为不然，方案 3 预设了环境资源归属于想利用环境的审美和健康价值的人的，因此有权利要求排污者向他们购买排污权，而方案 4 则没有作出这种预设。选择方案 3 还是方案 4 实际需要分析这个前提预设，接受了方案 3 就意味着认为方案 4 的前提预设是错误的。这显然不是一个类似于我们在商场的货架上选择圆形面包还是方形面包的问题，这有一个正确与错误答案之分的问题。为此我们需要参照其他的道德原则来决定哪个前提预设是正确的。

(三) 小结

根据上述分析可以看到，价值之不可通约性与多元性在伦理与道德两个领域有着不同的意涵。其一，在伦理问题上，价值的不可通约性原理可以成立。譬如我们在哲学研究和极限运动这两种生活中追求的是不同类型的善，没有哪一种善比另一种更好。值得注意的是，说这些生活目标都是有价值的，需要依赖于某种实质论证，即借助于我们认为正确的其他价值命题来论证它。"从事哲学研究和做运动员都是有价值的人生目标"这个命题并非不证自明、默认为真的，一种生活方式也不会因为被人们所实际偏好就当然具有价值。我们需要参考其他价值信念给出理由来论证为什么它们有价值。在道德问题上，如果要主张存在若干正确答案，同样需要提供实质的积极的理由来论证，它们都不是能够默认为真的命题。但我们可以发现，存在实质性理由来证明，在道德问题上价值的不可通约性并不适用，有一个公共的标准来评价不同的道德命题是否正确。这个公共的标准就是，这个道德主张是否兼顾到了相关各方的善追求，越是能够满足这个标准的道德主张，就越正确。可以说，菲尼斯没有能够为道德上存在若干正确答案提供恰当类型的理由进行论证。而德沃金却基于价值相互依赖性命题，提出了一个明确的标准来判断哪个道德主张最佳，这个标准就是去看它是否兼顾到了相关主体的平等尊严。

第二，尽管在伦理问题上我们可以真诚地主张存在多种有价值的选择，但是在道德问题上，通常我们无法真诚地主张同自己立场针锋相对者也是正确的。当我们作出伦理选择时，可以正当地根据一些个人理由，诸如个人的天分、机遇和爱好等，来选择一种生活目标。我们在作出这种选择时，并没有贬斥其他生活目标的价值。当我们说从事哲学研究是一项有价值的生活目标的时候，并没有否定去成为一个艺术家或者运动员是有价值的生活目标。但是，在道德问题上，无法基于什么正当的个人理由来作出道德选择，个人的偏好不构成证立一个道德选择的正确类型的理由，我们只能基于对不同道德命题本身的分析来判断哪个更好。这意味着我们选择一种道德立场，必然包含了对其他立场的拒绝。在道德问题上我们无法真诚地主张存在多种正确答案。在伦理问题上，个人的偏好可以构成作出选择的好理由。因为人类通过对不同价值的偏好、选择和追求，而塑造和成就自己独特的个性，这是一件有价值的事。但是，在道德上，个人的偏好不能够成为支持自己所提出的道德原则的理由，公平地考虑了所有相关者的善追求，才是支持一个道德主张的恰当类型的理由。

鉴于我们承认伦理上的价值不可通约性与多元性，而不赞同道德上的价值不可通约与多元性，我们可以说，在确定社会合作方案这样的道德问题上，存在唯一正确答案。这样说的意思是，存在一个标准来评价不同合作方案的好坏，这个标准就是它是否最佳兼顾了各方的善追求，进而平等地保护了各方尊严。那么，追求正当权威的法律也应当致力于寻找这一道德上的唯一正确答案。

二 作为互利的公平观与作为相互尊重的平等观

菲尼斯意图借助某种关于公平的观念来说明法律权威的正当性基础,可以将之同德沃金基于平等的理念论证政治权威正当性的进路有一个比较。我们可以通过借助道德哲学上关于"合理的契约主义"与"理性的契约主义"之间的区分,来分析和比较菲尼斯的公平观与德沃金的平等观。菲尼斯的公平观是一种建立在合理的契约主义之道德观基础上的政治正当性观念,它因此具有合理契约主义的根本缺陷,即未能对人们的道德动机作出妥当说明。而德沃金的平等观是建立在理性契约主义基础上的平等观,能够对政治正当性有更充分的证立。

(一) 合理的契约主义

根据合理的 (rational) 契约主义立场,可以被辩护的道德原则是那些导致最大限度地满足受影响各方之合理偏好的原则。[1] "合理"意味着选择去做最有助于实现一个人目标的事情,或者最大限度地满足一个人目前偏好的行为。因此,这种契约论也可以说是"互利性契约论"。[2] 例如,合理的契约主义的最具影响力的代表人物约翰·罗尔斯 (John Rawls) 认为,一个不偏不倚的判断,就是符合那些将在原初状态中会被选择的原则的判断。一个不偏不倚的人就是一个其状态和性格使他能够无偏见地和无歧视地按照这些原则行事的人。我们不是从一个同情的观察者的地位来定义不偏不倚的,而是从当事人自身的立场来定义不偏不倚。[3] 根据这种契约主义,我们通过设想如果自己处于他人的位置将会希望拥有何种权益,从而

---

[1] 参见 [美] 托马斯·斯坎伦《我们彼此负有什么义务》,陈代东、杨伟清、杨选等译,人民出版社2008年版,第205页。

[2] 参见 [英] 布莱恩·巴利《作为公道的正义》,曹海军、允春喜译,江苏人民出版社2008年版,第35—44页。

[3] 参见 [美] 约翰·罗尔斯《正义论》(修订版),何怀宏、何包钢、廖申白译,中国社会科学出版社2009年版,第147页。

把他人纳入我们的道德考量之中。这种契约论将道德视为某种互利协定，它让我们去想象，如果我们与他人尝试就每个人都愿意接受的道德原则进行协商，会达成什么样的协议。这不需要是现实签订的协定，这个思维过程的价值在于帮助我们在现实世界里证成这些规则，我们应该像真的签订了协议那样来服从它。

合理的契约主义在说明人们的动机方面存在缺陷。它预设我们进行道德思考的唯一目标就在于追求自己的目的，无论这个目的仅仅是一己私利还是其他别的什么。但是，如果这就是我们道德思考的目标，则意味着，我们在道德思考中唯一关心的重大问题就是，协议是否能够提供更有效的手段使我们达成自己的目的。当某项目的，譬如说某种利益，是需要通过违背规则来获得的，人们就没有理由坚守经协议产生的规则了。① 如布莱恩·巴利（Brian Barry）所说，这是一种"互利性"的正义观，"在互利性正义下签订的协议不过是休战协定。一旦其中一方感到可以提升自己的地位时，只要（根据自身的善的观念加以衡量）预期收益高于预期成本，就没有什么可以对其构成制约的了"②。因此，我们可以对此种契约论提出的批评是，关于人们在进行道德推理时所追求的目标，它的说明是不准确的。如果这是我们进行道德推理的目标，它就消解了我们现在所理解的那种道德的存在。我们直觉上会认为，道德推理要求我们对他人有所考虑，但考虑他人不仅仅是因为我们不希望当我们处于他人的处境时会遭遇自己不愿意承受的对待。有人会这样说："你应该善待老人，因为有一天你也会老的。"按照合理的契约主义的理解，我们之所以认为人有道德义务善待老人，是因为我们不想当我们老时被糟糕地对待。根据这种理论，如果我们确定地知道我们在

---

① 参见［英］布莱恩·巴利《作为公道的正义》，曹海军、允春喜译，江苏人民出版社2008年版，第41—42页。
② ［英］布莱恩·巴利：《作为公道的正义》，曹海军、允春喜译，江苏人民出版社2008年版，第43页。

老之前就会死掉，那么我们在年轻时就没有必要坚持这样的道德义务了。但是，这种思考方式很难说是道德思考，它不过是单纯利益得失的计算。合理的契约主义试图通过将道德思考还原为其他思考，来为道德思考提供一个清晰简明的解释，但是这种还原也使得道德变得不再是道德，它对人类道德动机的说明已经彻底消解了我们通常所理解的道德。

（二）理性的契约主义

本书并不认同合理的契约主义，而是支持"理性的（reasonable）契约主义"。根据后者观点，当我们思考道德问题时，需要判定的是，某些原则是否是没有人（如果被恰当的动机驱动的话）能有理由拒绝的原则。对这个十分抽象的界定，我们需要进一步对其内核加以展开论述。

阐明理性的契约主义的关键是要说明的此处所说的"理性的"与前文所说的"合理的"有什么不同。这种形式的契约主义认为，人们对道德问题的思考由一种不同的动机构成，它以寻找没有人能有理由拒绝的原则作为目标，它诉诸"有理由"这个概念，而不是"合理的"这个概念。"做最合理的事"通常被用来表示"做最有利于实现行为者目标的事"。而"有理由"的观念，是一个已经包含了道德内容的观念。"一种关于一个人做什么事是有理由的主张预设了一部分特定的信息和理由的一个特定范围，它们被认为是相关的，并且继而提出了关于这些理由（如果恰当理解的话）实际上支持什么的主张。"[①] 理性的契约主义认为，我们思考道德义务的目标，是寻找那种没有人能够有理由拒绝的原则，它要求我们在进行道德推理时对他人的立场加以考虑。因为道德推理的目标，是去寻找受类似动机驱动的人都不能有理由拒绝的原则，这要求我们在决定遵从什么原则的时候，要考虑到其他人的利益。具体地说，我们有理由

---

① ［美］托马斯·斯坎伦：《我们彼此负有什么义务》，陈代东、杨伟清、杨选等译，人民出版社2008年版，第208页。

考虑是否存在与我们自己的立场不同的立场,从那些立场出发,可以有理由拒绝我们正在考虑的那些原则。①"其他人"在此有两种含义:首先,它是指我们应向其作正当性证明的那些人;其次,它是指可能有理由拒绝某些原则或者没有理由拒绝某些原则的人。对此值得说明的是,当我们想到那些自己应向其作正当性证明的人时,自然首先想到的是受特定行为影响的一些特定的个人。但是,当我们决定一条特定的原则是否是人们有理由拒绝的原则时,就必须采取一种更宽泛、更抽象的看法。具体来说,当我们在考虑原则的可接受性或者可拒绝性的时候,必须不仅考虑到特殊行为的后果,而且要考虑到这种行为的一般性实施(或者不实施的)后果。因此,我们需要考虑的观点就不限于受特殊行为影响的那些个体的观点。②

理性契约主义的道德推理主要有如下两个方面的特点。第一,我们总是依赖于一般性的道德原则来证立道德立场。③ 在理性的契约主义看来,道德推理的一个重要特征是,我们总是依赖道德原则向其他人证明我们行为的正当性。当我们判断一个行为在道德上是错误的时候,不仅是在判定这个具体行为是不正当的,同时也是在主张该行为是依据某个一般性理由而被判定为是不正当的。我们不能够主张某种行为是不正当的,而同时又认为不需要解释它为什么是不正当的。可能我们有时候会感觉到,有些行为"显然"是错误的,对此无须再提出什么理由了。比如,有人可能觉得像"换偶"那样的行为"显然"就是错误的。但是,这种主张仍然面临一种解释与证立的压力。尤其是当换偶行为是成人之间自愿地在私下实施的行为,因此并不对他人构成伤害。在这种情况下,主张换偶是错的,就面临提供证明的压力。总之,我们不能声称一个行为在道德上是

---

① [美]托马斯·斯坎伦:《我们彼此负有什么义务》,陈代东、杨伟清、杨选等译,人民出版社2008年版,第220页。

② 同上。

③ 同上书,第214—219页。

不正当的，却不知道有什么反对它的理由。值得注意的是，这并非意味着要求所有人在提出一种道德主张时，都能够自觉清楚地阐明他正在遵循的道德原则。但是人们至少要相信必定有某种道德原则可以证立他的立场。如果有人在作出道德主张时根本未怀有此种假设，我们就很难认为他是在提出严肃的道德主张，而是更倾向于认为他仅仅在表达个人喜好而已。在这一特征的把握上，理性的契约主义同合理的契约主义有所不同，虽然后者也体现为原则，不过那是体现为单一的原则，而理性的契约主义认为我们是被诸多道德原则所统治的，它认为道德思考依赖于无穷多相互关联的道德原则。

第二，我们的道德思维具有整体性特征。理性的契约主义认为，我们在主张一个道德观点的时候，都要依赖于其他相关道德主张来支撑我们的观点，即将道德观念的其他相关方面，作为评估当前所讨论的道德原则的参照点与支撑点。我们要设想他人是否会依赖某种"一般理由"来反对我们提出的原则。所谓"一般理由"是指"我们可以看到的、人们由于他们的境遇而拥有的理由，用一般的词语以及诸如他们的目标、能力和他们所处的条件来表现其特性"[①]。举个例子来说，通常我们会认为持有如下一些信念是正当的，诸如，人们有理由想要避免身体伤害，能够依赖他人所给予的保证，对发生在他们身上的事情有控制的能力，这些考虑就是"一般理由"。我们会认为，如果一个原则会准许其他人的行动损害我们这些重要利益，这个原则就是我们有理由拒绝的。除此之外，通常我们被认为有理由给予我们自己的人生、自己的朋友和自己的家人以特殊关切，因此如果有原则禁止我们给予他们以特殊关切，我们就有理由反对这一原则。比如，一般来说，在我们没有什么其他特殊身份的情况下，如果我们的孩子同他人的孩子同时落水，我们可以正当地先救自己的孩子。这在一点上，我们认为理性契约主义要优于合理的契

[①] [美]托马斯·斯坎伦：《我们彼此负有什么义务》，陈代东、杨伟清、杨选等译，人民出版社2008年版，第223页。

约主义，因为它符合我们前面所讲的价值独立性和相互性原理。我们在伦理和道德上的观念是相互支持的，没有理由认为它们天然地会相互冲突。那种能够在最大限度上与我们的伦理和道德上最为普遍和根本的直觉相适应的理论，就是更好的理论。

理性的契约主义认为，我们必须采取一种道德推理的整体论进路：在评估一条原则时，必须保持许多其他原则固定不变。这并不意味着我们就绝对地认定这些其他原则是正确的，而仅仅是它们暂时没有受到质疑，因此可以被依赖。[1] 如果我们发现正在审视的那条道德原则，与我们直觉上相信的其他道德原则有冲突，我们就应该调整对这条道德原则的理解。当然有的时候，我们也会发现有必要对本来被预设为正确的其他道德原则作出调整，才能满足我们对当前所讨论的道德原则的强烈信念。这些道德原则必须得到相互支持，成为融贯的体系。在这一点上，笔者认为理性契约主义优于合理的契约主义，因为它看到了道德思维的复杂性。道德思维是由很多不同的道德观念如权利、义务、责任等观念组成的相互联结的网络，我们依赖于不同的概念来表达道德原则，不能认为这些观念都可以还原为"福利"或者"自利"。

理性契约主义关于道德推理之本旨的说明，更为符合我们的道德实践。我们追求道德判断客观性，其实是在追求以恰当的方式对待彼此。我们在意自己是否是以可向他人证立正当性的方式在行动，因为这对于我们与他人的关系至关重要。"对不正义和不道德行为的指控尤其能打动人的地方，是它们对我们与他人的关系，对我们对于他人的可证明性的感觉或与他人相疏远的感觉所具有的含义。"[2] 不以道德的方式对待对方，即是否认了他人作为一个人的地位。相应地，道德上的冷漠，或者说，不在乎行动的道德理由，会被认为

---

[1] 参见［美］托马斯·斯坎伦《我们彼此负有什么义务》，陈代东、杨伟清、杨选等译，人民出版社2008年版，第234页。

[2] 同上书，第175页。

是极大的疏忽，这种错误要比未能看到其他种类的理由的说服力严重得多。一个人所能认可的理由，对我们之间的关系非常重要。在很多情况下，未能共同认识到某类理由，对我们与他人的关系仅有非常局部的影响。比如，如果一个人不能欣赏音乐的美妙或者下棋的乐趣，或者不能欣赏某处自然景观的壮丽，他人就不能同他一起讨论、欣赏这些事物，这会阻碍他们之间的关系。但是，即便如此，人们也仍然可以相互尊重，甚至成为朋友。然而，如果一个人根本不在意道德理由，我们就会认为，在这个人对待我们或者对待人类的态度上，存在着根本性缺陷，这种缺陷会导致我们与他之间产生巨大隔膜。① "这一关系的价值和吸引力成为我们做道德所要求的事的理由……或许可以被称作相互认可的关系。与他人处于这样的关系之中本身就是有吸引力的。"② 理性的契约主义关于本旨的这些说明，避免了合理的契约主义理论存在的缺陷，更符合我们在进行道德推理时的心理状态。如果说我们在思考道德义务时仅仅以促进自我利益为目标，那么似乎不能够说这是在进行道德思考，不如说是在进行如何达成合算的商业契约的思考。鉴于理性契约主义的这个优势，我们支持这一种理论。

（三）作为互利的公平观与作为相互尊重的平等观

菲尼斯意图借助某种关于公平的观念来说明法律权威的正当性，我们可以将之同德沃金基于平等的理念来论证政治权威的正当性作一个富有趣味的比较。如果我们能够证明菲尼斯的公平观建立在合理的契约主义之道德观基础之上，而德沃金的平等观建立在理性契约主义基础之上，那么我们就可以得出一个结论：德沃金对政治正当性的证成更为成功。

那么，我们有什么根据说菲尼斯的公平观是基于合理的契约主义

---

① 参见［美］托马斯·斯坎伦《我们彼此负有什么义务》，陈代东、杨伟清、杨选等译，人民出版社2008年版，第168—170页。

② 同上书，第174页。

呢？根据前面的分析，合理的契约主义将道德视为某种互利协定。"合理"意味着选择去做最有助于实现一个人目标的事情，或者最大限度地满足一个人目前偏好的行为，在这种意义上，我们可以称之为"互利性契约论"。菲尼斯的分析很符合上述特征。他认为，在河流污染的案例中，如果一部支持方案1的法律被通过，该事实会对这个反对者的实践推理造成重要影响。方案1的反对者会这样来思考他服从法律的理由："我应当服从这条法律，因为我从该法条所在的法律体系中获得了好处。受惠于这些利益，我应当接受它的负担。"这种推理看上去是完全基于自利动机的。但是菲尼斯想要为之补充上一个道德动机，以便使其构成服从法律的道德理由。他相信，这个反对者会这样想："即使我不服从可能会使我获益，但是我希望做一个公正和正直的公民，就像我也期待别人是那样。"所谓的"公正和正直"指的是，如果根据一个游戏本来的机制，参与者在其中就是有得有失，那么一个公正和正直的人就不能只在获利时承认游戏规则，而在失利时就不承认游戏规则。这看上去确实是一个道德理由。但是有意思的是，菲尼斯又帮助方案1的反对者为这个道德理由补上了一个自利的理由："我认为投票是一个解决国家事务的公民方式。在这个事项上，我的观点被驳回了，但其他时候，我也可以是主流。"这实际上点明了方案1的反对者之所以服从法律，是因为他觉得这个游戏大致上是公平的，每个人都有同等机会的得与失。当然这种大致均衡的得失结果并不是说最后他得到的总收益为零，而是说他的生活总体上要好于在没有这个合作机制的世界生活。也就是说，将法律这个大的合作项目整个接受下来，相比于没有法律这个合作框架，在任何社会成员的偏好排序中都是最优的。菲尼斯认为法律所具有的这一特征，可将人们生活的各个方面联结起来，结成一个"无缝之网"，并且铁面无私地、一视同仁地执行该制度。面对法律，我们的问题是要么将这套游戏整个地接受下来，接受法律现有特征的方方面面，要么就是完全不要它。对于所有人来说，完全接受优于完全拒绝，因此，所有人都有自利的理由完全接受它。可见，菲尼斯基于公平对法律权威的解释确实是一种根源于互利的契约观。

现在，我们要考虑问题的另外一个方面，我们有什么理由说德沃金的平等观是与理性的契约主义相契合的？理性的契约主义认为对道德动机的恰当说明是"以可向他人证立正当性的方式行动"。这是一个真正的道德动机，因为它是一个将他人的平等尊严放在道德推理首位的思维方式。一个持有此种道德的人，在进行道德推理的时候想到的是，什么是和我一样有平等尊严的其他人能够接受的合作方案？如果我们回顾前文对德沃金伦理和道德的论述，就可以发现，他的主张与理性的契约主义相契合。他认为，我们的伦理思考与道德思考必须相互契合、相互支持。根据我们在伦理上所认同的一个原则，每个人对好生活的追求都具有平等重要性。我们的道德思考必须考虑到这种平等重要性，因此，当我们思考什么是正确的道德原则时，就应当去思考什么原则是和我们有着平等尊严的人没有理由拒绝的。德沃金基于他关于伦理和道德的上述思考，为他的政治哲学奠定了基础。在他看来，一个能够拥有正当性的政治权威是一个尽最大可能追求整全性价值的政治权威，也即尽最大努力用统一融贯的一组道德原则来统治社会成员，正当的政治原则通过这些道德原则来表达对共同体成员的平等关切。总之，德沃金的政治权威正当性论证是基于他的平等观，而这一平等观又是以理性的契约主义为基础的。

基于上述比较，我们再来思考一下在河流管理的例子中如何评价不同合作方案的好坏。菲尼斯认为，在他所列出的那几个方案中，我们无法进一步指出哪个方案更"道德"。但是真的如此吗？笔者认为，菲尼斯只是简单地指出了这几个方案会被不同的人群所偏好，但问题是不同的人偏好不同方案这个事实本身，无法说明其中没有哪个方案是更道德的。首先，其中那些只考虑某个单一方面的善的方案肯定是不道德的，因为这个方案没有顾虑追求其他种类善的社会成员的平等尊严。一个顾虑他人平等尊严的人，不会一味地不顾他人的基本生计而强调环保，也不会一味地考虑自己的经济收益而反对保护河流。这些都不能作为公道的方案被正当地提出来,因此它们根本算不上若干正确答案之一。因此方案1与方案2两个方面可以作为错误的答案被排除。根据德沃金的平等观,所有相关的基本善都应该在这个河流管理政策的制定中被顾及。方案3与方案4似乎都考虑了各方面不同的善,但是,我们仍然可以分析它们之中哪个方案更好。方案3似乎预设了环境资源是属于那些想要从中得到生活、健康以及审美价值的人手中的,因此要排污者需要向他们购买。而后一种方案则没有作出这种预设。选择方案3还是方案4实际需要分析这个前提预设,接受了方案3就意味着认为方案4的前提预设是错误的。这显然不是一个类似于我们在商场的货架上选择圆形面包还是方形面包的问题,这里也有一个正确与错误答案之分。在一个以德沃金的平等观所建构的政治体制中,人们不必像撞大运似的将他的命运交给法律会让他得失均半的大概率上,而是可以在每一项社会合作中争取应得的尊重。

概括前述讨论,笔者要论证的是,理性的契约主义是比合理的契约主义更为成功的道德理论,理性的契约主义支持德沃金所提出的作为互相尊重的平等观,而作为相互尊重的平等观又能够进一步支持德沃金的唯一正解命题。

三 关于"符合"与"证立"的关系问题

(一) 菲尼斯论证的脉络回顾

让我们首先简单回顾一下菲尼斯的第二个批评意见。菲尼斯指出,整全法裁判理论基于符合与证立两个不同维度评价不同判决方案的优劣。由于它们是两个不可通约的评价标准,这可能造成我们在不同的评价维度上筛选出的好判决是不同的。例如,在符合的维度上,判决A优于判决B,判决B优于判决C,但是在道德维度上,C优于A。因此,没有充分理由宣告A、B或者C中的任何一个是正确答案。菲尼斯由此得出结论说,在疑难案件中,实际上存在两个或者更多的正确答案,而并不存在像德沃金所说的那种唯一正确答案。寻找唯一正确答案是不切实际的，就好像说我们要去寻找篇幅最短同时又是最浪漫的一部小说一样。疑难案件之所以疑难，恰恰就是因为存在评价不同备选裁判方案的不同的标准。①

菲尼斯还考察了德沃金解决这个不可通约性难题的两次尝试，并认为它们都失败了。② 第一，德沃金早期使用的"词典式排序"方法，要求备选方案必须首先充分地满足"符合"这个条件，然后，再在达到这个"门槛"标准的备选方案中，选择那个在证立维度上排名最高的方案。菲尼斯认为这个解决方法是空洞的，因为德沃金没有能够清楚说明何种符合是"充分"符合。为了回答"何时充分符合？"这个问题，我们需要对这个问题的候选答案也在符合与证立两个维度上进行排名。因此，这会造成一个无穷倒退的困境。第二，德沃金在《法律帝国》提出的新方案是让法官在选择一种裁判方案时权衡不同的政治美德。但是，由于缺乏评量不同政治美德的公尺，权衡只能意味着考量不同相关因素，然后作出选择。这个"选择"的存在揭示出，法官最终确定的答案原本不具有"唯一正确"性，是选择本身为法律系统或者社群建构起了一种人为的唯一正确答案。

（二）如何理解"符合"与"证立"之间的关系

为了搞清楚整全法在实际运用的过程中是否会出现菲尼斯所说的多种正确答案的情况，我们首先回顾一下德沃金关于诠释方法的说明。诠释通过对某项社会实践之特征与本旨作出分析，从而提出关于该实践如何以最佳方式继续下去的主张。诠释大体包含三个阶段。在第一个阶段上，我们概括出这个实践的主要特征，以便清晰地界定什么使得该实践构成一个独特的人类实践门类。这样在第二个阶段上我们就可以围绕这些特征对该实践之价值作出说明，辨明该实践在何种意义上是一项具有价值的、值得从事的人类活动。各

---

① See John Finnis, *Philosophy of law*, New York: Oxford University Press, 2011, pp. 291—292.

② Ibid., p. 293.

方所提出的价值主张,必须是能够被看作在说明这个实践的价值,而不能是在说明某种不同类型的实践的价值。可见第一个阶段的工作对第二个阶段的工作发挥了限定的作用。在第三个阶段上,人们根据对实践本旨的说明,来调整和修正之前对实践之要求的理解,从而解决人们关于实践要求我们做什么的争议。

诠释理论中的"符合"要求指的是这样一种考虑,我们对于一项社会实践之价值本旨的说明,必须能够被看作对这个实践的价值说明,而不是对其他实践或者是对凭空捏造的什么实践类型的说明。如果我们对一项社会实践抽象特征的说明,没有能够符合通常人们对该项实践的理解,以至于人们根本看不出来我们是在描述这一实践,那么我们的诠释就失败了。我们当然可以认为当前这些实践毫无价值,因此提出废除它或者重塑它,但是我们不能为了使得它具有真正的价值,就把它美化得面目全非,以致人们无法识别出我们正在谈论的是他们通常了解的那项社会实践。值得注意的是,为了使我们对实践的概括能够捕捉住通常的直觉理解,我们就需要依赖于该实践的"典范"。典范构成一个判准,是任何有可能成功的诠释必须能够解释的例子。并且,当我们对任何敌对的诠释理论提出批评时,就可以依"该诠释未能说明该典范"来驳斥它。拒绝典范的诠释理论,容易被认为是犯了"概念上"的错误。[1] 当然,我们也不能认为所有典范都具有完全的决定性。一个未能对某个现有典范作出说明的诠释理论,并不必然是错的。如德沃金所强调的,一个诠释理论可能通过更好地说明其他典范的特征,来将某个典范当作错误实例而隔离开。

如何理解诠释理论中的"证立"?一个实践诠释理论要说明一项实践的价值,从而证明这个实践是值得从事的。基于"是"与"应当"的分离,一个规范性主张不能够从单纯的描述性主张中推理出

---

[1] See Ronald Dworkin, *Law's Empire*, Cambridge, Mass.: The Belknap Press of Harvard University Press, 1986, pp. 72-73.

来。当我们对一个社会实践向我们提出的要求进行说明的时候，就提出了一个关于应该如何行动的规范性主张。一个实践诠释理论中的价值证立部分，能够解释为什么这种理论可以提出一个关于行动的规范性要求。所谓典范，是一个起点，预设这种社会实践具有某种价值。如果不依赖典范将该实践的基本特征勾画出来，我们也没有办法开始证立的工作，因为证立是对具有某项特征的社会实践之价值的证立。对具有该特征之社会实践的证立确实预设了它具有某种价值，证立工作是要发现与说明这种价值究竟是什么。但并不否认能够存在这样一种情况，即我们在证立时发现该实践确实是一项没有价值的实践，我们无法从任何角度为之赋予价值。

通过回顾诠释理论中"诠释"与"证立"两者之间的关系，可以看出它们并不是两个相互独立的评价标准，而是互相依赖和配合、共同发挥作用的一体评价标准的两个组成部分，"诠释"与"证立"之间的关系并不会对德沃金的唯一正确答案命题造成困难。在菲尼斯那里，似乎两个评价标准是可以相互独立的，就像我们可以独立地评选篇幅最短的小说，也可以独立地评选最浪漫的小说。但是在对法律实践的诠释中，符合与证立两个维度是不能相互独立的。我们无法单独说惯习主义与整全法哪个更符合法律实践，它们必然都抓住了法律实践的部分特征，因此都成为备选答案。证立维度也无法独立，如果离开了符合维度所抓住的实践特征，我们就不知道要对什么加以证立。

因此，在笔者看来，在诠释的第一个阶段上，我们根据符合标准初步筛选出候选诠释方案，然后再以何者最具有价值上的吸引力来判定何者胜出。可以看出，"符合"与"证立"分别是诠释工作第一个阶段与第二个阶段上的评价标准。在这个意义上，我们可以说它确实是两个不同的评价维度。但是不同于菲尼斯的理解，这两个评价维度不是同时发挥作用的，而是依次发挥评价作用的；它们也不是相互独立的评价标准，而是结合起来发挥作用。在第一个阶段上，依据符合的标准挑选出进入下一考核阶段的候选者，诸如在

A、B、C、D 中筛选出 A 与 B；在第二个阶段上，证立标准开始发挥评价作用，在 A 与 B 中选择能够对该实践作出最具价值上吸引力的诠释方案。这种方案是否会造成菲尼斯所担心的"无穷倒退"呢？笔者的看法是否定的。所谓"符合"不过是指我们筛选出来的备选方案应当能够抓住这个实践的某种显著特征。由于人们共同分享一项社会实践的历史，因此要判断一个诠释方案对实践特征的概括是否足以使人们体认这是对该实践的诠释，而不是对其他实践的诠释或者是对某种新捏造的实践的诠释，恐怕是不难的。

第 六 章

结论与意涵

第一节 本书观点与论证回顾

司法裁判中的道德判断是一个极其复杂困难的议题,本书只考察了在该问题上一个备受学界关注同时又极具争议性的回答——德沃金的整全法理论,并集中对这一理论中两个受到批评最多的主张进行考察。第一个道德判断命题,即法官在确定法律是什么的时候,需要依赖道德考量;第二个正确答案命题,包含道德考量的司法裁判仍然存在唯一正确答案。对于德沃金的这两个主张,学界又存在各种不同角度的批评,笔者无力周全兼顾,故只从一个角度切入,对某些根本性和系统性的批评论证作出一些初步观察,这个角度就是共同体道德生活之特征以及法律的角色。

本书首先考察了麦凯在道德怀疑论基础上对德沃金唯一正解命题的批评。麦凯认为,如果法官可以基于道德判断来裁判案件,那么判决就不可避免地具有了主观性,进而可以推出德沃金的正确答案命题是错的。基于德沃金对外在怀疑论和内在怀疑论的区分可以看出,麦凯的这种理论是一个典型的外在怀疑论立场。德沃金通过质疑一阶和二阶道德命题的区分,提出了价值思维领域独立性命题,排除了形而上学争议对于回答道德问题的相关性,从而有力地批判了外在怀疑论。此外，德沃金通过将"真理"作为诠释性概念来理解，对人类社会就真理的界定问题上产生的分歧提供了一种有解释力的说明。作为诠释活动的真理探究鼓励我们发展适合于道德领域的真理观，一个价值命题由于它更好地实现了对相关价值判断的整体反思平衡而暂时性地为真，由此可以免于我们陷于单一的"自然主义的真理观"的泥淖。

其次，对于波斯纳基于法律实用主义立场、孙斯坦基于未完全理论化协议学说对整全法理论的批评，笔者认为，这两种理论没有能够将自己的立场同德沃金的立场真正相区分。德沃金承认法官所从事的推理是"自内而外"的，而不是像理想法官赫拉克勒斯那样"由外而内"的。但是，尽管推理的方向存在不同，两者的推理在性质上并无真正差异。普通法官通过将赫拉克勒斯作为理想型加以学习，在由个案出发所展开的"辩护梯度上升"的过程中，逐渐追求整全性的政治理想。总而言之，为什么无论是波斯纳的实用主义还是孙斯坦的未完全理论化协议，都无法将自己真正区分于德沃金的内置型法律推理方法，它们并非是替代整全法的更优选项。

再次，对于夏皮罗基于法律规划理论、沃尔德伦基于立法机构之多元性的分析对整全法展开的批判，也能够根据整全法的内在逻辑得到有效回应。夏皮罗的法律规划理论在寻求中立的概念分析与有效指导实践这两个目标上存在内在冲突。为了使这个理论具有夏皮罗所期望的实践意义，应当将之作为一种关于法律实践的诠释理论来理解。评价它的方式在于从符合与证立两个维度来考察它。笔者认为，夏皮罗对法律价值本旨的说明是存在缺陷的。至少在某些时候，法律的存在并不是为了在各方相争不下的情况下确定一个统一的行动方案，而是在相关考量不清楚的情况下，尝试性地确定行动者暂时依赖的行为准则。在司法中，当这些有待作出的考量究竟是什么清晰之后，法官可以对原来准则作出修正。

沃尔德伦论证的缺陷在于混淆了道德实在论与道德判断客观性两个不同的问题。德沃金对道德判断客观性的坚持并不依赖于道德实在论。道德实在论虽然与法官能否进行道德判断没有关系，但是道德判断客观性的有无仍然与法官的道德判断有重要关联。如果我们认为德沃金关于道德判断客观性及其推理方法的说明是正确的，那么就可以认为，对于法官的道德推理，人们可以理性地辩论这些道德推理的质量，从而对其推理实施有效的监督。因此，法官的道德判断并不必然是任意的。此外，基于对绝对多数民主和伙伴式民主的区分，可以看到德沃金所提出的伙伴式民主对政治权威正当性的说明优于沃尔德伦的绝对多数民主观。

最后，菲尼斯基于价值之不可通约性对德沃金的唯一正解命题的批判也是不能成立的。笔者认为，我们应当区分价值之不可通约性的主张在伦理和道德领域的不同内涵。在伦理问题上，个体的选择能够为他追求一种善生活提供一个独立的理由，但是在道德问题上，不是选择给出理由，而是理由指引选择。在道德问题上，不存在若干正确答案，不同答案在逻辑上不能共存。此外，笔者还比较了菲尼斯和德沃金对法律权威之正当性的不同解释进路。菲尼斯的公平观实际上是一种基于互利的契约主义，它在对道德动机的说明存在缺陷；而德沃金的平等观是作为相互尊重的契约主义，后者作为对政治权威正当性的说明更为成功。

至此，笔者可以有限制地说，本书所考察的这些基于道德和价值问题上的哲学思考对整全法理论的批判，能够借助德沃金自身理论资源得到有效回应。因此，笔者暂时性地对德沃金裁判理论中的道德判断命题和正确答案命题持认同的立场。但是，德沃金这两项主张毕竟在与法学上强大的实证主义传统作斗争，也同很多法律实践参与者的直觉经验有所背离，所以笔者不能基于本书这些有限的考察就给予这一理论完全的支持，未来仍需不断反思与追问其可靠性。笔者希望通过本书的研究，可以更多揭示法律问题背后所牵涉的道德议题以及更为一般性的价值问题的复杂性，从而督促我们进行更多的法学与哲学交叉研究，以不断夯实我国法治研究与法治实践的哲学根基。

第二节　整全法的理论意涵：直面理由与价值争议的法律方法

近些年，我国法理学上就疑难案件展开了广泛和深入的研究，主要涵盖了以下几方面的议题：其一，疑难案件的界定、存在与否及其特征；[1] 其二，疑难案件的成因研究；[2] 其三，疑难案件的裁判方法；[3] 其四，疑难案件的经验研究；[4] 其五，疑难案件的法哲学探讨。[5] 其中，特别具有争议与难度的问题，当属疑难案件的裁判方法，学界传统意见认为法律方法是解决疑难案件的科学裁判方法。然而，无论是对疑难案件本身性质的认知，还是关于法律方法之功能的理解，都还存在相当大的模糊之处，既有概念框架和思考方式束缚了理论的发展。德沃金整全法理论对于我们突破这两个方面的理论困境皆有所启示。

---

[1] 参见季涛《疑难案件的界定标准》，《浙江社会科学》2004 年第 5 期；孙海波《不存在疑难案件？》，《法制与社会发展》2017 年第 4 期。

[2] 参见孙海波《疑难案件为何疑难？——疑难案件的成因再探》，《兰州学刊》2012 年第 11 期。

[3] 参见苏力《法条主义、民意与难办案件》，《中外法学》2009 年第 1 期；厉尽国《"疑难案件"中的法律推理与司法论证——基于许霆案的分析》，载陈金钊、谢晖主编《法律方法》（第 8 卷），山东人民出版社 2009 年版；陈金钊《解决"疑难"案件的法律修辞方法》，《现代法学》2013 年第 5 期；唐丰鹤《整体性的法律论证——兼论疑难案件法律方法的适用》，《河北法学》2014 年第 1 期；陈坤《疑难案件中法律概念与立法意图——兼为主观解释论辩护》，《法制与社会发展》2014 年第 6 期；陈辉《规范正义与个案正义冲突的解决方法——以天津摆射击摊获刑案为例》，载陈金钊、谢晖主编《法律方法》（第 23 卷），中国法制出版社 2018 年版。

[4] 参见孙海波《疑难案件裁判的中国特点：经验与实证》，《东方法学》2017 年第 4 期。

[5] 诸如疑难案件的存在是否意味着司法裁判不具有客观性、确定性，参见徐继强《法哲学视野中的疑难案件》，《华东政法大学学报》2008 年第 1 期。

一　我国当前法律方法研究的理论困境

（一）传统疑难案件分析模式存在缺陷

诸如陆勇销售假药案、王力军非法经营案、赵春华非法持枪案等疑难案件中裁判困境的存在，提示我国司法实践对疑难案件解决相关理论有迫切需求；而疑难案件成因分析，乃是解决疑难案件的逻辑基础，因此需将疑难案件的成因及其解决一同加以探究。笔者在此将"疑难案件理论"界定为对疑难案件成因与解决问题提供一组融贯答案的理论模式。我国传统疑难案件理论通常会首先对疑难案件进行类型化区分，然后分析各个类型疑难案件成因，再分别针对不同类型给出解决方案。① 根据这种传统理论，疑难案件的类型有以下几种：（1）法律规则不明型：法律规则本身的术语模糊不清或概念太抽象，造成语言解释有歧义；（2）法律规则空白型：法律规则未作明确规定或规定有漏洞；（3）法律规则冲突型：法体系内不同法律规则所提出的要求指向相反；（4）法律规则不良型：虽然存在相关法律规则，但如果直接严格适用法律规则就会导致不公正的法律后果。在以此种方式类型化之后，传统理论尝试分别挖掘不同类型疑难案件的成因：（1）法律规则不明的原因是语言本质上存在的模糊性或者是抽象性；（2）出现法律规则空白的原因是立法者理性有限性，无法预见社会变迁过程中会产生的新鲜事物；（3）法律规则内部冲突仍然可归于立法者理性的有限性，未能避免立法中的自相矛盾；（4）法律规则不良可以归结为价值观念变迁和立法者理性的有限性。对疑难案件的类型和成因有所认知以后，传统理论会进一步给出解决疑难案件的司法技术方案：在法律规则模糊时进行

---

① 参见沈宗灵《法理学研究》，上海人民出版社1990年版，第345—347页；张保生《法律推理的理论与方法》，中国政法大学出版社2000年版，第448—451页；季涛《论疑难案件的界定标准》，《浙江社会科学》2004年第5期；郑永流《法律方法阶梯》（第三版），北京大学出版社2015年版，第222—223页。

法律解释，在法律规则空白时进行法律续造，在法律规则冲突时进行选择和排除，在法律规则不良时，进行推翻重构。

笔者将这一传统疑难案件理论称为"因果分析模式"，以试图标志该模式是从因果关系的角度来说明疑难案件的成因。这一命名方式可能会招致两方面的质疑。第一，仅仅从成因角度来概括一个疑难案件理论是片面的，笔者既然将所讨论疑难案件理论界定为包括成因与解决两个部分，那么就不应该片面以成因分析上的特征概括一种理论。第二，即使可以单从成因方面来概括一种疑难案件理论，也很难说"因果分析"这个说法能够概括出一种理论在成因分析方面的独有特色，难道所有成因分析不都是因果分析吗？针对第一个质疑，回应是，成因分析确定了一个疑难案件理论的基调。成因分析在逻辑上决定了解决方案提出的思路，因此，我们可以用一个理论中具有决定性地位的成因分析方面立场特征来命名该理论。关于第二个质疑，简单地说，成因分析不仅仅有"因果分析"一条路可走，还有"理由分析"这一可能。因果分析是从纯粹的外在观察者视角出发，分析哪些因素与法官感到裁判困难之间存在相关关系；而理由分析则是站在法官的视角上分析他们是基于哪些理由有认定与取舍上的困难而陷入裁判困境。这一关键差异决定了哪种理论更优，因此，笔者用这一对照来为两类不同的疑难案件理论命名。

因果分析模式开启了对疑难案件的法理学研究，探索了疑难案件的类型化构建，形成后续研究工作的有益基础。该理论让我们了解到某种关于语言、社会变迁以及人类理性局限与法律关系的深刻洞见。然而，在这些贡献之外，因果分析模式也存在三点重要缺陷。

第一，该理论模式对疑难案件的成因分析是不充分的。成因分析乃是要回答，一些案件为什么会成为疑难案件。因果分析模式指出，当某些情况出现时，诸如规则模糊、空白、冲突与不良，法官会感到裁判一个案件很困难。但我们可以设想，仅有这些情况出现，并不就必然使得一个案件成为疑难案件。因为，如果诉讼各方对于如何解决规则模糊、空白、不良等问题拥有共识，或者尽管关于如何解决这些问题在诉讼当事人之间存在分歧，但是法官却有确切理由认为某一方的立场明显站不住脚，这些案件就不会是疑难案件。如果没有裁判方案上难以解决的分歧，法官就不会感到左右为难。这意味着，规则的缺陷以及造成这些缺陷的深层原因，诸如语言的性质、社会变迁以及人类理性局限，都仅仅是疑难案件出现的部分条件，而非充分条件。

第二，该模式对疑难案件的成因分析，与疑难案件的解决对策研究相脱节。一般来说，对问题成因的分析通常会对问题的解决有所帮助。人们若是找到了究竟是何种因素导致不受欢迎的状况出现，就可以通过消除这些诱发因素来消除或者改善那种不可欲的状况。譬如，若研究发现当失业率升高时，则犯罪率也会升高，进而认为前者构成后者的一个成因。我们就可以据此采取措施改善就业率，以期对降低犯罪率有所帮助。然而，这种通常有效的"成因分析—问题解决"模式，在疑难案件研究中却并不适用，从因果角度提出的分析无法对疑难案件解决提供建设性帮助。这是因为传统理论模式分析出来的成因——语言模糊性、社会变迁与理性局限——都是必然会存在的规律性客观现象，这些因素是我们无法改变和消除的。即使我们认清了正是这些因素造成了疑难案件，我们也不能从中获得解决疑难案件的办法，后一部分的工作似乎必须另起炉灶。疑难案件成因分析与疑难案件解决就成为相互脱离的两个独立部分，疑难案件理论丧失了本应具有的连贯性与有机统一性。

第三，该模式提供的疑难案件解决方案是空洞的和缺乏证明的。对于疑难案件的解决，该模式给出了如下建议：对于内容不清的，要进行法律解释；对于有漏洞的，要填补漏洞；对于法律规则存在冲突的，要进行选择；对于法律规则内容不良的情况，要推翻重构。[①] 或者可以概括地说，该模式给出的建议是用"法律方法"来解决疑难案件。然而，与其说这提出了解决疑难案件的方法，还不

---

① 参见季涛《疑难案件的界定标准》，《浙江社会科学》2004 年第 5 期。

如说只是列出了我们要达成的目标。例如"填补漏洞"只是对目标的描述，而并不是关于如何达成这一目标的方法。也许，这些方法可以被具体化为更具可操作性的做法，诸如文义解释、体系解释、目的解释等，但并没有一种理论告诉我们从这些解释方法中如何作出选择。① 因此，关于法律方法是否真的能够解决疑难案件，学界存在很大争议。下面将专门探讨法律方法在解决疑难案件过程中遭遇的功能困境。

（二）关于法律方法的功能存在争议

尽管我国学界已经积累了大量关于法律方法的研究成果，但是关于法律方法是否能够解决疑难案件，却存在很大争议。在辩护与批判的争论中，反复出现的焦点议题是：法律方法究竟是指引与约束法律人解决疑难案件的独特方法，抑或仅仅是对法律人实际上以其他方式所确定之结果的事后装饰与话语修辞？由此形成了关于法律方法的"肯定论"与"否定论"之争。② 肯定论者认为，法律方法作为法官在适用法律时所使用的方法，能够以理性论证的方式解决"事实与法律规范之间的不对称"难题。③ 然而，在其理论对手否定论者看来，法官在将规范适用于事实的过程中所真正依赖的理性论证并不是所谓的法律方法所能提供的，不如说，所谓的"法律方法"仅仅是对法官基于其他法外事实与价值考量所确定结论的事后修饰，是一种为了迁就过于理想化的法治意识形态而对决策过程的乔装打扮。④

---

① 相关批评意见请参见苏力《解释的难题：对几种法律文本解释方法的追问》，《中国社会科学》1997年第4期；桑本谦《法律解释的困境》，《法学研究》2004年第5期。

② 参见焦宝乾《法律方法的性质与特征》，《浙江社会科学》2008年第1期；杨贝《论判决理由与判决原因的分离——对司法虚饰论的批判》，《清华法学》2016年第2期。

③ 参见郑永流《法律方法阶梯》（第三版），北京大学出版社2015年版，第14—15页。

④ 参见苏力《法律人思维？》，《北大法律评论》第14卷第2辑，北京大学出版社2013年版，第437—438页。

"理由论证"与"合理化"的区分对于我们理解肯定论与否定论之争具有关键意义。"合理化"是指论证者在不同论证情形中，未能贯彻同一前提立场，违背了论证者追求立场融贯的道德责任。合理化作为一种论证错误，其独特性可被概括为如下三点：首先，合理化是论证者在论证的外观形式上犯下的错误，它不是论证理由内容本身的错误，当人们指责论证者在合理化其结论时，并不是对其所提供的论证理由的正确性与合理性进行实质判断，而是从形式上对论证进行批评。其次，合理化作为论证者所犯的道德错误，不同于另外一种论证形式错误——论证逻辑裂缝，当人们指责论证者犯了合理化错误，他们想要强调的不是论证者在理性思维上的能力不足或者操作瑕疵，而是强调论证者犯了一种道德上的错误。因为论证者明知自己在不同论证中变换前提立场，却放纵这种状态，或者他自我催眠去疏忽这种自身立场的不融贯。在这种意义上，他未尽论证者的道德责任。最后，合理化作为一种得到外化的道德错误，又不同于表里不一的虚伪。我们无须探查论证者的内心，合理化是一种可以单纯从论证者外在论证活动观察到的错误，因此它可以并且也应当受到来自外界的审查与批判。

由上述论述可知，判断一个论证是否是合理化的一般标准是：论证者在不同论证情形中是否将同一论证前提一以贯之予以坚持。肯定论者有两种可能的备选方案来辩护法律方法是法官证立判决的理由，而不是对法官裁判的合理化。但我们将会看到，他们拒绝了第一种方案，这会使得法律方法沦为法官合理化其决定的工具；而如果他们选择第二种方案，那么他们还尚未能够成功地阐明它。

首先，肯定论可能会坚持将某种具体法律方法应用于所有案件。譬如主要在任何案件中，法官都应当从这样一个前提开始论证："应当使用文义方法解释法律"，或者主张这样一个前提，"应当使用目的方法解释案件"。然而，我国的肯定论者并没有提出这样的主张，而是认为，法官在不同的案件中使用不同法律解释方法是正当的。可以发现，这正是德沃金在《最高法院的阵形：最高法院中的新右翼集团》一书中所批评的那种裁判方法。① 根据我国当前的法律方法论，法律方法确实在裁判中扮演了合理化判决的角色，它符合合理化的三重特征：其一，它使得法官在不同的案件中运用不同的法律方法，由此出现了立场不融贯这一论证形式上的错误；其二，法官所犯的这一错误是有意无视其立场不融贯的道德错误，这违背了司法者裁判时必须平等对待裁判对象的道德责任，构成了对裁判对象的公然冒犯；其三，法官所犯的错误是一种得到外化的道德错误，又不同于表里不一的虚伪。

其次，肯定论者也可能是在坚持某一法律方法位阶规则的意义上坚持同一论证前提。他们可能会承认法官在不同案件中会运用不同的法律方法，但是他们会基于"操作指南"与"理由"之间的区分主张说，尽管法官时而运用文义解释方法，时而运用目的解释方法，却并不能被视为法官在理由或者前提下是反复无常的。因为每一种单独的法律方法，并不是一个论证理由或者说前提，而仅仅是一种操作方法，在这背后可以有一个统一的理由，能够指引法官在何时采取何种操作，法官可以一以贯之地坚持这个背后的理由。这个背后被一以贯之的东西就是法律方法运用的位阶或者次序规则。然而，否定论者曾批评过肯定论者的这种辩护策略："当被追问在何种情况下后位解释方法可以取代前位解释方法的时候，法律解释学就被击中了软肋。"② 虽然一些学者试图提出不同方法适用的优先次序，但在否定论者看来，这不过是对实践中不同方法适用频率的一种统计学意义上的描述，是一种概率上的事实。"对解释方法的排序并不形成一个真正的程序性指令，它不是规范性的，而是描述性的，只具有统计学意义。"③

---

① [美]罗纳德·德沃金：《最高法院的阵型——最高法院中的新右翼集团》，刘叶深译，中国法制出版社 2011 年版，第 5 页。
② 桑本谦：《法律解释的困境》，《法学研究》2004 年第 5 期。
③ 同上。

笔者虽然支持否定论者的批判立场，但是基于不同的理由。笔者并不像否定论者一样指责肯定论者并没有提出可操作的位阶规则，而是主张，他们所提出的位阶规则会让法律方法变得冗余。让我们来看看所谓法律方法运用的位阶或者次序规则究竟是什么？关于在何种情况下可以使用下一位阶的法律方法，肯定论者经常使用的语言是："当解释结果为复数时"，或者是"如仍不能澄清法律语义的意义"，或者"仍不能确定结论时"，[1]然而，这些说法都是很模糊的。还是拉伦茨的表述较为坦率："法官期待，而且也可以期待：一般而言，法律应该可以使他获得正当的，或至少（在正义的观点下）'可接受'的决定。如果期望落空，他就有足够的动机质疑原本的解释、重新审查解释之当否。"[2] 在此我们可以发现，这个位阶规则就是：在一个案件中，法官应当使用的法律解释方法是那个能够使案件结果具有实质合理性的那种方法。但是，虽然这表面上看是一个位阶规则，其实它不是一个规则，因为它不具有指引法律方法适用的功能。具有这种功能意味着它能够使法律方法在逻辑上先于案件结果被确定下来，而不能是使结果先于方法被确定下来。法律方法被架空，变成冗余。可见，当前我国法律方法论上并不存在一个真正能够在逻辑上指引法律方法适用的元规则。

二 整全法理论对破解理论困境的启示

（一）从因果分析模式走向理由分析模式

1. 原因分析与理由分析

综观学界讨论，对于"疑难案件的成因是什么"这个问题，我们可以区分出两种讨论路径，即前面刚刚讨论的"因果分析模式"与后文将要讨论的"理由分析模式"。笔者对这两种路径的提炼受到

---

[1] 张志铭：《法律解释学》，中国人民大学出版社2015年版，第119页。
[2] ［德］卡尔·拉伦茨：《法学方法论》，陈爱娥译，商务印书馆2003年版，第224页。

了德沃金对内在观点（internal point of view）与外在观点（external point of view）两种研究视角区分的启发。德沃金认为，法律实践具有论证性（argumentative）特征，即在"法律允许或者禁止了什么"的问题上，人们会提出相互竞争的各项主张。研究者有两种处理法律实践论证性面向的方式。第一种是社会学家或历史学者所采用的外在观点，他们关注在何种时间、地点背景下，哪些因素导致特定形态法律论证立场的出现，其中有何规律性；第二种是从实践参与者的角度出发，关心法律论证的不同主张的有效性及其理由。[1] 简单地说，前者涉及"原因→结果"关系研究，而后者涉及"理由→结论"关系研究。[2] 借助这一区分框架，就可以划分疑难案件成因的两种分析方式，我们既可以从外在观点出发来研究法官特定心态与行为出现的原因，也可以从内在观点出发来研究法官怀有特定心态或以特定方式行动的理由。[3]

对于后一种从理由角度展开的研究，可以进一步区分为两种类型。第一种是对参与者行动理由的认知和理解，这是一种站在"超然的观察者"（detached observer）[4] 视角进行的描述性研究，它观察与说明人们行动的理由面向，但是并不直接参与对理由有效性的评判。例如，一种对交通情况的研究旨在描述人们把哪些要求视为行动理由，但研究者不参与对这些行动理由是否是真正有效理由的评判。第二种是直接站在行动者视角或者说实践参与者的视角上进行

---

[1] See Ronald Dworkin, *Law's Empire*, Cambridge, Mass.: Harvard University Press, 1986, pp. 13-14.

[2] 雷磊：《法教义学的基本立场》，《中外法学》2015年第1期。

[3] 可以从"理由"与"原因"这两个不同角度研究法官的裁判活动，请参见焦宝乾《法的发现与证立》，《法学研究》2005年第5期；雷磊《法教义学的基本立场》，《中外法学》2015年第1期；杨贝《论判决理由与判决原因的分离——对司法虚饰论的批判》，《清华法学》2016年第2期。

[4] See Joseph Raz, *Practical Reason and Norms*, Oxford: Oxford University Press, 1999, pp. 175-177; H. L. A. Hart, "Legal Duty and Obligation", in his *Essays on Bentham: Studies in Jurisprudence and Political Theory*, New York: Oxford University Press, 1982, p. 154.

立场选择与理由论辩，这是一种规范性研究。譬如，关于在某些特定情况下驾驶员是否有正当理由闯红灯问题的研究。疑难案件的成因分析属于前一类型，它涉及从能够理解法官内在观点的超然观察者视角出发，对法官会考虑到的实践理由以及由于理由冲突所导致的实践困境作出描述。疑难案件的解决对策研究属于后一类型，它要求研究者与法官一起站在内在观点上，对影响裁判的所有相关理由的有效性和相互关系给出实质性评价与论证。① 这两部分合起来共同构成了"疑难案件理由分析模式"。

2. 理由分析模式之提倡

我们应当放弃传统的疑难案件因果分析模式，采用理由分析模式。两者的核心差异是：因果分析模式将疑难案件成因问题具体转化为，当哪些情况出现时，法官会感到案件难以判决？理由分析模式将疑难案件成因问题具体转化为，是哪些理由识别与评估难题，使法官感到难以判决？理由分析模式能够克服因果分析模式的三点内在缺陷，是更为可取的理论模式。首先，它提供了疑难案件出现的充分条件。前面已经说过，仅是出现规则模糊、空白与不良等情况，并不必然就使得一个案件成为疑难案件。如果在出现这些情况时，关于"如何做是好"有不同的建议方案，并且法官对于评估支持这些方案的理由感到困难时，疑难案件才会产生。因此，理由分析模式对疑难案件成因的阐释更准确、充分。其次，该模式将成因分析与疑难案件的解决紧密关联起来。疑难案件的解决涉及的是法官的实践选择问题，要解决法官应当如何裁判以及有何理由那样裁判的问题，涉及的是理由的识别与效力评估。理由分析模式从法官解决疑难案件的真实情境出发，早在成因分析阶段就从理由角度切入，为寻找疑难案件的解决方案打下了前期基础，由此将疑难案件的成因分析和疑难案件的解决紧

---

① See Ronald Dworkin, *Law's Empire*, Cambridge, Mass.: Harvard University Press, 1986, p. 14.

密关联起来。最后，理由分析模式能够为解决疑难案件提供实质性指引。法官在思考"应当如何裁判"这个问题时，通常意味着在原告与被告或者公诉人与辩护人所提出的裁判方案之间进行选择或者平衡。比如，在缺乏法律规则明确指示的情况中，各方在将一个抽象用语如何具体化的问题上存在分歧；或者在一个有法律规则指示但却内容不良的情况中，各方关于是按照字面意义理解法条，抑或是根据正义的要求扩展或者限缩法条的意义，有不同意见。在疑难案件中，令法官感到苦恼的是，不同的裁判方案被提出来，而每一种似乎都有强有力的理由。具体疑难案件的解决，涉及的必然是分析与评判不同裁判方案背后的理由是否成立。而理由分析模式正是意图从这个角度给法官以实质性帮助。总之，基于这三点相对优势，我们应当转向理由分析模式。

（二）法律方法的功能回归：从合理化走向证立

关于合理化与证立的区分，我们也可以从德沃金的论述中获得启发。在德沃金看来，要判断一个人是否在合理化其观点，就是要看论证者是否在不同问题上对某种理由能够一以贯之地予以坚持。他曾经大力批判过美国最高法院的某些法官的合理化做法。约翰·罗伯茨（John Roberts）法官反复宣称他的判决总是遵照法律的指引，不受个人政治观点、信念以及任何其他因素的影响，他发誓自己按照法治原则来裁判。而正如德沃金所指出的，这些表白苍白空洞，因为罗伯茨并没有提供某种法律推理方法，来作为区隔自己政治观点的过滤网和保护屏。[1] 可以说，德沃金把合理化错误看成一种违反论证者道德责任的说理方式，他这样描述合理化："当一个人真诚相信自己的行为受到某些原则的指引，而这些原则事实上无法有效解释他实际上决定要做的事，这个人就是在合理化。他投票给那些允诺终止福利计划的政治家，他通过告诉自己人们应该对个人命

---

[1] ［美］罗纳德·德沃金：《最高法院的阵型——最高法院中的新右翼集团》，刘叶深译，中国法制出版社2011年版，第5页。

运负责来证立自己的选择。但是这一原则在其他场合却没有指引他的行为：比如，他会呼吁他帮助当选的政治家对他所在的行业提供紧急援助。事实上，他的行为取决于个人利益，而非取决于对他人生活重要性予以认可的任何原则。"①

德沃金所说的"这一原则对其他场合的行为并不管用"这个表述对我们有重要启示，据此我们可以提炼出一条判断合理化的标准——"前提一致性标准"：当论证者在不同论证情形中，并未将论证前提一以贯之予以坚持，这个前提就是论证者合理化其立场的工具。如果论证者能够在不同的论证中都一以贯之地将某个命题作为推理前提，则可以说论证者将这一命题视为理由；而如果其不能在不同的论证情形中一以贯之地将某个命题作为推理前提，有时将与这一命题相冲突的其他命题作为推理前提，则可以说论证者只是将这个命题作为合理化其立场的手段来使用。要判断论证者是否一以贯之地坚持某个前提，显然必定涉及考察论证者在不同情形中的表现，单纯观察论证者在一个论证情形中的表现，无法判断他是否在将该前提作为合理化其立场的手段。

德沃金所提出的这一判断标准，揭示了合理化作为一种论证错误的独特之处。首先，它并不是理由内容上的错误，当我们指出论证所依赖的理由是错误的时候，我们作出的是对理由之内容的实质判断，我们可以将此类批评称为"依赖于内容的批评"，批评的是论证内容上的错误。譬如，假如有人反对将"法律面前人人平等"作为推理的大前提，其理由是它并不正确，那么他所提出的批评就是依赖于内容的批评。而当我们批评对方犯了合理化错误时，是从形式上来判断某种论证错误，这可以被称为"独立于内容的批评"，是从形式角度出发来批评一个论证所包含的错误。这是一种否定论证有效性的间接路径，它同直接批判某种理由具有实质错误不同，它

---

① Ronald Dworkin, *Justice for Hedgehogs*, Cambridge, Mass.: Harvard University Press, 2011, p.104.

并非在对其前提之合理性进行实质考量，而是批评论证者未能在不同论证活动将其前提一以贯之，这是一个基于对论证形式的外在观察所提出的批判。

其次，这一标准还指出了合理化与其他论证上的形式错误的不同之处。当我们指出对方犯了逻辑裂缝或逻辑跳跃错误时，我们也是从形式上批评论证存在的错误。合理化同逻辑错误一样都属于形式上的错误，不同之处在于合理化发生在不同论证情形之间，而逻辑裂缝与跳跃则发生在同一论证之内。德沃金注意到，合理化并不一定是有意识地欺骗他人，它可能到了自我欺骗的程度。论证者可能在为自己辩护时自我催眠，就仿佛他真的相信所依赖的理由。但是，如果他想支持的利益需要他放弃这一原则时，他就会毫不犹豫地这样做。因此说，对合理化的批判，批判的不是某次具体论证中存在的错误，而是从整体性上批判论证者在论证上的总体表现。由于论证者未能仔细反思与审查自己立场的一致性，放纵自己毫无原则地、轻而易举地改弦更张，因此就如德沃金所说，这是一种未尽论证上的道德责任之错误。

那么，如何避免法律方法沦为合理化工具？其实答案已经隐含在前面的论述中。有两种可能的出路。第一种选择是，我们可以主张说，法官在所有案件中都应当坚持某一种法律方法，比如，在所有案件中都坚持文义解释，或在所有案件中都坚持原意解释。德沃金就选择了这样一种策略。他认为，如果一个法官时而运用原意解释方法，时而运用道德解读方法，就是犯了合理化这个论证错误。而如果像他主张的那样，在所有案件中都运用道德解读方法，就可以避免这个论证错误。

第二种选择是，法官并不需要在所有案件中都运用同一种法律方法，但存在某种统一的元规则来决定他在个案中应当运用哪种方法，只不过我们要注意，这种元规则不能是我们之前已经批判过的那种会使法律方法沦为冗余的规则。这一元规则可以说是一种法律方法适用的"优先性规则"，但是它与现有法律方法论所讲的优先性规则有不同之处。在我国当前的法律方法论中，优先性规则被认为要解决两种不同问题：第一是解决法律方法运用的先后次序问题，第二是解决不同法律方法指向结果冲突时何者应当胜出的问题。[①] 而笔者所说的决定法律方法适用的元规则是第二种意义上的优先性规则。因为在实际的案件解决中，法官要解决的问题是，在指向不同结果的法律解释方案中确定一种方案。如果没有相互竞争的解释方案被提出来，法官就不会对他应当做什么问题产生疑问，他很自然地会根据法律文本的字面意义来解决案件。所以，站在服务法官实务工作的角度来看，优先性规则要解决的难题就是那种有不同解释方案指向相反结果的情形。

在前面所提的两种可能选择中，笔者支持第二种。这种选择虽然在具体裁判方案上与德沃金的立场有差异，但是，它贯彻了德沃金的裁判理论的基本方法论。如本书在第一章对德沃金的理论进行梳理时所总结的，德沃金提出了一种判断不同规范性裁判理论成功与否的"元裁判理论"，同时这也是一种发展规范性裁判理论的方法论。它的核心是"司法实践诠释学"，即在确定司法实践之独有特征及其本旨的基础上，提出关于司法裁判应当如何进行的规范性主张。一个完整的司法实践诠释学主张包括前诠释阶段、诠释阶段和后诠释阶段三个组成部分，整全法是作为具体的司法实践诠释学主张之一种。笔者赞同运用司法实践诠释学方法来研究法律方法论问题，但是在具体实质主张上，更倾向于认为法律方法背后的价值具有多元性，而不仅仅有整全性这一种价值。如张志铭所言："法律秩序中的价值，特别是法律或宪政秩序中的一些基本价值，构成了对各种形态的解释论点及其蕴含的基本解释指令的最终证明。各种形态解释论点对于法律解释和适用的结果之所以具有证明力，是因为它们基于法律秩序中某些具有特殊意义的价值；各种形态解释论点之所

[①] 参见张志铭《法律解释学》，中国人民大学出版社2015年版，第113页。

以在各国的法律实践中获得实际运用，是因为它们有助于实现这些价值。"①在司法论证中，要解决哪个法律解释方案优于哪个的问题，就涉及考察每种法律解释背后的价值基础。例如，假设诉讼一方支持对某个法条采取立法原意解释方法，要支持这一立场会涉及的问题是：在何种意义上存在立法意图？有何种价值上的理由支持立法原意解释方法？这一价值可以给我们一个多强的理由？它应当压倒所有可能相互冲突的理由吗？还是只能压倒某些理由？它应当如何同其他相互冲突的价值相权衡？②

拉德布鲁赫公式可以被视为构建优先性规则的一个有益尝试。拉德布鲁赫公式将疑难案件中的法律适用理解为不同解释方法背后价值的冲突。支持适用法律文字意义的价值基础是安定性价值，而支持以实质合理性来解释法律的是正义性价值，疑难案件中的冲突就涉及安定性价值与正义价值之间的权衡。就此，他给出的意见是：实在法具有优先地位，即便它在内容上是不正义的；当实在法的不正义到达了不能容忍的程度，则实在法应当向正义屈服。③

笔者所说的指引法律方法适用的元规则，就是指类似于拉德布鲁赫公式这样的规则。它指出各种法律方法背后的价值，并且就如何处理这些价值之间的关系给出意见。然而，拉德布鲁赫公式恐怕仍然是这种元规则较为粗糙的一个示范，我们所应当探索的元规则要比它复杂得多，这种复杂体现在：法律方法并不只有拉德布鲁赫公式中所涉及的文义解释与（客观/合理）目的解释，还涉及诸如立法意图解释、体系解释、社会学解释、后果考量解释等；所涉及的各种法律方法背后的价值也不仅仅涉及安定性与正义，还有权力分

---

① 张志铭：《法律解释学》，中国人民大学出版社2015年版，第120页。
② See Andrei Marmor, *Interpretation and Legal Theory*, 2nd edn., Hart Publishing, 2005, p. 120.
③ 参见［德］古斯塔夫·拉德布鲁赫《法律的不法与超法律的法》，舒国滢译，载雷磊编《拉德布鲁赫公式》，中国政法大学出版社2015年版，第9—10页。

配价值、① 社会合作价值、② 平等尊重价值,③ 当然也包括德沃金所提出的整全性价值等；处理各种法律方法背后的诸种价值之间的关系，也可能不是权衡，或者至少可能不仅仅是权衡。可见，拉德布鲁赫公式作为元规则的缺陷在于以偏概全。因此，法律方法适用元规则的建构应当具有一定的抽象性和开放性，笔者试将这个元规则建构为：法官应当适用何种法律方法解决个案，取决于对争议所涉及的法律方法背后价值内涵的诠释以及这些价值之间关系的处理。法律方法的运用包含着对其背后价值的分析和判断，关于法律方法运用的争议，在深层次上往往反映了人们在价值理解或价值间关系处理问题上的争议。因此，要避免法律方法沦为裁判的合理化工具，就是追问不同法律方法背后的价值根基。

第三节　整全法的实践意涵——以我国司法中法律原则适用为例

本书为德沃金整全法裁判理论辩护。如果这样一种裁判理论能够成立，它对于指引中国的司法裁判有什么意义？如下将以民法上的法律原则的适用为例，来阐明整全法理论对我国司法裁判实践的启示。受社会转型过程中涌现的疑难案件（诸如"泸州遗赠案"）的触动，十余年来，我国法理学界对法律原则的研究倾注了颇多心血。这些研究主要借鉴西学资源进行理论构建，探讨了诸如法律原则的地位、逻辑特征、适用条件与方法等一系列复杂问题，并提出

---

① 参见 [美] 弗雷德里克·绍尔《依规则游戏：对法律与生活中规则裁判的哲学考察》，黄伟文译，中国政法大学出版社 2015 年版，第 159 页。

② See John Finnis, *Philosophy of law*, New York: Oxford University Press, 2011, pp. 59-60.

③ See Jeremy Waldron, *Law and Disagreement*, Oxford: Oxford University Press, 1999, pp. 109-110.

了许多有启发性的观点。综观既有讨论,具体在法律原则如何适用这个问题上,可以说在我国法理学界已经形成了一种获得相当多支持的主流立场,笔者将它概括为"法律原则适用权衡说"(以下简称"权衡说")。①但权衡说关于法律原则性质及其适用的看法恐怕存在某种误区,笔者希望在对此学说作出批判性思考的基础之上,以德沃金的整全法为理论资源,构建一种新的法律原则适用理论——诠释说,以揭示整全法理论对我国司法实践的指导意义。

一 法律原则适用的传统理论及其批判

(一) 法律原则适用传统理论概述

我国权衡说的思想来源是德国法哲学家罗伯特·阿列克西(Robert Alexy)的法律原则理论。阿列克西为法律论证理论的发展作出了独特贡献,被认为是后人从事法律论证研究无法绕开的高地。②法律原则适用理论是阿列克西法律论证理论的重要组成部分,我国持权衡说立场的学者基本上支持了阿列克西在该问题上的主张。因此,笔者将主要以阿列克西本人的论述为基础,并借鉴国内对阿列克西思想有系统研究的学者的理解,来呈现其原则适用理论的基本观点。学界通常认为,法律原则理论主要包括三部分内容:如何认识法律原则的性质及其内容?如何处理不同法律原则之间的冲突问题?如何处理法律原则与法律规则之间的冲突问题?下面将通过

---

① 关于这种立场的主要代表性论述,请参见舒国滢《法律原则适用中的难题何在》,《苏州大学学报》(哲学社会科学版) 2004 年第 6 期;王夏昊《法律原则的适用方式》,《学习与探索》2007 年第 2 期;陈林林《法律原则的模式与应用》,《浙江社会科学》2012 年第 3 期;雷磊《法律原则如何适用?——〈法律原则适用中的难题何在〉的线索及其推展》,载舒国滢编《法学方法论论丛》(第 1 卷),中国法制出版社 2012 年版;彭诚信《从法律原则到个案规范——阿列克西原则理论的民法应用》,《法学研究》2014 年第 4 期。

② 参见舒国滢《走出"明希豪森困境"(代译序)》,[德]罗伯特·阿列克西《法律论证理论》,舒国滢译,中国法制出版社 2002 年版,第 4 页。

梳理权衡说对这三个问题的回答来呈现该学说主要内容。

首先，在如何认识法律原则之性质的问题上，权衡说认为，法律原则的独特性主要体现在影响法律推理的方式与法律规则有所不同。法律原则是"最佳化命令"（optimization commands），而法律规则是"确定性命令"（definitive commands）。所谓"最佳化命令"是指"一种要求某事在事实上和法律上可能的范围内尽最大可能被实现的规范"。而所谓"确定性命令"是指"一种仅能以被遵守或不被遵守的方式来实现的规范"。① 在具体个案中，如果一条法律原则是相关并且有效的，它一定会被实现，问题只在于其在何种程度上被实现；而如果一条规则是相关并有效的，它就要求人们不多不少地、完完全全地实现它所规定的内容。根据对法律原则性质的这一理解，我们在认识法律原则的内容上并不存在什么难题，法律原则的内容是要求我们尽最大可能地追求某种事实状态。例如，言论自由法律原则的内涵就是要尽可能地给予人们想如何表达就如何表达的自由，职业自由法律原则就是要求法官尽可能地保证人们想以何种方式谋生就以某种方式谋生的自由。

其次，在解决法律原则之间的碰撞②问题上，权衡说主张依据"权衡法则"（Abwägungsgesetz）来处理问题。该法则可以被表述如下："一个原则的不满足程度或受损害程度越高，另一个原则被满足的重要性就必须越大。"③ 根据权衡法则，权衡可以大致上被分解为三步："第一步是确认一个原则的不满足程度或受损害程度。接着是第二步，即确认相对立之原则被满足的重要性程度。最后，第三步

---

① 参见［德］罗伯特·阿列克西《法律原则的结构》，载［德］罗伯特·阿列克西《法：作为理性的制度化》，雷磊编译，中国法制出版社 2012 年版，第 132 页。

② 雷磊教授建议用"碰撞"而不是用"冲突"来形容原则之间的对抗关系，以强调原则间的对抗性质不同于规则之间的对抗。参见雷磊《法律原则如何适用?》，载舒国滢编《法学方法论论丛》（第一卷），中国法制出版社 2012 年版，第 238 页，注 16。

③ ［德］罗伯特·阿列克西：《重力公式》，载［德］罗伯特·阿列克西《法：作为理性的制度化》，雷磊编译，中国法制出版社 2012 年版，第 150 页。

是确认，相对立之原则被满足的重要性能否证成对另一个原则的损害或不满足。"① 也可以说，法官对原则进行权衡的过程实际上就是根据案件的具体情形，确定相对抗的原则之一相对于另一个原则的"条件式优先关系"的过程。

最后，在处理法律规则与法律原则的冲突时，仍然应当以权衡的思路来解决问题。阿列克西关于规则与原则冲突解决方法的灵感来源于拉德布鲁赫公式。拉德布鲁赫认为，法的价值主要有正义、安定性与和目的性。当这些价值发生对抗时，解决的办法是赋予立法权力所确定的实在法以优先性，即使立法的内容不正义或不合目的，除非实在法规定和正义之间的对抗达到了"不能容忍的程度"，才能使实在法规定成为"非正确法"而必须向正义让步。② 阿列克西将上述原理转化为解决规则与原则冲突的方法论，它可以被表达为如下权衡公式：

$$(p\ P\ [R.p\ \&\ R.pf])\ C ③$$

这个公式所表达的意思是，在"优先条件"C下，实质性法律原则 p 优于支持规则 R 的实质性法律原则 R.p 与支持优先适用规则的形式性法律原则 R.pf 之和。在规则与原则相冲突时，我们不但需要考虑相冲突的原则 p 与支持规则 R 的原则 R.p 在系争案件中的分量，还要考虑安定性与民主价值等形式原则的重要性。只有证明 p 所代表的价值的分量要比 R.p 与 R.pf 所代表的价值合起来还要重，才能够为规则 R 创设例外规则 R'。

由上述梳理可以发现，权衡说认为法律原则是最佳化命令，在

---

① [德] 罗伯特·阿列克西：《重力公式》，载 [德] 罗伯特·阿列克西《法：作为理性的制度化》，雷磊编译，中国法制出版社 2012 年版。

② 参见 [德] 古斯塔夫·拉德布鲁赫《法律智慧警句集》，舒国滢译，中国法制出版社 2001 年版，第 170 页。

③ 此处仍然借用了雷磊教授对阿列克西主张的公式化表达，关于该公式表达及对公式符号的详细说明，请参见雷磊《法律原则如何适用？》，载舒国滢编《法学方法论论丛》（第 1 卷），中国法制出版社 2012 年版，第 245—247 页。

处理法律原则的适用时，无论是在法律原则碰撞的场合，还是在法律规则与法律原则冲突的情形，最为关键的要点都是"权衡"，因此笔者将这种法律原则适用方法主张称为"权衡说"。权衡说作为概念清晰、论述全面系统并可以用公式形式加以表示的原则适用规范，是追求原则适用严谨化、科学化、规范化的有益探索。但是，当我们在基本的法哲学层面上对该理论作出反思时，可以发现有必要对该理论展开若干追问与质疑。笔者将论证，从最为根本的法哲学原理上看，无论是实质法律原则还是形式法律原则，如若能够作为证立裁判的恰当基础，从性质上说它们应当是道德原则，来源于共同体成员之间彼此负有的基本道德责任。法律原则的这一性质对于我们展开对权衡说的批判具有重要意义。

（二）法律原则性质之反思

关于法律原则的性质，笔者主张：法律原则是规定共同体成员之间基本道德责任的道德原则。该命题可基于三个逻辑上递进的要点加以证明。第一，在现代法治社会中，法律主张它具有道德权威的地位。[1] 也就是说，法律通过其代言人（如执法者与司法者）来主张公民有道德义务服从它，这使得法律从性质上能够与单纯地以暴力威胁为后盾的强盗命令相区分。无论事实上的法律是否具有真正的正当性，还是现实中具体的法官是否从心底里认可他正在适用的法律的正当性，从法律的概念上说，法官作为法律的代言人，其制度性身份必然要求他在裁判活动中主张：基于某行为是法律所要求的的，因此公民有道德义务为此事。即使是权衡说的提出者阿列克西本人也能够认同这一观点。阿列克西的类似立场体现于他所提出的"正确性宣称命题"：法必然提出正确性宣称（Anspruch auf Richtigkeit）。[2] 它并非是

---

[1] See Joseph Raz, "Hart on Moral Rights and Legal Duties", *Oxford Journal of Legal Studies*, 1984, Vol. 4, p. 131.

[2] 参见［德］罗伯特·阿列克西《法的双重本质理论的主要素》，［德］罗伯特·阿列克西《法：作为理性的制度化》，雷磊编译，中国法制出版社2012年版，第265—266页。

关于某个具体现实的法律体系的情况，而是一个关于法概念的主张："正确性宣称必然要在所有的法律体系中被提出。假如它没有被提出，这个体系就不是法律体系。"①值得注意的是，正确性宣称命题在理解上容易产生歧义，我们应当准确把握其正确的理解方式。根据法主张的是何种意义上的正确性，该命题有三种可能的理解方式。其一，它可以被理解为作出裁判的法官必然主张其作出了法律上正确的判决，即法律的适用者主张他是基于对法律的正确理解来适用法律的；其二，它可以被理解为法律的代言人必然主张法律的要求在内容上与道德要求一致，这是一个道德上的正确性宣称；其三，它可以被理解为法律的代言人必然会主张法律的要求是人们有道德义务服从的。这同样是一个道德上的正确性宣称，它与第二种理解的不同之处在于，它没有主张法律的内容一定与道德的要求重合，它仅仅主张人们有道德义务服从法律，并且蕴含了一种对可证立性的担保。但是它对于法律的要求究竟应当以何种方式加以确定，以及为什么如此确定的法律是有道德义务服从的，尚未提供明确的理由。

阿列克西是在哪种意义上主张正确性宣称命题呢？有时候阿列克西所举的例子似乎是在第一种意义上主张正确性宣称命题的。例如他提出，如果法官裁判时作出如下宣称，"根据对现行有效法的错误解释，被告被判处终身监禁"，则法官于此处犯了法概念上的错误，因为从事司法判决的法官以其制度性身份出发，必然会主张他在正确地适用法律。然而这种理解使得正确性宣称命题并不具有理论上的重要性，需从阿列克西提出正确性宣称命题的理论目标来理解该命题的真正含义。阿列克西提出该命题是为了反驳实证主义关于法律与道德无概念上必然联系的分离命题。阿列克西用"正确性宣称"这一概念与"权力宣称"相对应，以此表明法律不是单纯关于权力、情绪与意志的问题，而是一种关于正确与错误、真与假、

---

① ［德］罗伯特·阿列克西：《关于法的本质之论据的性质》，［德］罗伯特·阿列克西：《法：作为理性的制度化》，雷磊编译，中国法制出版社2012年版，第310页。

正义与不正义的实践。因此，应当将该正确性宣称命题理解为法律的代言人在做某种道德意义上的宣称。那么，我们就应该在第二种与第三种意义之间作出选择。从阿列克西对拉德布鲁赫公式的支持态度上看，他应当是在第三种意义上主张正确性宣称命题。因为拉德布鲁赫公式坚持法律的不正义性若并非到了不能容忍的地步，就是人们有道德义务服从的。可见，阿列克西区分了法律的内容是否与道德要求一致的问题，以及人们在什么情况下有服从法律的道德义务的问题，对后一问题的肯定回答不取决于对前一问题的肯定回答。也就是说，即使一个法律的内容在某种程度上是不正义的，人们也有服从它的道德义务。总之，现代法治观念中的一个关键特征是，我们将法律视为主张道德权威或者正当权威的事业，而不是简单地以暴力威胁为后盾的命令。这个出发点对于我们分析法律原则的性质具有重要意义。

第二，法律若要具有正当权威，它对公民所提出的道德义务要求应当是基于公民原本就对彼此负有的道德责任，而不能在此之外提出独断要求。这是笔者马上要证明的一个要点。如阿列克西所言，正确性宣称包含着一种对可证立性的担保。这种担保意味着，法律的代言人承诺其能够成功地证明，以正确方式识别出来的法律是人们有道德义务服从的。那么，究竟什么是识别法律内容的正确方式，如此识别出来的法律又何以使人们有道德义务服从它呢？要回答上述疑问，恐怕需要追问"法律权威的正当性是如何可能的"这样一个根本的法哲学问题，而这从根本上又涉及实践权威的正当性是如何可能的这样一个一般性的实践哲学问题。根据拉兹所提出的一种非常具有影响力的实践权威理论——服务的权威观（The Service Conception of Authority），能够具有正当性的实践权威，应致力于促进权威对象更好地响应原本就适用于他的理由。[1] 权威对象服从正当

---

[1] See Joseph Raz, *The Morality of Freedom*, Oxford: Oxford Clarendon Press, 1986, pp. 42-57.

权威的指示，比服从自己的思考与判断，能更好地服从适用于他的那些理由的要求，因此服务的权威观能够很好地解决权威与理性和自主之间表面上的矛盾关系，因此是一种可以与当代社会人文理念相容的权威理论。

　　拉兹的权威理论是我们解决法律的正当权威如何可能这一难题的一把钥匙。如果我们能够在实践哲学层次上首先搞清楚实践权威具有正当性的抽象条件，我们就可以将该一般理论用于解决法律正当性的难题。基于这种根本关联，近些年来拉兹的权威理论也受到我国法理学者越来越多的关注和讨论。① 但是当我们在适用拉兹的服务型权威观于法律情境时，需对拉兹的正当权威命题作出一点限定。拉兹的权威命题能够证成我们有理由服从权威，但是却不能证成我们有道德义务服从权威。在"有理由去做某事"与"有道德义务去做某事"之间存在重要不同。如果服从权威能够促进我们对依赖性理由的服从，只能说明我们服从这一权威指示并不会有违理性，但是也不能够证明我们就有道德义务服从权威。借用达尔沃所讨论过的一个例子，假设经过对理由的全面考虑，能够确定我们有理由在早上七点起床。为了克服薄弱意志对我们这一计划可能产生的破坏，我们可以委托 A 每天早上七点对我们发出起床的命令。通过服从 A 的命令，可以使我们更好地实现我们原本就有理由追求的目标，因此服从 A 的命令是理性的也是自主的。但是这并不会让我们有服从 A 的道德义务。因此，拉兹的命题对于一个能够带来服从的道德义务的正当权威来说，论证是不够充分的。为了证成服从权威的道德

---

　　① 参见李桂林《拉兹的法律权威论》，《华东政法学院学报》2003 年第 5 期；范立波《权威、法律与实践理性》，载郑永流主编《法哲学与法社会学论丛》（总第 12 期），北京大学出版社 2007 年版；陈景辉《权威与法概念：理论史的考察》，载郑永流主编《法哲学与法社会学论丛》（总第 12 期）北京大学出版社 2007 年版；朱振《法律权威与行动理由——基于拉兹实践哲学进路的考察》，《法制与社会发展》2008 年第 6 期；朱振《权威命题与法律理由的性质：一个反思性的评论》，《法制与社会发展》2011 年第 6 期；朱振《法律的权威性：基于实践哲学的研究》，《南京大学法律评论》2015 年第 1 期。

义务，还需要什么呢？如达尔沃所观察到的，除非权威发出指令时所需考量的依赖性理由蕴含了某种已经存在的道德责任，才能使我们有道德义务去服从权威的指示。[1] 根据上述讨论，可以将拉兹的正当权威命题加以限定，使之单纯地适用于主张施加服从之道德义务的权威类型：

如果权威对象遵守权威指令，而不是根据自己对适用于他的道德责任的考量结果来行动，他能够更好地响应这些道德责任的要求，则该权威是正当的道德权威，人们有服从它的道德义务。[2]

由此我们可以得出这样的结论，法律若要使其对公民提出的服从法律的道德义务主张可以被证立，那么法律的内容应当是基于公民原本就对他人应予承担的基本道德责任来加以确定的，并且使人们依据法律来行动，能够比依赖于自己的力量来考量道德，能够更好地响应这些道德责任的要求。那么，是否可以将笔者的意思理解为，人们有道德义务服从的法律的内容是同正义的要求相一致的？然而，自从法律实证主义者边沁提出"自由地批评，严格地服从"之后，人们就开始怀疑服从法律的道德义务是基于法律作出和与道德规范一致的规定，而是倾向于认为存在某种道德理由使得我们将法律视为独立于内容的理由加以服从。像后期拉德布鲁赫与阿列克西这样的法律实证主义批判者，尽管认为一个法律规定如果不正义到了不能容忍的地步，我们就不能将它视为真正的法律，但是也同实证主义者一样，都认为法律的道德权威并不基于其每一项具体要求的内容都与道德规范一致。如果它不是极端不正义，那么它仍然是人们有道德义务服从的法律。看

---

[1] 参见 [美] 斯蒂芬·达沃尔《权威与理由：排他性与第二人称》，王琳译，载郑永流主编《法哲学与法社会学论丛》（总第 19 期），法律出版社 2015 年版，第 130—151 页。

[2] 拉兹认为："从根本上说，公共权威最终建立在个人对其同胞所负有的道德义务基础之上。" See Joseph Raz, *The Morality of Freedom*, Oxford: Oxford Clarendon Press, 1986, p. 72.

上去，笔者的观点同这些流行意见格格不入。实际上，笔者与这些意见的差异并没有表面看上去那么大。笔者目前只是根据实践权威正当性的一般原理，提出法律权威若要使公民具有服从的道德义务，其应当基于公民原本就承当的某些道德责任。当前笔者并没有排除这样一种道德责任存在的可能性，即它要求公民应当为着共同体法律的安定性，来牺牲自己在个案中的正义。如果这样一种道德责任是成立的，那么拉德布鲁赫公式就可以成立。笔者只是说，如果法官可以依据拉德布鲁赫公式证立裁判，他应当论证那样一种道德责任的存在。如果这样一种道德责任存在，那么当事人就有道德义务去服从保护了法的安定性但是未给他带来正义的判决。在这种情况下，就不能说人们有道德义务服从的法律的内容都是同正义的要求相一致的。

第三，根据法律权威正当性原理，法律原则必然是规定共同体成员之间彼此负有的基本道德责任的道德原则。刚刚已经论证，法律若要具有正当权威，它对公民所提出的道德义务要求，应当是基于公民原本就对彼此负有的道德责任，而不能在此之外提出独断要求。显然，在法律体系中，能够保证法律这一道德根基的就是实质法律原则，诸如人的尊严、自由、平等原则。它们作为指引立法以及指引法官理解和适用具体法律规则的指南，构成了保证法律具有可证立性的主要支柱。当然，值得注意的是，这些被认定为法律原则的道德原则，是关于共同体成员之间彼此负有的基本道德责任，而并非超出基本责任之外的更高道德要求。因此，实质法律原则，是关于共同体成员之间的基本的道德责任的，而并非要求每个人成为圣人的更高道德准则。

但是，问题的难点不在于实质法律原则的性质，而在于那些调整实质性法律原则适用的形式性法律原则，如安定性原则或者民主原则。这些形式法律原则是何种性质的呢？笔者认为，如果它们被用来确定法律的要求并证立公民服从法律的道德义务，那么它们在性质上也应当是关于共同体成员之间彼此负有的基本道德责任的道德原则。也就是说，对于一个要求裁判实现正义的当事人来说，法官可以向他主张，他有道德义务尊重法律的安定性价值，因此在本案中，即使使用法律规则可能不能实现真正的正义，但是当事人也有道德义务服从这项判决。当然，我们还没有具体分析安定性原则或者民主原则究竟是否真的能够用于证立公民服从义务的道德原则，或者以何种方式理解的安定性与民主原则才能证立这项义务。此处所要澄清的，只是此类形式性法律原则若能够被法官用于证立当事人的服从义务，从逻辑上说也必然是关于公民之间基本道德责任的道德原则。对于这一点，阿列克西似乎没有明确主张，但是它似乎就是阿列克西自己所主张的正确性宣称命题必然蕴含的逻辑结论。

总而言之，根据实践权威正当化的一般原理，法律若要具有正当性，指引立法者立法和法官司法的实质法律原则与形式法律原则，都应当是基于共同体成员原本就彼此负有的基本道德责任而提出的道德原则。共同体成员遵守法律的理由，在于以法律为媒介可以更好地承担彼此负有的这些基本道德责任。在这种意义上，笔者持有一种"服务型法律观"立场：法律通过基于对共同体成员之间基本道德责任作出更为周全的考量并提出行动指引，来服务于共同体成员的道德生活。法律通过追求这一事业本旨，使其自身能够具有现代法治理念所要求的道德上的正当权威。可以用德沃金的这一段话来总结笔者基于法律追求道德权威这一性质所提出的对法律原则性质的看法，"我们遵守法律，不仅仅因为我们被迫遵守法律，而且因为我们感到遵守法律是正确的。甚至在我们知道遵守法律并不有利于我们个人的直接利益时，在我们知道我们可以不遵守法律而不会因此受到惩罚时，依然感到有责任遵守法律。我们这样做，因为法律原则通过自身的协调反映了我们的道德情感，使法律获得了道德特征，获得了道德权威。这些是以强制力为后盾的规则的集合体所不能享有的。正是法律的这种由法律原则所给予的道德特征，给予了法律特别的权威，也给予了我们对法律的特别尊敬。"①

（三）对法律原则适用传统理论批判

前文所得出的关于法律原则之性质的结论，对于我们评价法律原则适用权衡说有重要价值。认为法律从概念上看必然作出"正确性宣称"的阿列克西，从逻辑上说，也必然会赞同法律原则是规定共同体成员之间彼此负有的基本道德责任的道德原则的主张。但是阿列克西似乎没有意识到这一主张会对其法律原则理论可能造成障碍和挑战。

1. 法律原则是最佳化命令吗？

如果能够认定法律原则本质上是道德原则，那么按照权衡说来理解法律原则的内容就会出现谬误。权衡说认为，法律原则是最佳化命令，所谓"最佳化"意味着去追求某种状态在最大限度上的实现。这似乎意味着，单纯的言论自由原则要求法官尽可能实现一种公民想要表达什么言论就可以表达什么言论的状态，单纯的职业自由原则意味着法官应当尽可能保证公民想要以何种方式谋生就如何谋生的自由。总之，在案件无涉其他法律原则的情况下，似乎关于自由的法律原则就是要保证公民尽可能去做自己心中想要做的任何事。这些原则只有为了更重要的原则我们才有理由克减它们的实现程度，这种克减应被视为迫不得已的价值"牺牲"。阿列克西的这些思想反映在他对于两个具体案例的探讨中。在第一个案例中，德国的一本讽刺杂志《泰坦尼克》将一位截瘫的预备役军官称为"残废"，法官面对的裁判难题是，如何在该案中处理好言论自由与人格权保护这两项法律原则的关系。阿列克西认为恰当的做法是，对思想表达自由原则与保护人格权原则进行与个案相关联的权衡。鉴于要求杂志支付赔偿金是对言论自由原则的严重侵害，因此为了证明支付赔偿的要求成立，对人格权的侵害就得达到相当的程度。杂志

---

① ［美］罗纳德·德沃金：《认真对待权利》，信春鹰、吴玉章译，上海三联书店2008年版，"中文版序言"，第21页。

称这位预备役军官为"残废"的做法应当被认为是对其人格权的严重侵害，因此有必要为保护人格权牺牲言论自由，故应判决杂志为该用语的使用支付该预备役军官赔偿金。第二个案例是关于是否应当基于保护公民健康的考虑而要求烟草生产商在产品上标示"吸烟有害健康"的字样。阿列克西认为，该案涉及的是职业自由原则与保护公民健康原则之间的权衡。要求烟草生产生在产品上标示"吸烟有害健康"，是对职业自由相对较轻的侵害。但是保护公民健康的原则却更为重要，所以总体上的考量结果是法官应当判决在烟草公司在其产品上标示健康警告。

权衡说对法律原则作为最佳化命令的理解，逻辑上会导致一些荒谬的说法。从其表述可以看出，阿列克西会认为，无论对一个人的职业选择作出何种限制，都是对职业自由的"侵害"。照此逻辑会推论出一些荒谬的说法：禁止杀人是对致力于成为杀手的人之职业自由的侵害，或者禁止强奸是对想要强奸他人者之性自由的侵害。而国家之所以禁止人们以杀手为职业或者禁止人们强奸，是因为与对他们的自由的损害相比，杀人和强奸会对他人造成更为严重的侵害，因此国家不得不"侵害"或者"牺牲"一些人的当杀手的职业自由与强奸他人的性自由。如此说来，法官就是在主张我们有道德义务遵循这样的行为规范：应当允许人们想做什么就做什么。我们对他人作出的任何限制和妨碍，都可以说成是对他人实施了侵害。然而这些说法是很荒诞的，这仿佛意味着当我们不允许他人从事杀手的职业的时候，我们也能够被说成在道德上做了错的事情，我们看不出这样的道德原则具有任何合理性。事实上，我们本可以有更为自然的更符合道德直觉的说法，即禁止杀人与强奸是要求人们不去做他们"本来就不应当去做的事"，而不是对他们的自由的任何"侵害"。作为道德原则的自由原则，其本身应该已经具备合理性，而无须借助其他原则来限制它才能变得合理。一种被正确理解的言论自由原则本身就可以用来作为判定《泰坦尼克》杂志的言论是否应当被禁止或惩罚的道德基础，而不会因为是否有其他原则的存在而影响它对这一言论之性质的判断。总之，如果法律原则是阿列克西所说的那种最佳化命令，我们就不能理解这种法律原则何以构成证立法律判决正当性的道德基础。

2. 法律原则之间真的存在冲突吗？

笔者要质疑的是，权衡说认为的法律原则（实质性法律原则）之间会发生碰撞的观点。德沃金早期同阿列克西持有相同的观点，但是其后期观点发生了值得注意的重大转变，即从认为法律原则会发生冲突的立场转向了法律原则并不会发生冲突的立场。笔者认为，德沃金后期的立场更为成熟可靠，因为它建立在他对道德原则之客观性及认识方式的深入和系统的思考基础上。下文通过探讨德沃金的这一转变来质疑那种认为法律原则会发生冲突的观点，法律原则作为规定共同体成员基本道德责任的道德原则的性质决定了法律原则之间不会发生冲突。

在我国，法律原则研究者最常引用的《第一种规则模式》一文中，德沃金同阿列克西一样认为，规则是以"完全有效或者完全无效的方式"来适用的，[①] 而原则是通过将案件结果朝向一个方向吸引来影响裁判结论。[②] 也就是说，原则具有分量或者重要性的维度，当不同原则相互冲突时，应当通过考虑相关原则分量的强弱来解决案件。[③] 德沃金在1995年为《认真对待权利》所作的中文版序言中仍然坚持上述立场，"理性道德的推理也是通过权衡原则来进行的。道德推理一直要求我们在不同的价值观之间找到平衡"[④]。他还谈及了一个道德原则冲突的例子。如果我们把真话告诉给朋友会使他生气，那么我们究竟是应该选择撒谎还是选择坦诚呢？在这种情况中，

[①] Ronald Dworkin, "The Model of Rules", *The University of Chicago Law Review*, 1967, Vol. 35 (1): 25.

[②] Ibid., p. 26.

[③] Ibid., p. 27.

[④] ［美］罗纳德·德沃金：《认真对待权利》，信春鹰、吴玉章译，上海三联书店2008年版，"中文版序言"，第20页。

善良的原则似乎同诚实的原则发生了冲突。德沃金认为解决问题的方式是，去权衡其中涉及的道德利益，去思考"同我们的不了解情况的朋友的幸福相权衡，我们给予真实多大的分量？"①

有趣的是，德沃金的思想在后来发生了很大的转变，而这一转变却尚未为我国法律原则研究者所充分注意。在德沃金的集大成之作《刺猬的正义》中，他重新思考了诚实与友爱的例子。此时他认为，我们应当怀疑那种认为道德原则会发生冲突的观点："这里真的存在冲突吗？诚实和善良是否真的相互冲突，甚至常常相互冲突？"②通常来说，我们对残忍和不诚实两个概念的理解在大多数情况下能够使我们轻松地对两种罪恶加以辨别并避免。但是有时，就像在这个案例中，对两个概念的理解似乎将我们带向相反的方向。但是，这只是"表面的冲突"，而不是"深刻的、真实的"冲突。如果要维护他在此书中所提倡的核心立场，即"价值的统一性"（unity of value），德沃金就必须否认这种冲突是真正的冲突。他希望为一个更具挑战性的观点辩护，即不存在这种真正的道德冲突。善良是什么？诚实是什么？这并不是两个相互独立的问题。恰当的提问方式是：在某些问题上告诉朋友实情，是否是真正的残忍？在某些问题上隐瞒，是否是真正的不诚实？我们思考的方向是去获得一个关于两者统一融贯的理解，而不是使我们的道德责任变得分裂。③

德沃金据以否定道德冲突发生可能性的"价值的统一性"究竟是怎样一种原理？它指的是我们的伦理与道德价值必然协调一致、相互支撑与相互依赖的原理。简单地说，根据休谟原则，一个规范性主张不能从单纯的描述性前提中推导出来，规范性命题的证明必然依赖于其他规范性命题。没有规范性主张可以单凭自己为真，而

---

① ［美］罗纳德·德沃金：《认真对待权利》，信春鹰、吴玉章译，上海三联书店2008年版，"中文版序言"，第20页。

② ［美］罗纳德·德沃金：《刺猬的正义》，周望、徐宗立译，中国政法大学出版社2016年版，第133—134页。

③ 同上书，第134页。

是必须依赖于其他规范性主张为真。进一步可以推论，规范性判断的论证链条不可能是从一个基本命题单向发展出来的，因为这不能解释推理链条上的第一个命题从何而来，因此毋宁说所有规范性判断构成一种相互依赖、彼此支持的信念网络。在这种意义上说，价值判断必然是相互协调一致的，因此有了"价值统一性"命题。证明价值判断命题为真的方式非常不同于事实命题。在法庭上，我们可以通过出示图片、视频等资料，来显示一个事实的存在，从而证明了一个事实命题的正确性。然而，要证立一个价值判断命题的正确性，我们无法通过指给人们看任何实在之物来证明，而必须是提供其他同样为价值判断的命题作为理由来论证。描述性命题的真可以被称为"赤裸的真"（barely true）。但是，道德原则不是用某个事物的存在之"证据"来"显示"的真，而是用"理由"来被"证立"的真。每个道德原则的内涵都是通过参考其他道德原则来予以确定的，道德原则成为一个相互支撑的信念网络。因此，当我们发现立法或者判例背后的道德原则是相对抗的，我们可以通过参考更广泛的其他道德原则，来调整对争议中的道德原则之内容的理解，而没有理由认为道德原则本质上就是对抗的。总而言之，权衡说认为法律原则之间必然会发生对抗，这一主张的错误在于对作为道德原则的法律原则的性质及认知其内容的方式存有误解。

　　必须承认，德沃金提出了一种颇有争议性的观点，这种观点在当前我国法学界几乎没有支持者。我国大多数法学研究者都倾向于认为，道德冲突是人类生活的真实处境，法官在适用法律过程中也必然会面对此类冲突。但是笔者认为，很可能是一种混淆导致了我们倾向于认为道德原则之间必然会发生冲突。价值的不可通约与道德原则必然冲突是两个不同的主张，前者的正确不意味着后者也正确，笔者支持前者而反对后者。价值的不同通约是指不同价值之间具有不可比较性，不存在辞典式的先后或者位阶关系。比如，在很多时候，作为执业医生的职业与医学研究方面的职业都是有价值的职业，兄弟姐妹之间的血缘之情与忠诚且亲密的友谊都是有价值的人际关系形式，我们不能说何者比另一个更有价值。在这一情形中，虽然我们不得不在不同价值中作出选择，但是却不能说我们的选择必然会因为放弃一方而犯错，或者这种选择情形是一种悲剧性处境。相反，通过选择，我们积极地创造和成就我们独特的人格与人生形态。而认为道德原则必然冲突的观点则是指：两个相互冲突的道德原则都是正确的，无论我们遵循何种道德原则，我们都注定会犯道德上的错误，注定无法逃脱应被指责的境地，这是一种人类无法逃脱的悲剧性情形，譬如认为人类社会在自由与平等的选择上就面临着这样一种必然牺牲某一价值的悲剧性处境。然而，正如德沃金在批评这一观点时所说的那样，这一立场没有思考清楚我们究竟是以何种方式构想平等与自由等道德价值的内涵的。诸如像自由与平等这样的道德概念，并非有一个如物理实体存在般的固定本质，因此不能像描述一块石头一样去观察和记录自由或者平等是什么，它们也并不是可以通过观察人们的语言惯习来总结其内涵的那种概念。道德概念是解释性概念。[1] 当我们确定自由的内涵时，我们会参照更大的价值之网，如尊严、自主、平等、福祉等观念来建构它，我们就犹如解联立方程那样努力去获得一组相互支持的自由与平等的概念观，因此认为它们之间必然会发生冲突是没有道理的。

3. 法律原则与法律规则之间真的存在冲突吗？

法律原则与法律规则是一种什么样的关系？它们之间真的存在冲突吗？如果我们能够解释法律原则之间不会发生"碰撞"，我们就可以进一步接受实质性法律原则与法律规则不会发生冲突的观点。按照权衡说的理解，规则与原则之所以会对抗，是因为规则背后的原则之间相碰撞。但是，笔者刚刚论证过，根据道德原则的性质，没有理由认为被正确理解的道德原则之间会发生冲突。因此可以说，实质性法律原则之间不会出现冲突，规则与实质性法律原则之间也

---

[1] 参见［美］罗纳德·德沃金《刺猬的正义》，周望、徐宗立译，中国政法大学出版社2016年版，第135页。

就不会发生冲突。但是说法律规则与法律原则冲突，还有另外一种可能的理解方式。形式性法律原则，诸如安定性原则，要求我们严格适用法律规则，但是根据某个实质性法律原则，我们应当修正这一法律规则表面上的意思，以使它更符合实质正义。这种情形也带来了一个问题，是要求法官老老实实适用法律规则，还是超越规则去适用法律原则呢？这正是我国司法实践中的一个经典案例"泸州遗赠案"中所提出的难题。这一看待问题的方式背后，假定了形式性法律原则（如安定性原则）会与实质性法律原则（如公序良俗原则）发生冲突。

但是，笔者认为，形式性法律原则与实质性法律原则之间不会发生冲突。理由是：如果形式性法律原则是法官可以据之证明法律正当权威的原则，那么它一定同实质性法律原则一样，都是规定共同体成员之间彼此负有的基本道德责任的道德原则。而又基于德沃金的"价值统一性"原理，道德原则之间并不会冲突。在我们构想对安定性原则的理解时，应当这样来思考问题，即对安定性原则的何种理解能够使得它可以成为法官用以证明当事人服从义务的道德原则？权衡说所理解的那种要求以牺牲实质正义为代价来适用法律规则的安定性原则是否是一种可以用于证明公民服从义务的正确的道德原则？笔者认为答案是否定的。在法学研究中，法的安定性之所以被认为是一种价值，是因为有稳定的生活预期对于人的尊严有重要意义，如此人们才能计划、安排自己的生活，而不必仅仅局限于当下。[①] 的确，相较于一个任意随性地剥削压迫人们的公权力，这种对剥削予以明确预告的公权力似乎是一种进步。在国家保障法律适用安定性的情况下，公民至少可以预期自己的损失，作出规避剥削的行动计划。而在后一种情况下，公民对自己的生活完全缺乏控制，而生活在不安的恐惧之中。因此，与后一种情况相比，前一种

[①] 参见［英］杰拉德·波斯特玛《边沁与普通法传统》，徐同远译，法律出版社2014年版，第177—180页。

情况是一种社会制度的进步。但关键的问题是，当前我们要比较的不是任意的剥削与提前告知的剥削何者对人们的伤害更大，而是实质正义与提前告知的不正义何者更能使法律具有正当性。

为什么我们认为法官应该依赖提前告知的不正义来证立裁判，而不是实质正义来证立裁判呢？可能的理由是：第一，追求实质正义而不是提前告知的不正义，会导致人们对其他法律规则会正常适用有所怀疑，进而对整个法律体系的安定性缺乏信心；第二，不应当让法官去进行何为正义的判断，以免他们以个人主观偏见任意决定他人命运。笔者认为这两点理由不能成立。首先，第一种意见所担心的连锁反应并不会发生。在一个大体正义的法律体系，通常法律规则能够与法律原则在逻辑上有着明显的一致性，因此当事人与法官不会动辄就提出以法律原则否定法律规则的表面意思。我们没有理由认为在极少数案件中法官基于法律原则对法律规则进行修正这个事实，意味着法官会经常性地使用这种方法。公民也没有正当理由基于这些少数事实，就认为自己有正当理由拒绝服从所有的法律规则。其次，第二种意见也不能充分证明运用法律原则裁判不如适用不够正义的法律规则。事实上，当我们对于一个法律原则确实是更为公平公正的没有分歧时，我们会认为用它来调整更好。而我们有时之所以宁愿让法官去用一个道德上有缺陷的规则，也不愿意让法官加入实质价值判断来确定的原则，是因为我们担心法官并不一定会确定出一条正确的法律原则，相反却有可能利用其有权进行价值判断的机会，用其偏见和私利来决定案件的判断。所以，我们所真正顾忌的并不是法官的道德判断，而是顾忌法官用错误的方式进行道德判断来决定我们的命运。那么解决的方式是加深我们对道德判断方法的认识，而不是回避这个问题。

总之，权衡说所理解的形式法律原则会与实质法治原则冲突是错误的。由于这两类原则都是用于证明裁判具有正当权威的道德原则，根据"价值统一性"原理，我们应当建构能够彼此支持、相互协调一致的形式法律原则和实质法治原则体系。

二 整全法理论视角下法律原则性质及适用

在批判权衡说的同时,整全法理论视角下的法律原则适用诠释说之样貌也逐渐浮出水面。接下来将通过对比诠释说与权衡说在法律原则理论通常要解决的几个问题上的不同回答,来阐明它的具体内容。

(一) 法律原则性质之重述

前文已经论证,法律原则是规定共同体成员之间基本道德责任的道德原则,因此笔者所提倡的诠释说如何理解道德原则就是深入理解法律原则性质的一个关键步骤。诠释说认为,道德原则是包含诠释性概念的共享道德规范,应将道德原则中所包含的"言论自由""职业自由""人格权"等概念作为诠释性概念(interpretive concept)来理解。"诠释性概念"是指从概念的功能上对概念作出的一种界定,与标准型概念和自然种属概念相对。①当我们讨论诠释性概念的内涵的时候,我们是在反思并且争论被以最佳方式加以理解的某项社会实践对我们提出了何种要求。②当我们在争论诠释性概念的内涵时,我们都能够认同它们代表着某种价值,分歧在于这种价值究竟是什么,以及这种价值要求我们以何种方式加以响应。当我们提出对这些概念的不同理解时,我们采取了不同的实质性的立场,而不可能是一种中立的、单纯描述性的立场。当我们为这些概念进行界定的时候,实际上争论着关于"言论自由""人格权"这些诠释性概念的不同的概念观,争论着何种概念说明能够使得它们的价值得到最佳体现。

在有了"诠释性概念"这个概念工具后,我们可以进一步将法

---

① 关于这几种概念的详细区分,请参见[美]罗纳德·德沃金《身披法袍的正义》,周林刚、翟志勇译,北京大学出版社 2010 年版,"导论",第 10—11 页。

② 参见[美]罗纳德·德沃金《身披法袍的正义》,周林刚、翟志勇译,北京大学出版社 2010 年版,"导论",第 11 页。

律原则界定为"包含诠释性概念的共享道德规范"。这一界定有几个值得说明之处。首先，这一界定强调了法律原则的性质从根本上说是道德规范。根据休谟对"是"与"应当"的区分，只有将这些概念理解为本身承载道德价值的概念，才能够解释为什么法官可以通过法律原则的适用来证立公民服从的道德义务。其次，用"共享"二字，是想与权衡说"最佳化命令"中的"命令"二字相对比，以体现在现代法治民主社会中，法律被认为是实现共同体成员自治理想的规范体系，而非由政治优势地位者对政治劣势地位者发出的以暴力威胁为后盾的命令。再次，它强调了法律原则的核心内容是"诠释性概念"。其实，凡是道德规范必然包含道德概念，而笔者又赞同所有的道德概念都属于诠释性概念。因此，这个命题并没有隐含还存在不包含诠释性概念的道德规范这一层意义，而只是想突出道德规范的核心要素就是作为诠释性概念的道德概念，以便后文进一步提出认识道德规范之内容的方法就是对这些道德概念作出诠释。最后，笔者仍然要强调，这一界定中的"道德"是富勒所说的"义务的道德"，是共同体成员之间彼此应当承担的基本道德责任。并不应当将这一界定误解为是在以法律苛责人们做圣人。

（二）法律原则内容之确定

"包含诠释性概念的共享规范"这一提法恰当地反映了我们认识法律原则的方式，即在于对法律原则中所包含的诠释性概念进行诠释。回顾本书前面对德沃金诠释方法的梳理，当我们对一项承载人类价值追求的社会实践向我们提出的具体要求发生分歧时，就应当以对表示该实践的诠释性概念进行诠释的方式来理解该项社会实践。简单来说，诠释分为如下几步：第一，确定诠释性概念所指涉之实践的一般抽象特征；第二，为具备该抽象特征的实践赋予价值证立；第三，以前一步骤所确定的实践本旨来调整对实践之具体要求的理解。例如，当我们在对言论自由这一诠释性概念进行诠释时，首先要观察人类在保护言论自由方面的社会实践的典型特征，以保证我们是在对言论自由这一蕴含某种独特价值的实践类型进行说明，而不是在对别的什么实践类型进行说明；然后为拥有该特征的实践类型提出价值上的最佳证立，我们必须暂时依赖那些我们认为经得起反思的相关价值，例如思想交流繁荣文化的价值，或者是自主的价值，人格权的价值等；最后再根据我们对保护言论自由这一社会实践的本旨的理解，调整我们在保护言论自由具体要求上的看法，譬如我们可能在这个阶段上得出言论自由原则并不保护《泰坦尼克》杂志称退役军官为"残废"的表达。

可见，诠释说能够解决权衡说所面对却未解决的理论难题。前文说过，权衡说承认在对不同的原则进行权衡时，第一步要解决的还是这些原则的内涵问题，诸如言论自由意味着什么，对于它而言什么是有危害的，成为一个人以及拥有尊严意味着什么。即使我们认同法律原则适用是权衡问题，那么权衡说也不能彻底给出法律原则适用的方案，因为它没有提供关于判断一种法律原则之内涵的方法。诠释说给出的答案是通过对法律原则中诠释性概念的诠释来解决法律原则的理解问题。在诠释说看来，在解决法律问题时，是否处罚一种言论，与这种言论是否是言论自由原则所保护的言论相关，而与它是对其他原则的损害是轻微还是严重，以及处罚它是对言论自由何种程度的损害无关。如果它侵害了人格权，则它就不属于言论自由所保护的言论。因为我们在建构两者的内涵时，会去寻找一组相互支持、彼此协调的言论自由原则与保护人格权原则的观念，因此不存在两者冲突的问题，更不存在权衡所谓损害与收益的重要程度的问题。

（三）法律原则与法律规则关系之处理

诠释说并不认为法律原则与法律规则之间，或者说一实质性法律原则与法律规则背后的实质性法律原则会存在冲突。当我们在理解不同法律原则之间的关系时，有两种可能的理解方式。第一种理解方式认为，我们要处理的是决定让哪种原则压倒另外一种原则的问题。例如，在《泰坦尼克》杂志侵害人格权案中，将问题理解为是否要为了保护人格权原则而牺牲言论自由原则。这即是阿列克西的权衡说所支持的理解方式。第二种理解方式认为，我们要处理的问题是寻找的一组能够相互支持、和谐统一的关于言论自由原则与保护人格权原则的观念。我们会说，根据正确理解的言论自由与人格权原则，对杂志言论进行处罚是根据言论自由的真正含义来划定人们公共表达行为的界限。处罚杂志并没有"侵害"或者"牺牲"任何言论自由价值，言论自由价值本来就不保护杂志的此种表达方式。这是笔者提倡的诠释说理解问题的方式。

诠释说的这一立场可以由它在法律原则的性质和认知方法上的观点自然地推论出来。首先，法律原则中的言论自由概念和人格权概念都是诠释性概念。然后，我们就可以通过对法律原则中的这两个诠释性概念的诠释来确定这两个法律原则的确切内涵。这两个概念作为道德概念，对它们的理解必然需要依赖于我们对其他伦理价值与道德价值的理解。除了参照其他的价值外，我们并没有其他的方法来认识它们的内涵。我们并非首先分别独立地认识这两个道德概念各自的内涵，然后再来看看它们是否对我们提出了相互冲突的行动要求。理解笔者主张的关键在于，把握好笔者所提及的德沃金依据休谟原则提出的"价值的统一性"命题。我们对于每一种道德价值的理解，都依赖于对其他伦理与道德价值的看法，我们所寻求的是总体上融贯的价值体系。因此说，对相关的两个法律原则的理解，就如同求解联立方程一样，追求的是彼此相互支持与和谐一致，并且与其他价值观更为融合的一组观念。此外，诠释说也不认为实质法律原则会与形式法律原则发生冲突，其理由已经在前文讨论，此处不赘述。

三 重访我国法律原则适用的经典疑难案例

（一）遗赠案中的法律技术与道德立场

近二十年过去了，一度引起公众关注和学界热议的"泸州遗赠案"[①] 已经淡出人们视野。在我国，每当构成社会舆论热点的疑难

---

① 泸州遗赠案已为学界熟知，本案不再赘述其案情与判决文本，详可见（2001）纳溪初字第 561 号判决书，以及（2001）泸民一终字第 621 号判决书。

案件发生时，总会涌现大量热烈的学术讨论。然而，有些讨论还尚未形成充分的学术共识，就逐渐销声匿迹。如此，疑难案件沦为生产学术论文的消费热点，却未真正成为理论发展的生长点，以后同类疑难案件出现时，我们恐怕仍会迷失方向。事实上，疑难案件的出现为我们深入界定和探究理论难题提供了宝贵契机。当司法者在实践中左右为难时，他们所作出的决断恐非学界简单借用某个现成理论就可以批判的。学术对实践的批判态度虽然重要，但如果对问题性质造成不适当的简化，就会错失发展学术的良机。法学研究者需要以更为谦虚的态度来仔细体会和同情理解司法者所面对的选择难题。在复杂的法律实践面前，善于澄清问题的性质是我们稳步向前的第一步。

在该问题上，我国法学界曾有两种代表性主张。其一是技术中立说，即主张法官应当严格依循法律技术进行裁判，不应当参与个案的实质道德判断。以此为根本出发点，持有该立场的学者对"泸州遗赠案"的判决提出批评，认为该案法官搁置法律技术，介入对私人生活的道德评价，模糊了法律与道德的边界，逾越了法官的本分角色。[1]技术中立说预设了总是存在明确的、为法律人共同认可的法律技术供法官适用。对这些法律技术的坚持就是对法治的坚持，就是具有正当性的裁判。而道德判断是充满争议性的，没有判断对与错的客观标准，因此法官应当在各种道德立场之间保持中立态度。

---

[1] 可被视为技术中立说的主要论述，参见邓子滨《不道德者的权利》，《南方周末》2001年11月15日；何兵《冥河对岸冤屈的目光：析"二奶"继承案》，《法制日报》2002年4月7日；萧瀚《被架空的继承法——张××诉蒋伦芳继承案的程序与实体评述》，载易继明主编《私法》（总第3卷），北京大学出版社2002年版，第300—313页；许明月、曹明睿《泸州遗赠案的另一种解读——兼与范愉先生商榷》，《判解研究》2002年第2期。其中，萧瀚先生在写作《被架空的继承法——张××诉蒋伦芳继承案的程序与实体评述》一文几年后，立场已经有了很大改变，但是鉴于该篇文章的立场很有代表性，也被相关讨论多次引证，故本书仍对该文本予以讨论。他在2006年蓟门学园上表达了修正后的立场，参见萧瀚《泸州遗赠案讨论记录》，载郑永流主编《法哲学与法社会学论丛》2007年第1期。

技术中立说在对本案判决提出批评时经常依赖三种法律技术：一是民事法律行为不问动机，二是事实行为与法律行为的区分，三是特别法优于一般法。批评者在论述中列出这些法律技术，同时引用学术名著中的论述和国外司法实践的例子。技术中立说引经据典的分析，使得法律事务看上去非常具有科学性与专业性，尤其当这些论述提出者的身份有我国著名法学院的背景时，其观点就显得格外令人信服。而法官在这些论述者的勾画下所显示出来的形象，似乎是由于专业素养不足而对明显正确的法律技术视而不见，或者是故意违背现代法治精神，软弱地盲从着民众意见。其二是技术修饰说，即主张法官应当用法律技术服务、修饰他认为正确的道德立场。[①] 例如，郑永流教授认为，法律技术并非总是中立的、无情无义的技术，法律技术不能排斥道德立场，甚至可以说法律技术应当服务于道德立场，法官"不能在方法上盲目飞行"[②]。范愉教授亦指出："没有道德基础的法律必然得不到社会和公众的认同，为什么法官不能理直气壮地说，社会的基本道德标准应当而且必须在司法中受到重视呢——当法律规则与道德标准出现明显断裂时，应当修正的也可能是法律；而如果法律规则暧昧不清时，道德标准当然可以作为解释法律的一种尺度。"[③]

在整全法理论视野下，前述两种主张均存在一定缺陷，笔者将尝试分析整全法关于法律原则适用的原理在该案上的实践意涵。整全法不反对法官在裁判时进行道德判断，并对法官如何进行道德判

[①] 笔者认为可以属于技术修饰说立场的主要有如下论述：姚海放：《当法律遇上道德——泸州遗赠案的思考》，《判解研究》2002年第2期；范愉：《泸州遗赠案评析——一个法社会学的分析》，《判解研究》2002年第2期；郑永流：《道德立场与法律技术——中德情妇遗嘱案的比较和评析》，《中国法学》2008年第4期，。

[②] 参见郑永流《道德立场与法律技术——中德情妇遗嘱案的比较和评析》，《中国法学》2008年第4期。

[③] 范愉：《泸州遗赠案评析——一个法社会学的分析》，《判解研究》2002年第2期。

断提供了尽可能具体的方法论指引与约束。

(二) 公序良俗原则的具体化方法

在"泸州遗赠案"中,焦点争议之一是如何将公序良俗原则具体化。当前实践和理论上的解决方案主要有三种。第一种是本案法官所采取的这种方式,即"通过不同历史时期法律具体规定所体现的基本社会道德观念和价值取向加以确定"。法官希望通过表明他们对公序良俗原则的理解来源于现有法律的价值理念,从而摆脱"以德代法"的批评。第二种是主张技术修饰说的学者所提出的"向外寻求占统治地位的道德的帮助"。① 当然,此种立场并不会认为法官应当盲从大多数人的看法,如果多数人的看法是不正义的,则法官不应当遵从,因此法官有权也有责任对大多数人的正义观作出审查。第三种是民法学者所主张的"类型化"方法。即由学者对既有司法实践作出总结,概括出公序良俗原则所包含的各种子类型。② 但是,这几种方法存在或者不够精致或者不够彻底的缺陷。第一种方法因为没有包含更具可操作性的指引而失之于泛泛。第二种方法实际上要求法官对大多数的道德观念进行审查,但是却没有指出法官应当如何审查,从而将决定案件的关键环节遗漏在法律论证之外。第三种方法也存在疑点,为什么法官在公序良俗原则上的既有判断能够证立之后法官的裁判?之前法官对公序良俗的判断难道不会出现错误吗?此外,当缺乏既有司法判例时,法官又该如何证立其对公序良俗的判断?

根据整全法关于法律原则的理解,法官应将公序良俗视为诠释性概念加以诠释。相较于公平原则、诚实信用原则等法律原则,公序良俗原则存在一个独特之处,即它包含了一系列的子类型。

---

① 郑永流:《道德立场与法律技术——中德情妇遗嘱案的比较和评析》,《中国法学》2008年第4期。

② 于飞:《公序良俗原则研究——以基本原则的具体化为中心》,北京大学出版社2006年版,第199页。

因此当我们适用公序良俗原则时，我们首先需要考虑与案件相关的是公序良俗的哪种子类型，然后针对这一子类型进行诠释。我国不少学者以德国情妇案作类比，认为此案涉及的是公序良俗原则中的"市场化性行为"这一子类型。1970年德国联邦最高法院作出一个判决，德国法院认为应当考虑遗赠行为是基于性交易动机，还是出于保障情妇生活等其他值得引起重视的、道德上并非不正直的动机。如果是后者，则遗赠不违反公序良俗。[①] 我国学者的一些讨论也遵循了此种思路，他们认为法官不能断定遗赠者只有开展和维持性交易的动机，不能排除他有感谢或者抚养被遗赠人的动机，因此不能判定遗赠违反公序良俗。[②]但笔者认为，我国的"泸州遗赠案"与德国的情妇遗赠案有重要的不同，其主要涉及的并非"市场化性行为"这一公序良俗子类型，而是"破坏婚姻家庭价值"这一公序良俗子类型。由于德国继承法有特留份制度，因此德国情妇遗赠案中的遗赠人的妻子已经获得了3/4的份额，婚姻家庭价值的保护已经在特留份制度中得到了实现。因此，其只需要考虑遗赠人是否有市场化性行为这一违反公序良俗子类型。但是，我国没有特留份制度，与本案更有可能相关的是"破坏婚姻家庭价值"这一子类型。单是说遗赠者没有市场化性行为，并没有对相关的公序良俗子类型作出周全考虑，我们还需要考虑，此遗赠是否为一种破坏婚姻家庭价值的行为。

那么，如何具体理解"破坏婚姻家庭价值"这一公序良俗子类型？根据德沃金所提出的诠释方法，可以围绕婚姻实践之特征，阐明婚姻实践的价值本旨，然后明确相关各方在这一社会实践中扮演

---

① 详细案情请参见郑永流《道德立场与法律技术——中德情妇遗嘱案的比较和评析》，《中国法学》2008年第4期。

② 参见于飞《公序良俗原则研究——以基本原则的具体化为中心》，北京大学出版社2006年版，第213页；金锦萍《当赠与（遗赠）遭遇婚外同居的时候：公序良俗与制度协调》，《北大法律评论》2004年第6卷第1辑；郑永流《道德立场与法律技术——中德情妇遗嘱案的比较和评析》，《中国法学》2008年第4期。

的角色和应当承担的责任。人们都能够认同，婚姻是一种有价值的社会实践，但是人们对它的价值本旨也存在一定的分歧。尤其在现代社会，婚姻观也愈发趋向多元。有的人在乎婚姻的经济合作和福利保障功能，有的人在乎婚姻是否是灵魂伴侣的结合；有的人在乎婚姻在生育和抚养后代上的价值；也有人选择坚持二人世界的"丁克"婚姻模式。对婚姻的诠释应当抽象出最具共识的价值理念，同时能够包容对其价值内核的多种多样富有想象力的响应方式。但是无论对婚姻价值的理解有多么多元，我们似乎都能赞同，婚姻至少应当包含参与者平等、相互尊重与关爱的关系。通常来说，如果一方没有给予对方此种平等、尊重与关爱，往往就能证明这一方没有尊重婚姻家庭的价值。但是，这并非意味着，一个有婚外同居关系的人就必然没有尊重婚姻价值，一个守在婚姻中的人就必然尊重了该价值。如果一个守在婚姻中的人没有给予对方平等地位、尊重与关爱，即使不同意离婚，也不存在婚外恋情况，也不属于尊重了婚姻价值，此时应当豁免对方的责任。现实中的婚姻状况是非常复杂的，法官应该结合更多的案件事实对人情事理做更细微的体察和敏感的判断，要防止社会舆论对当事人贴上的标签导致我们对事实认知作出不适当的简化。在本案中，应当考虑是何种原因导致遗赠者寻求婚外恋关系，是否存在因对方过错而适当豁免遗赠者相应责任的情形。促进婚姻的价值是项合作事业，如果婚姻中的一方放弃了追求平等尊重、互爱互助的关系，则不应苛责另一方单独承担这些责任。当然，婚姻的价值是一个非常复杂的问题，笔者仅尝试展示笔者所支持的诠释方法回答这一问题的大致方向，对问题的深入研究必然要依赖于更多能够对社会生活现实有深刻理解和敏锐洞察的学者的贡献。

（三）法律原则的适用时机判定

本案中争议极大的另一主要问题是法律原则适用时机问题。在技术中立说看来，法律原则是为了补充没有法律规则时的立法空白而出现的。① 在"泸州遗赠案"中有相关明确的《继承法》规定，因此不应当适用公序良俗原则。笔者认为，这是对法律原则之功能过于狭隘的理解，法律原则还适用于法律规则与法律原则相悖的情形。不如从这样一个反思性问题出发来扩展我们的思维。如果具有正当性的立法是促进公民对彼此本应承担的道德责任的立法，那么为什么法律不只规定那些比较抽象的道德原则呢？可能的答案是，如果法律只是如此规定的话，我们每一次在日常交往中，还需要具体地考虑当前的情形究竟涉及哪些原则、这项原则应当如何理解、它们如何在当前的情形中共同发挥作用等问题。如本书前面对正当权威的分析所揭示的，一个正当性的权威致力于服务于我们本有理由去做的事，它的职能在于综合地考虑好这些相关理由，然后给出一个具体的行动指引。它的专业性就体现在，我们直接遵从它的指引，会比我们自己去考量相关理由，能够更好地服从这些理由。因此立法机关的职责就包括，考虑在日常经常会发生的那些情形中相关的原则，将它们在综合考量后明确为更为具体的行动指引，即法律规则。

鉴于法律规则与法律原则的此种关系，我们可以得出，法律规则存在的意义是为了人们更好地服从法律原则，因此当法律规则与法律原则相违背时，就应当根据法律原则调整我们对法律规则的理解。法律原则的功能并不像技术中立说所认为的那样，只在于补充没有法律规则时的立法空白，还包括帮助我们对法律规则进行解释和适用，用以保证对这些规则的适用符合法律原则的精神，而不是与之相悖。"由于个别法律规则可能存在正当化的缺陷，因此在这个特定的条件下，作为法律原则的道德权衡就具备取代法律规则成为

---

① 陈景辉教授将之概括为"穷尽规则"限制条件，即"穷尽法律规则，方得适用法律原则"，关于他对于此原则适用主张的批评，参见陈景辉《原则、自由裁量与依法裁判》，《法学研究》2006 年第 5 期。

法律推理基础正当化的资格。"① 此种理解方式能够保证，当法官在适用法律规则时不会与法律原则相冲突，从而保证了司法裁判的正当性。技术中立说为相反意见提出的一个理由是，如果有法律规则仍然用法律原则，那么法律规则就没有存在的必要了。前面的分析对法律规则的功能作出了似乎更为合理的说明。规则是我们在全面思考相关法律原则后所确定的具体行动规范。如果当一个法律规则已经将与评价一法律行为相关的法律原则都考虑进去了，我们就不应当搁置规则重新将法律原则再考虑一遍，否则就是犯了"二次计算"②的错误。但是，如果我们在确定一条法律规则时并未对相关原则作出周全的考虑，那么我们在适用规则时就应当将被忽略的原则纳入考虑。在"泸州遗赠案"中，张学英一方可以主张，蒋伦芳一方所提出的《继承法》相关法律规则未将公序良俗原则考虑在内，如果考虑在内，就应当对遗赠婚外恋者的情形作出某种例外规定。当然，蒋伦芳一方也可以主张其所提及的《继承法》相关规定是将公序良俗已经考虑在内后制定的法律规则。但无论法官最终赞成哪一方，都需要首先确定公序良俗的内容，然后审查《继承法》相关规则是否已包含了对公序良俗的考虑。

　　对于笔者所提出的关于规则与原则关系的看法，技术中立说可能提出三点重要的反对理由，此处需要一一作出回应。首先，技术中立说可能主张，既然立法机关已经颁布了《继承法》，就应当将相关规则视为已经考虑了民法基本原则之后所确定的行为规范。我们的疑惑是，为什么要有这样的假定？这就如同当我们作了一个决定之后，我们可能会发现似乎存在影响决定的重要理由在之前未予考虑，此时我们应当正视这个理由，去考虑它是否真正相关，以及审查其重要性是否到了足以需要调整之前决定的程度。假装该理由不

----

① 陈景辉：《规则、道德衡量与法律推理》，《中国法学》2008年第5期。
② See Joseph Raz, *The Morality of Freedom*, Oxford: Oxford University Press, 1986, p. 58.

存在或者欺骗自己已经考虑了该理由，或者在未审查该理由之前就假定该理由不会影响我们的决定，这些都是自欺欺人的逃避。当然，我们也不应急于认定立法者在制定规则时忽略了对某个或某些法律原则的考量，以此体现对那些依赖此规则行事的人们的尊重，以及对立法机关工作的尊重。因此，论证的负担似乎应当在于要调整或者推翻规则的这一方。① 但是，这种谨慎并不意味着当我们对规则是否符合原则的要旨产生合理怀疑时仍然拒绝这种反思。

技术中立说可能提出的第二个反对理由是，如此安排原则的适用会造成司法权对立法权的侵害。在服务的法治观看来，立法机关和司法机关都是代表法律来对公民主张正当权威的国家机构。它们都应当尽力追求正当权威所应拥有的品性，即能够比公民自己去考量理由，作出更周全、准确、可靠的理由考量。立法机关和司法机关都是服务于公民的权威机构，我们应当思考的是如何安排它们之间的关系才能更好地服务于公民。以此思路出发，我们不会再局限于思考究竟是何者拥有何种权力，而是从"责任"的角度出发，思考它们之间应当如何协调与合作才能更好地使法律拥有正当性，更好地服务于法律的对象。就像人类曾经一度非常不信任立法权一样，我们当前非常不信任司法权。事实上，给予某机关以特别的信任或者给予其他某机关以特别的怀疑，都是将问题天真地简化了。我们应当基于不同机构在法律运行体系中的独特地位，来决定它们各自应当承担的责任。如果司法者处于一个有利的境地可以更为敏锐地注意与考量立法者应予考虑却忽略的要素，那么我们应当把补充考量的责任交给司法者，同时对其论证予以监督。这样我们既没有以先在的怀疑来侮辱司法者的能力和职业道德，也没有将我们自己置于任其无理摆布的处境。

---

① 参见雷磊《法律论证中的权威与正确性——兼论我国指导性案例的效力》，《法律科学》2014 第 2 期。

技术中立说可能提出的第三个反对理由是，如此处理原则的适用会伤害法律的安定性。要回应这一反对意见，需要我们追问"法的安定性究竟意味着什么"。对此应当作出的进一步思考是：为什么法律的安定性是有价值的，以及为什么司法机关对此种价值的坚持足以证立我们服从裁判的义务？边沁曾经富有洞察地指出，安定性价值之所以重要，是因为有稳定的生活预期对于人的尊严有重要意义，如此人们方能计划和安排自己的生活，而不必仅仅局限于当下。① 的确，相较于一个任意随性地剥削、压迫人们的公权力，对剥削予以明确预告的公权力似乎是一种进步。在国家保障法律适用安定性的情况下，公民至少可以预期自己的损失，作出规避剥削的行动计划。而在相反的情况下，公民对自己的生活完全缺乏控制，生活在不安与恐惧之中。因此，与后一种情况相比，前一种情况确实是一种社会制度的进步。但是，在现代法治社会中，我们面对的问题已经不是在"无预期的压迫"和"有预期的压迫"两者间比较和选择，我们要决定的是：是应当按照一个道德上有缺陷的规则来调整公民关系，还是用一个更具实质公平公正的原则来调整。事实上，当我们对于一个法律原则的实质正义性没有分歧时，我们会认为用它来调整更好。而有时我们之所以宁愿让法官去适用一个道德上可能有缺陷的规则，也不愿意法官适用原则，是因为我们担心法官并不一定会确定出一条正确的法律原则，相反却有可能利用价值判断的机会，用其偏见和私利来决定案件的判断。如果对法律原则采取诠释方法，则可以对法官的价值判断作出限制，并在深层次上维护安定性价值。一方面，法官必须根据前文所提出的诠释的三个步骤来对法律原则的要求作出证立，从而约束了法官个人偏见和私立的影响；另一方面，诠释方法要求法官对原则的说明，必须依赖于共同体生活中最具有一般性、普遍性、持久性和最经得起反思的部分，

---

① 参见［英］杰拉德·波斯特玛《边沁与普通法传统》，徐同远译，法律出版社2014年版，第177—180页。

用这些更可靠的价值立场去批判那些与之矛盾的价值立场与规则。相较于偶然形成的个别规则，把公民的预期建立在这些根本的道德立场之上是对公民预期的更好保护。因此，安定性价值也不会反对在法律规则违反法律原则时适用法律原则。

参 考 文 献

（一）中文译著

［英］休谟：《人性论》，关文运译，商务印书馆1980年版。

［英］理查德·麦尔文·黑尔：《道德语言》，万俊人译，商务印书馆1999年版。

［美］富勒：《法律的道德性》，郑戈译，商务印书馆2005年版。

［英］H. L. A. 哈特：《法律的概念》（第二版），许家馨、李冠宜译，法律出版社2011年版。

［美］约翰·罗尔斯：《正义论》，何怀宏等译，中国社会科学出版社2009年版。

［美］约翰·罗尔斯：《政治自由主义》，万俊人译，译林出版社2011年版。

［英］伯纳德·威廉斯：《道德运气》，徐向东译，译文出版社2007年版。

［英］杰拉德·波斯特玛：《边沁与普通法传统》，徐同远译，法律出版社2014年版。

［英］布莱恩·巴利：《作为公道的正义》，曹海军、允春喜译，江苏人民出版社2008年版。

［美］罗纳德·德沃金：《法律帝国》，李冠宜译，时英出版社2002

年版。

［美］罗纳德·德沃金：《认真对待权利》，信春鹰、吴玉章译，上海三联书店 2008 年版。

［美］罗纳德·德沃金：《身披法袍的正义》，周林刚、翟志勇译，北京大学出版社 2010 年版。

［美］罗纳德·德沃金：《最高法院的阵形》，刘叶深译，中国法制出版社 2011 年版。

［美］罗纳德·德沃金：《民主是可能的吗?》，鲁楠、王淇译，北京大学出版社 2014 年版。

［美］罗纳德·德沃金：《刺猬的正义》，周望，徐宗立译，中国政法大学出版社 2016 年版。

［美］理查德·A. 波斯纳：《超越法律》，苏力译，中国政法大学出版社 2001 年版。

［美］理查德·A. 波斯纳：《道德与法律理论的疑问》，苏力译，中国政法大学出版社 2001 年版。

［美］理查德·A. 波斯纳：《法律、实用主义与民主》，凌斌、李国庆译，中国政法大学出版社 2005 年版。

［美］克里斯汀·科尔斯戈德：《规范性的来源》，杨顺利译，上海译文出版社 2010 年版。

［美］托马斯·斯坎伦：《我们彼此负有什么义务》，陈代东、杨伟清、杨选等译，人民出版社 2008 年版。

［美］斯蒂芬·达尔沃：《第二人称观点》，章晟译，译林出版社 2005 年版。

［美］弗雷德里克·绍尔：《依规则游戏：对法律与生活中规则裁判的哲学考察》，黄伟文译，中国政法大学出版社 2015 年版。

［德］罗伯特·阿列克西：《法律论证理论》，舒国滢译，中国法制出版社 2002 年版。

［德］罗伯特·阿列克西：《法：作为理性的制度化》，雷磊编译，中国法制出版社 2012 年版。

［德］卡尔·拉伦茨：《德国民法通论》，王晓晔等译，法律出版社 2003 年版。

［德］卡尔·拉伦茨：《法学方法论》，陈爱娥译，商务印书馆 2005 年版。

［德］卡尔·恩吉施：《法律思维导论》，郑永流译，法制出版社 2004 年版。

［德］古斯塔夫·拉德布鲁赫：《法律智慧警句集》，舒国滢译，中国法制出版社 2001 年版。

［美］罗纳德·德沃金：《客观性与真：你最好相信它》，沈宏彬、夏阳译，载郑永流主编《法哲学与法社会学论丛》（总第 17 卷），法律出版社 2012 年版。

［美］斯蒂芬·达沃尔：《权威与理由：排他性与第二人称》，王琳译，载郑永流主编《法哲学与法社会学论丛》（总第 19 期），法律出版社 2015 年版。

（二）中文论文

白斌：《论法教义学：源流、特征及其功能》，《环球法律评论》2010 年第 3 期。

陈景辉：《"开放结构"的诸层次——反省哈特的法律推理理论》，《中外法学》2011 年第 4 期。

陈景辉：《法理论的性质：一元论还是二元论?》，《清华法学》2015 年第 6 期。

陈景辉：《权威与法概念：理论史的考察》，载郑永流主编《法哲学与法社会学论丛》（总第 12 期），北京大学出版社 2007 年版。

陈景辉：《规则、道德衡量与法律推理》，《中国法学》2008 年第 5 期。

陈景辉：《原则、自由裁量与依法裁判》，《法学研究》2006 年第 5 期。

陈林林：《法律原则的模式与应用》，《浙江社会科学》2012 年第 3 期。

陈金钊:《解决"疑难"案件的法律修辞方法》,《现代法学》2013年第5期。

陈金钊:《实质法治思维路径的风险及其矫正》,《清华法学》2012年第4期。

陈坤:《"开放结构"与法律的客观性》,《法制与社会发展》2016年第1期。

陈坤:《疑难案件中法律概念与立法意图——兼为主观解释论辩护》,《法制与社会发展》2014年第6期。

陈辉:《规范正义与个案正义冲突的解决方法——以天津摆射击摊获刑案为例》,载陈金钊、谢辉主编《法律方法》(第23卷),中国法制出版社2018年版。

范立波:《作为诠释性事业的法律——德沃金〈法律帝国〉的批判性导读》,载《法哲学与法社会学论丛》2014年(总第19卷),法律出版社2015年版。

范立波:《权威、法律与实践理性》,载郑永流主编《法哲学与法社会学论丛》(总第12期),北京大学出版社2007年版。

焦宝乾:《法的发现与证立》,《法学研究》2005年第5期。

焦宝乾:《法律方法的性质与特征》,《浙江社会科学》2008年第1期。

雷磊:《法教义学的基本立场》,《中外法学》2015第1期。

雷磊:《法律原则如何适用?》,载舒国滢编《法学方法论论丛》(第一卷),中国法制出版社2012年版。

雷磊:《法律论证中的权威与正确性——兼论我国指导性案例的效力》,《法律科学》2014年第2期。

凌斌:《什么是法教义学:一个法哲学追求》,《中外法学》2015年第1期。

舒国滢:《并非有一种值得期待的宣言——我们时代的法学为什么需要重视方法》,《现代法学》2006年第5期。

舒国滢:《法律原则适用中的难题何在》,《苏州大学学报》(哲学社会科学版）2004 年第 6 期。

苏力：《解释的难题：对几种法律文本解释方法的追问》，《中国社会科学》1997 年第 4 期。

苏力：《法律人思维？》，《北大法律评论》2013 年第 14 卷第 2 辑。

苏力：《法条主义、民意与难办案件》，《中外法学》2009 年第 1 期。

苏力：《中国法学研究格局的流变》，《法商研究》2014 年第 5 期。

孙新强：《卢埃林现实主义法理学思想》，《法制与社会发展》2009 年第 4 期。

孙笑侠：《法律人思维的二元论——兼与苏力商榷》，《中外法学》2013 年第 6 期。

孙海波：《不存在疑难案件？》，《法制与社会发展》2017 年第 4 期。

孙海波：《疑难案件为何疑难？——疑难案件的成因再探》，《兰州学刊》2012 年第 11 期。

孙海波：《疑难案件裁判的中国特点：经验与实证》，《东方法学》2017 年第 4 期。

桑本谦：《法律解释的困境》，《法学研究》2004 年第 5 期。

桑本谦：《法律论证：一个关于司法过程的理论神话——以王斌余案检验阿列克西法律论证理论》，《中国法学》2007 年第 3 期。

桑本谦：《传统刑法学理论的尴尬——面对许霆案》，载《2009 年度（第七届）中国法经济学论坛论文集》。

郑永流：《出释入造——法律诠释学及其与法律解释学的关系》，《法学研究》2002 年第 3 期。

郑永流：《道德立场与法律技术——中德情妇遗嘱案的比较和评析》，《中国法学》2008 年第 4 期。

朱振：《法律权威与行动理由——基于拉兹实践哲学进路的考察》，《法制与社会发展》2008 年第 6 期。

朱振：《权威命题与法律理由的性质：一个反思性的评论》，《法制与社会发展》2011 年第 6 期。

朱振：《法律的权威性：基于实践哲学的研究》，《南京大学法律评论》2015年第1期。

许德凤：《法教义学的应用》，《中外法学》2013年第5期。

庄世同：《从"法概念"到"法理学"：德沃金〈法律帝国〉导读》，《台湾法学》第185期。

高鸿钧：《德沃金法律理论评析》，《清华法学》2015年第2期。

唐丰鹤：《论德沃金的整体性司法》，《华东师范大学学报》（哲学社会科学版）2012年第4期。

张帆：《是"正确答案"，还是"唯一正解"？》，载陈金钊、谢晖主编《法律方法》（第11卷），山东人民出版社2011年版。

邱昭继：《法律问题有唯一正确答案吗？——论德沃金的正确答案论题》，载陈金钊、谢晖主编《法律方法》（第9卷），山东人民出版社2009年版。

王彬：《论法律解释的融贯性——评德沃金的法律真理观》，《法制与社会发展》2007年第5期。

田成有：《重构还是超越：法律解释的客观性探寻》，《法制与社会发展》2003年第1期。

季涛：《疑难案件的界定标准》，《浙江社会科学》2004年第5期。

厉尽国：《"疑难案件"中的法律推理与司法论证——基于许霆案的分析》，载陈金钊、谢晖主编《法律方法》（第8卷），山东人民出版社2009年版。

唐丰鹤：《整体性的法律论证——兼论疑难案件法律方法的适用》，《河北法学》2014年第1期。

徐继强：《法哲学视野中的疑难案件》，《华东政法大学学报》2008年第1期。

季涛：《论疑难案件的界定标准》，《浙江社会科学》2004年第5期。

王夏昊：《法律原则的适用方式》，《学习与探索》2007年第2期。

彭诚信：《从法律原则到个案规范——阿列克西原则理论的民法应用》，《法学研究》2014年第4期。

杨贝：《论判决理由与判决原因的分离——对司法虚饰论的批判》，

《清华法学》2016年第2期。

李桂林:《拉兹的法律权威论》,《华东政法学院学报》2003年第5期。

金锦萍:《当赠与(遗赠)遭遇婚外同居的时候:公序良俗与制度协调》,《北大法律评论》2004年第6卷第1辑。

萧瀚:《被架空的继承法——张××诉蒋伦芳继承案的程序与实体评述》,载易继明主编《私法》(总第3卷),北京大学出版社2002年版。

姚海放:《当法律遇上道德——泸州遗赠案的思考》,《判解研究》2002年第2期。

许明月、曹明睿:《泸州遗赠案的另一种解读——兼与范愉先生商榷》,《判解研究》2002年第2期。

邓子滨:《不道德者的权利》,《南方周末》2001年11月15日。

何兵:《冥河对岸冤屈的目光:析"二奶"继承案》,《法制日报》2002年4月7日。

范立波:《法律的权威》,博士学位论文,中国政法大学,2013年。

沈映涵:《新分析法学中的方法论问题研究》,博士学位论文,吉林大学,2009年。

张超:《基于合法性价值的法概念研究》,博士学位论文,中国政法大学,2011年。

王永杰:《论孙斯坦与德沃金的司法理论之争》,博士学位论文,华东政法大学,2011年。

(三) 中文论著

梁慧星:《民法解释学》,中国政法大学出版社1995年版。

陈金钊:《法治与法律方法》,山东人民出版社2003年版。

郑永流:《法律方法阶梯》,北京大学出版社2008年版。

林立:《法学方法论与德沃金》,中国政法大学出版社2002年版。

沈宗灵:《法理学研究》,上海人民出版社1990年版。

张保生:《法律推理的理论与方法》,中国政法大学出版社2000

年版。

张志铭:《法律解释学》,中国人民大学出版社 2015 年版。

雷磊:《拉德布鲁赫公式》,中国政法大学出版社 2015 年版。

(四) 外文著作

Dworkin, Ronald, *Law's Empire*, The Belknap Press of Harvard University Press, 1986.

Dworkin, Ronald, *Justice in Robes*, The Belknap Press of Harvard University Press, 2006.

Dworkin, Ronald, *Justice for Hedgehogs*, The Belknap Press of Harvard University Press, 2011.

Shapiro, Scott, *Legality*, Belknap Press of Harvard University Press, 2011.

Waldron, Jeremy, *Law and Disagreement*, Oxford University Press, 1999.

Finnis, John, *Philosophy of law*, Oxford University Press, 2011.

Finnis, John, *Reason in Action*, Oxford University Press, 2011.

Raz, Joseph, *Ethics in The Public Domain: Essays in the Morality, Law & Order*, Oxford University Press, 1994.

Raz, Joseph, *Practical Reason and Norms*, Oxford University Press, 1999.

Raz, Joseph, *The Morality of Freedom*, Oxford: Oxford University Press, 1986.

Sunstein, Cass R., *Legal Reasoning and Political Conflict*, Oxford University Press, 1996.

Marmor, Andrei, *Philosophy of Law*, Princeton University Press, 2011.

(五) 外文论文

John, Mackie, "The Third Theory of Law", *Philosophy & Public Affairs*, Vol. 7, No. 1 (Autumn, 1977).

Posner, Richard, "Conceptions of Legal Theory: A Reply to Ronald Dworkin", 29 *Arizona State Law Journal* (1997).

Hart, H. L. A., "Legal Duty and Obligation", in his *Essays on Bentham:*

Studies in Jurisprudence and Political Theory, Oxford University Press, 1982.

Raz, Joseph, "Hart on Moral Rights and Legal Duties", *Oxford Journal of Legal Studies*, Vol. 4, 1984.

Dworkin, Ronald "The Model of Rules", *The University of Chicago Law Review*, Vol. 35, 1967.

索　引

"棋盘式"法律 143,144
"真正"社群 37
本真性 218,219
辩护梯度上升 99,102,104—106,119,128,240
不可通约性 5,6,9,52,205—207,209,211—217,219—221,223—225,227,229,231,233,235,237,241
不能确定 46,47,50,101,196,221,249
不确定性 46—48,50,69,196,221
不证自明之理 32,116,168
参与者视角 11,19
策略一致性 31
程序性的道德实在论 60
道德分歧 8,51,73,86—88,110,124,126,143,147,149,151,153,155,157,159,161,163,165,167,169,171—173,175—177,179,181,183,185,187,189,191,193,195—197,199,201,203,212
二阶道德命题 70,87,239
二阶理论 44
法律道德目标命题 151
法律方法 3—7,12,39,92,149,205,242,243,245—249,252,254—257
法律规划理论 5,9,51,52,147,148,150,154,160,163,170,175,240
法律规则 32,33,148,154,168,195,201,207,243—245,252,258—261,266,267,273—275,278,281,284—286,289
法律基础 160,161

法律命题 11,13,22,27,29,30,
　38,42,48,50,60,92,93,100,
　161,164,166,172
法律原则 61,101,103,125,
　257—261,263,266—279,281,
　282,284—289
范畴错误 131
共享行动命题 150,151
规划的一般逻辑 153
规划领域 148
规划命题 9,147—150,152
规划者 156—158,160
规则手册 37,194
好好生活 218,219,222
好生活 217,218,222,233
合法性环境 9,52,147—149,
　151,157,162,170,171
合理的 49,61,94,141,154,201,
　225—227,229—232,234,286
合理化 18,173,247,248,252—
　254,257
赫拉克勒斯 41,48,49,62,63,
　67,68,100,103—105,141—
　143,203,212,215,216,240
后诠释阶段 21,255
价值整体主义 58,98
角色义务 36
可证实命题 92,93
理论内置 8,99,100,117,142

理论争议 13,14
理性的 27,69,121,122,179,
　185,196,225,227—231,233,
　234,243,249,259—262,264
联合义务 37,38,117,194
联合义务或者社群义务 21
描述社会学 12,24
默认命题 46
内在怀疑论 43—46,49,50,76—
　79,239
前诠释阶段 19—21,255
权威 6,21—23,26,27,36,39,
　40,53,62,63,65,109,117,118,
　134,135,137,148—150,156—
　158,162,164,166,168,169,
　171—174,177,179—183,186,
　187,191,203,206,209—213,
　220,224,225,231—233,241,
　261,263—268,274,275,
　285,287
诠释性阶段 16
人定法 65
上帝之眼 157
社会规划 9,52,147—152,158
社会合作 176,182,184,206,
　208—211,213,220,222,224,
　234,257
深度主张 81—86
施为的义务 194

实用主义 4,5,8,24,30,33,34,38,51,95,99,106—109,111,113,114,116,123,132,133,135,240

实证主义 2,9,24,40—42,50,52,65,66,69,75,96,114,147,148,152—154,163,170,176,177,187,189,241,262,265

实质性的道德实在论 60

视角性主张 165,166

适真性 95

司法整全性原则 22

所罗门式方法 143

外在怀疑论 42—46,48,49,75—81,87—92,95,96,98,239,240

完全理论化 136—140,144

未完全具体化 137

未完全理论化协议 5,8,51,99,135—140,142,240

无正确答案命题 39,41—43,92

误差理论 70,72,77

形容性主张 165,166

疑难案件 2,9,13,30,39—42,48,50,52,65,67,69,92,93,100,107,109,114,119,123,130,142,172,205,212,214,215,234,235,242—246,249—252,256,257,279,280

硬事实 92

原则一致性 31,34

整体主义 95,200

正确答案命题 8,9,29,39,41—43,50—52,60,64,77,92,212,213,217,220,237,239,241

正义的环境 149,181,182

证据 44,57,73,78,97,105,124,131,199,222,272

证立 17—22,25,26,28,30—35,38,39,47,48,53,60—62,65,76,78,79,83,97,100,103,105,106,109,110,118,119,135,143—145,155,159,167,169,170,175,176,179,180,185,187,201,204,210,211,213—215,217,221,224,225,228—230,233—238,240,247,250,252,253,261—263,265—267,270,272,275,277,278,282,288

政治的环境 181,182,185

专断性 150

自然法 2,65,170

自然责任 36

自尊 218,219

后　　记

　　本书是我的博士论文。写作博士论文是一个艰苦的过程，但这一切终于实现了，我要感谢那些使它成为可能的人。

　　首先，我要感谢我的导师李德顺教授，李老师的人格修养和学术品格一直潜移默化地影响着我，他对真理的孜孜以求是我的人生榜样。李老师是最为透彻的批评者，他对学术研究的哲学层次、语言表达的清晰与严密有着极高的标准，这迫使我竭力奋斗去追求这一标准。尽管我发现在我的博士论文中恐怕还很难达到李老师提出的要求，但是我在试图这样做的过程中受益匪浅。感谢李老师对学生的尊重与宽容，使得我可以大胆自主地发展自己感兴趣的学术方向。

　　其次，我要特别感谢把我领入法哲学大门的范立波教授。在他所创办的蓟门法哲学研习会与师友们共同探讨问题与辩驳争论的经历，是我学术生涯的宝贵财富。范立波教授一直督促我们思考什么是好的研究，提醒着我不断反思和批判自己的研究风格。给他看论文是一件很"恐怖"的事情，但他提出的高屋建瓴的批评与建议却可以长久地使我受益。我无法在当下充分意识与清楚说明他所创办的研习会对我人生的巨大意义，但毫无疑问的是，这个经历永远地改变了我，也将永远地激励着我，我因为害怕自己对不起这样一份幸运而总是不敢在困难面前放弃与沉沦。我还要非常感谢指导我开题、预答辩和答辩的文兵教授、舒国滢教授、王洪教授、李凯林教授、刘斌教授、张生教授和贾旭东教授，他们认真阅读了我的论文，并给出了富有启发性和建设性的意见,不仅一步一步帮我找到恰当的研究定位,还从语言表达、外文翻译和论证逻辑等细节上给予诸多有益指导,帮助我的博士论文写作从幼稚与浅薄一点一点走向规范和成熟。我要特别感谢陈景辉教授、雷磊教授和朱振教授,感谢他们在我求学之路上的有益指引与提携,他们的学术旨趣与研究方式对我有极大影响。我还要感谢沈宏彬、郑玉双、孙海波、王进、叶会成、张晓冰、朱明哲、王磊、郭辉、李富才、夏阳、吴然、王金霞、曹融、汪雄、叶清逸、钟驰名、贾海亮、孟媛媛、蔡梦馨、陈竟之等师友,他们在学习与生活方面都给予我很大帮助。还要特别感谢樊雪皎同学,她思维敏捷而清晰,能够通过咄咄逼人的发问逼迫我厘清自己的思路。

最后,我要感谢我生命中最重要的人,我的父母,感谢他们一直理解和支持我选择的人生道路,在我遇到困难时鼓励我坚持,我万分感激他们质朴的善良。